AF629965

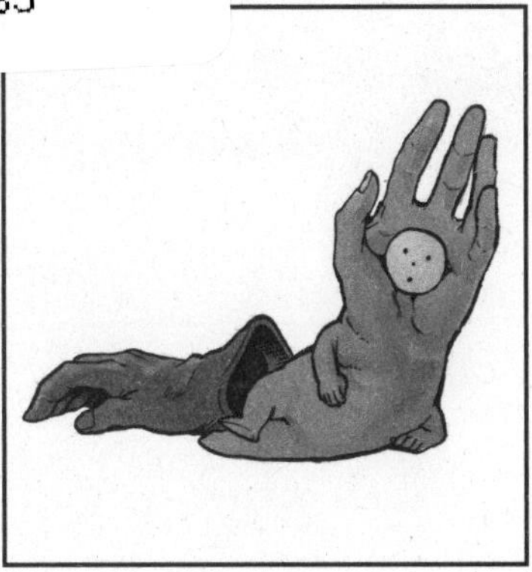

KOHEI HORIKOSHI

Band 15!! Danke, dass du diesen Manga in die Hand genommen hast! Ich sonne mich in der letzten Zeit ab und an. Sonnenlicht ist großartig!

MY HERO ACADEMIA Vol. 15

WIDRIGES SCHICKSAL

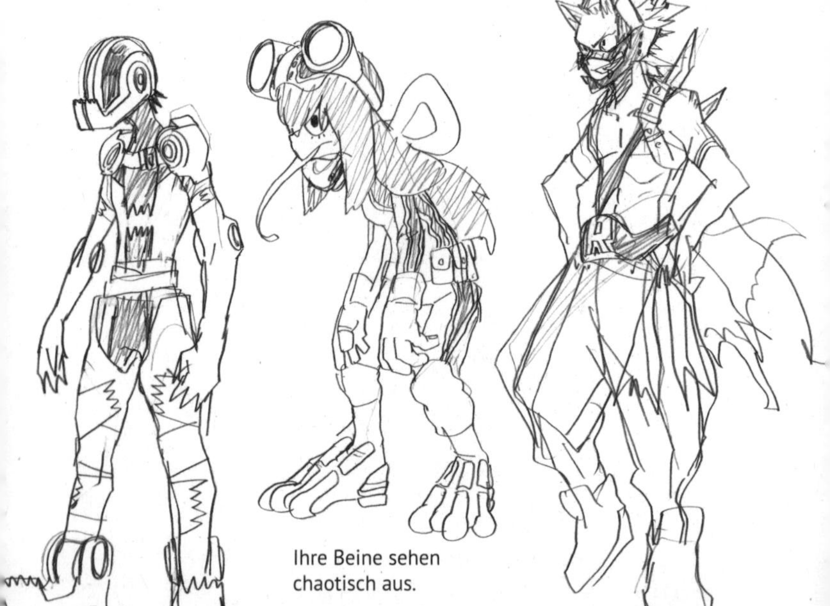

Wir behalten uns die Nutzung unserer Inhalte für Text- und Data-Mining im Sinne von § 44b UrhG ausdrücklich vor.

CARLSEN MANGA
© 2018 Carlsen Verlag GmbH
Völckersstraße 14-20, 22765 Hamburg
Aus dem Japanischen von Gandalf Bartholomäus
BOKU NO HERO ACADEMIA © 2014 by Kohei Horikoshi
All rights reserved
First published in Japan in 2014 by SHUEISHA Inc., Tokyo.
German translation rights in Germany, Austria, Luxembourg and German-speaking Switzerland arranged by SHUEISHA Inc. through VME PLB SAS, France.

Die Handlung dieser Geschichte ist frei erfunden. Ähnlichkeiten mit lebenden Personen, realen Organisationen oder Ereignissen sind rein zufällig und unbeabsichtigt.

Redaktion: Anne Berling
Textbearbeitung: Steffen Haubner
Herstellung: Gunta Lauck
Grafik: Sonnenfisch Production – Laura Bartels
Alle deutschen Rechte vorbehalten
ISBN: 978-3-551-79715-5
Bei Fragen zum Produkt: carlsen.de/kontakt

PRODUZIERT MIT VERANTWORTUNG

MY HERO ACADEMIA VOL. 15

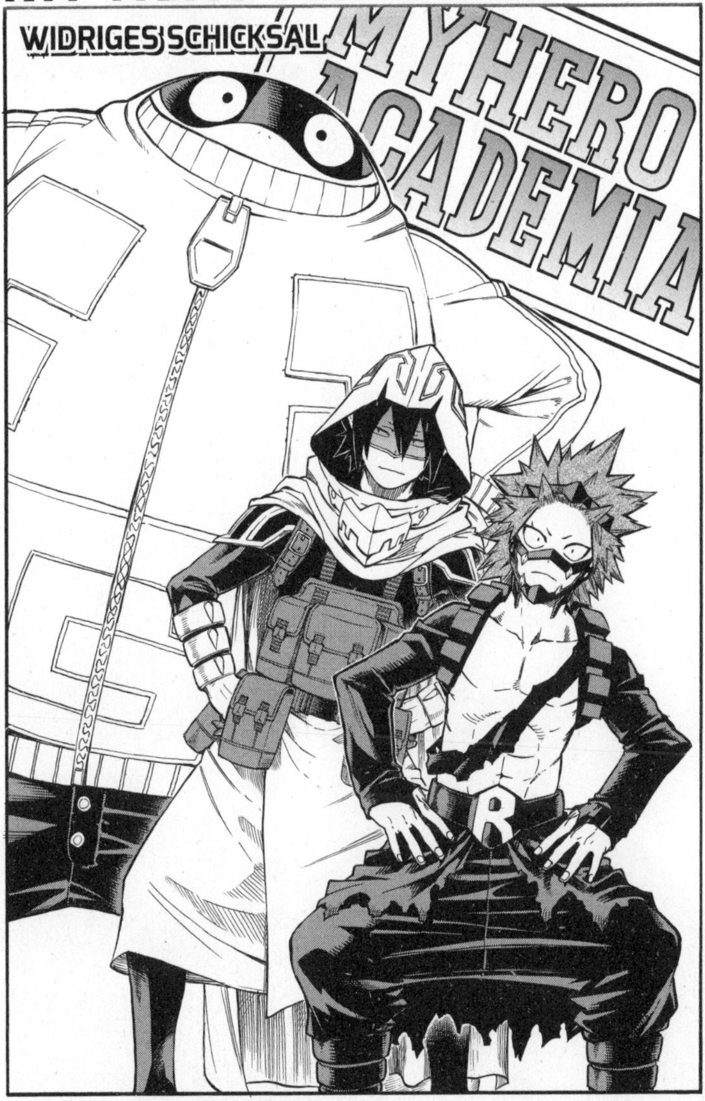

KOHEI HORIKOSHI

CHARACTER

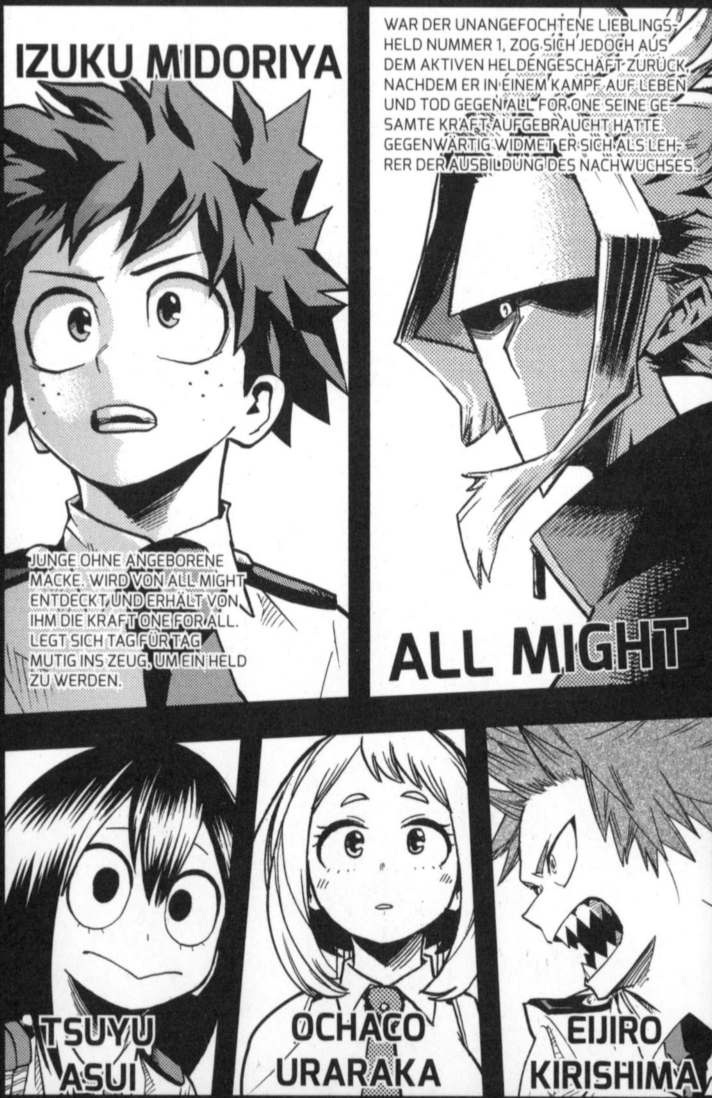
IZUKU MIDORIYA
JUNGE OHNE ANGEBORENE MACKE. WIRD VON ALL MIGHT ENTDECKT UND ERHÄLT VON IHM DIE KRAFT ONE FOR ALL. LEGT SICH TAG FÜR TAG MUTIG INS ZEUG, UM EIN HELD ZU WERDEN.
WAR DER UNANGEFOCHTENE LIEBLINGSHELD NUMMER 1, ZOG SICH JEDOCH AUS DEM AKTIVEN HELDENGESCHÄFT ZURÜCK, NACHDEM ER IN EINEM KAMPF AUF LEBEN UND TOD GEGEN ALL FOR ONE SEINE GESAMTE KRAFT AUFGEBRAUCHT HATTE. GEGENWÄRTIG WIDMET ER SICH ALS LEHRER DER AUSBILDUNG DES NACHWUCHSES.
ALL MIGHT
TSUYU ASUI
OCHACO URARAKA
EIJIRO KIRISHIMA

EINES TAGES BEGANNEN SICH AN DEN KÖRPERN DER MENSCHEN PARANORMALE PHÄNOMENE ZU ZEIGEN. MAN NANNTE DIESE ANLAGEN »MACKEN«, UND NACH UND NACH ENTSTAND EINE GESELLSCHAFT VON SUPERHELDEN, IN DER DIE MEISTEN MENSCHEN IRGENDEINE BESONDERE VERANLAGUNG BESITZEN. ALLERDINGS FÜHRTE DIESE »PARANORMALITÄT« AUCH ZU EINER ZUNAHME DER KRIMINALITÄT UND SCHLIESSLICH ZU EINER KATASTROPHALEN SITUATION, DER DER STAAT MACHTLOS GEGENÜBERSTAND. DAS WAR DER ZEITPUNKT, ALS AUS DER BEVÖLKERUNG PERSONEN HERVORTRATEN, DIE DEM BÖSEN DIE STIRN BOTEN. SIE AGIERTEN WIE DIE SUPERHELDEN AUS COMICS UND SCHLIESSLICH WURDE IHRE TÄTIGKEIT ZU EINER ALLGEMEIN ANERKANNTEN ÖFFENTLICHEN ARBEIT, UM DIE SICHERHEIT IM ALLTAG ZU GEWÄHRLEISTEN. DIES IST DIE GESCHICHTE EINES JUNGEN »OHNE MACKE«, DER EIN GROSSER HELDENFAN IST UND SICH DURCH DIE BEGEGNUNG MIT EINEM DER BESTEN VON IHNEN SELBST ZUM HELDEN ENTWICKELT.

STORY

U.A. BIG THREE

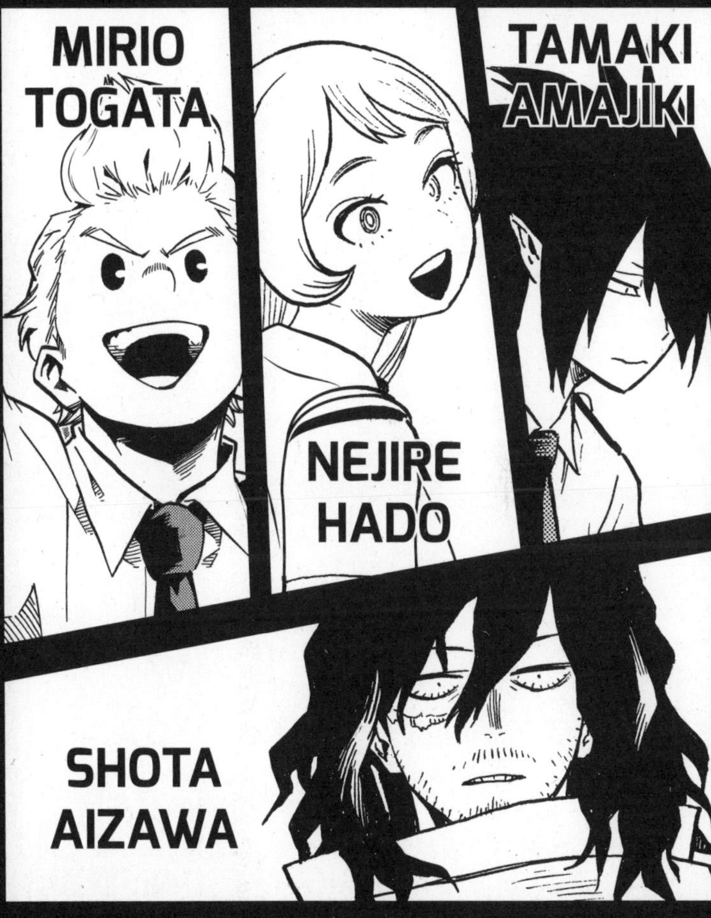

MY HERO ACADEMIA

Vol. 15

INHALT

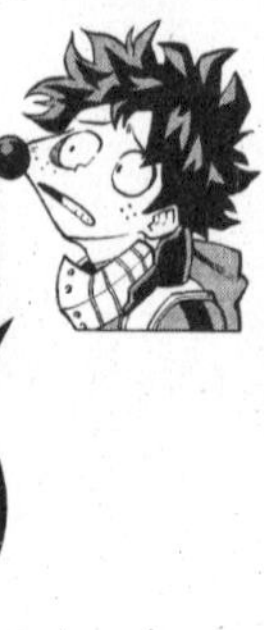

NR. 129: ERI 007

NR. 130: HÖRE DIE WAHRHEIT! 025

NR. 131: WIDRIGES SCHICKSAL 044

NR. 132: DER PLAN 065

NR. 133: HINTERHER, EIJIRO! 085

NR. 134: MUT! AUF GEHT'S, RED RIOT! 105

NR. 135: EIN UNANGENEHMES GESPRÄCH 125

NR. 136: GANZ NAH 145

NR. 137: VERHINDERT ES!! 165

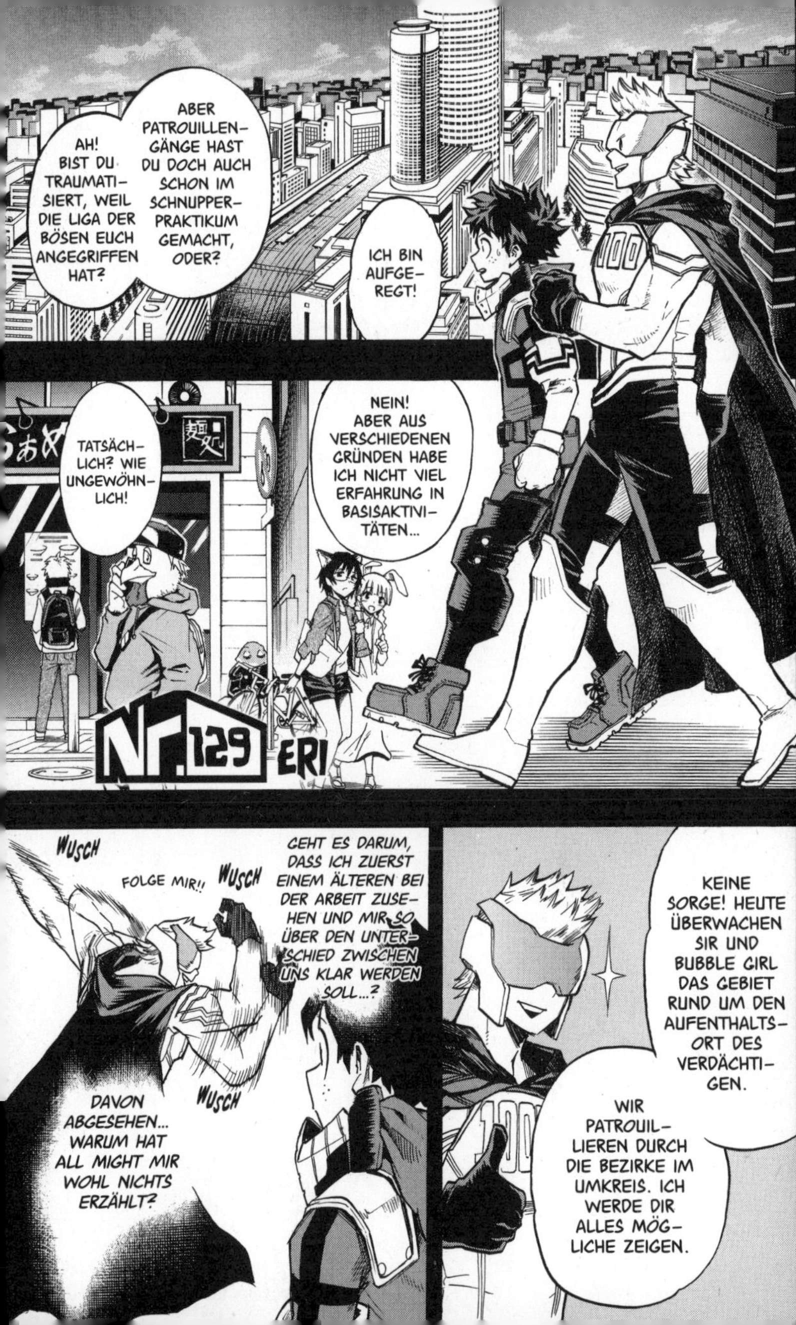
ICH BIN AUFGEREGT!
ABER PATROUILLENGÄNGE HAST DU DOCH AUCH SCHON IM SCHNUPPERPRAKTIKUM GEMACHT, ODER?
AH! BIST DU TRAUMATISIERT, WEIL DIE LIGA DER BÖSEN EUCH ANGEGRIFFEN HAT?
NEIN! ABER AUS VERSCHIEDENEN GRÜNDEN HABE ICH NICHT VIEL ERFAHRUNG IN BASISAKTIVITÄTEN...
TATSÄCHLICH? WIE UNGEWÖHNLICH!
NR. 129 ERI
KEINE SORGE! HEUTE ÜBERWACHEN SIR UND BUBBLE GIRL DAS GEBIET RUND UM DEN AUFENTHALTSORT DES VERDÄCHTIGEN.
WIR PATROUILLIEREN DURCH DIE BEZIRKE IM UMKREIS. ICH WERDE DIR ALLES MÖGLICHE ZEIGEN.
GEHT ES DARUM, DASS ICH ZUERST EINEM ÄLTEREN BEI DER ARBEIT ZUSEHEN UND MIR SO ÜBER DEN UNTERSCHIED ZWISCHEN UNS KLAR WERDEN SOLL...?
WUSCH
FOLGE MIR!!
WUSCH
WUSCH
DAVON ABGESEHEN... WARUM HAT ALL MIGHT MIR WOHL NICHTS ERZÄHLT?

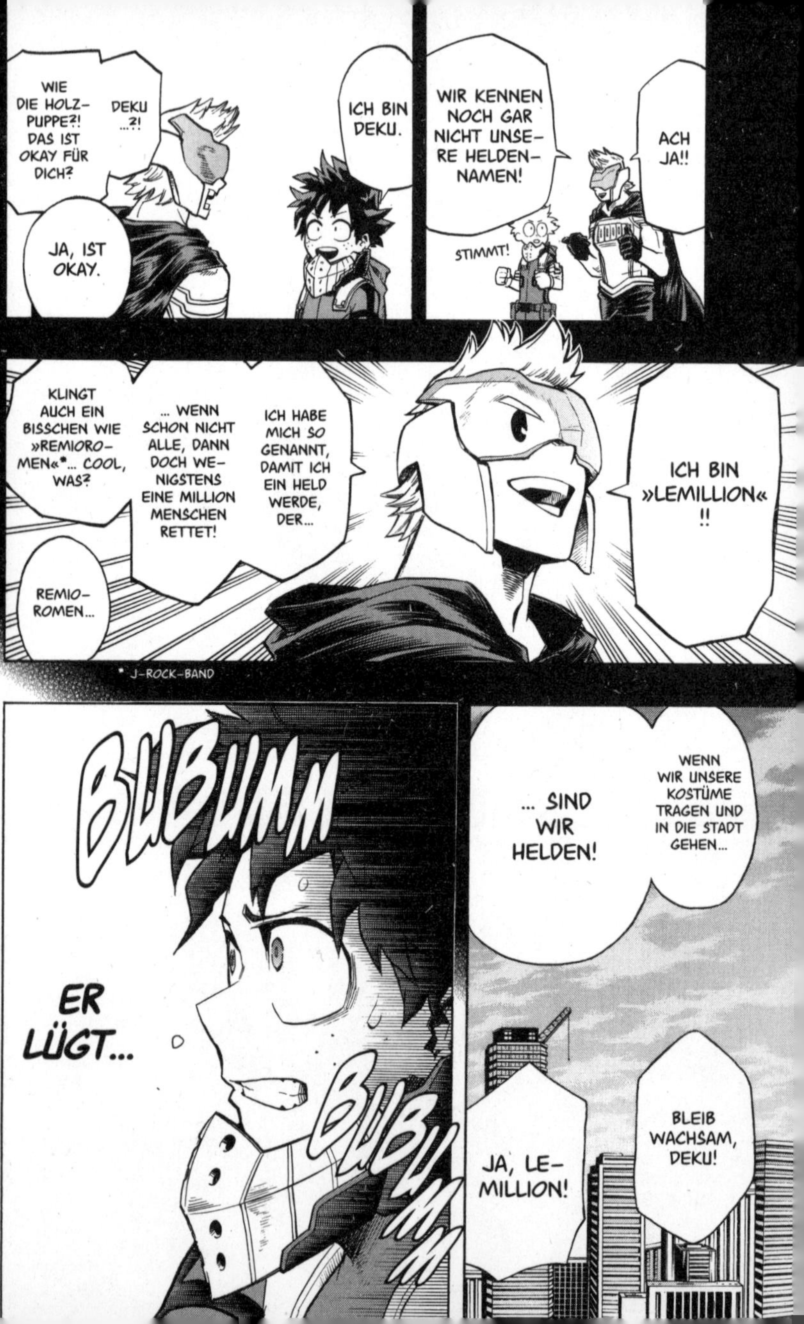
ACH JA!!
WIR KENNEN NOCH GAR NICHT UNSERE HELDENNAMEN!
STIMMT!
ICH BIN DEKU.
DEKU ...?!
WIE DIE HOLZPUPPE?! DAS IST OKAY FÜR DICH?
JA, IST OKAY.
ICH BIN »LEMILLION« !!
ICH HABE MICH SO GENANNT, DAMIT ICH EIN HELD WERDE, DER...
... WENN SCHON NICHT ALLE, DANN DOCH WENIGSTENS EINE MILLION MENSCHEN RETTET!
KLINGT AUCH EIN BISSCHEN WIE »REMIOROMEN«*... COOL, WAS?
REMIOROMEN...
* J-ROCK-BAND
WENN WIR UNSERE KOSTÜME TRAGEN UND IN DIE STADT GEHEN...
... SIND WIR HELDEN!
BLEIB WACHSAM, DEKU!
JA, LEMILLION!
BUBUMM
BUBUMM
ER LÜGT...

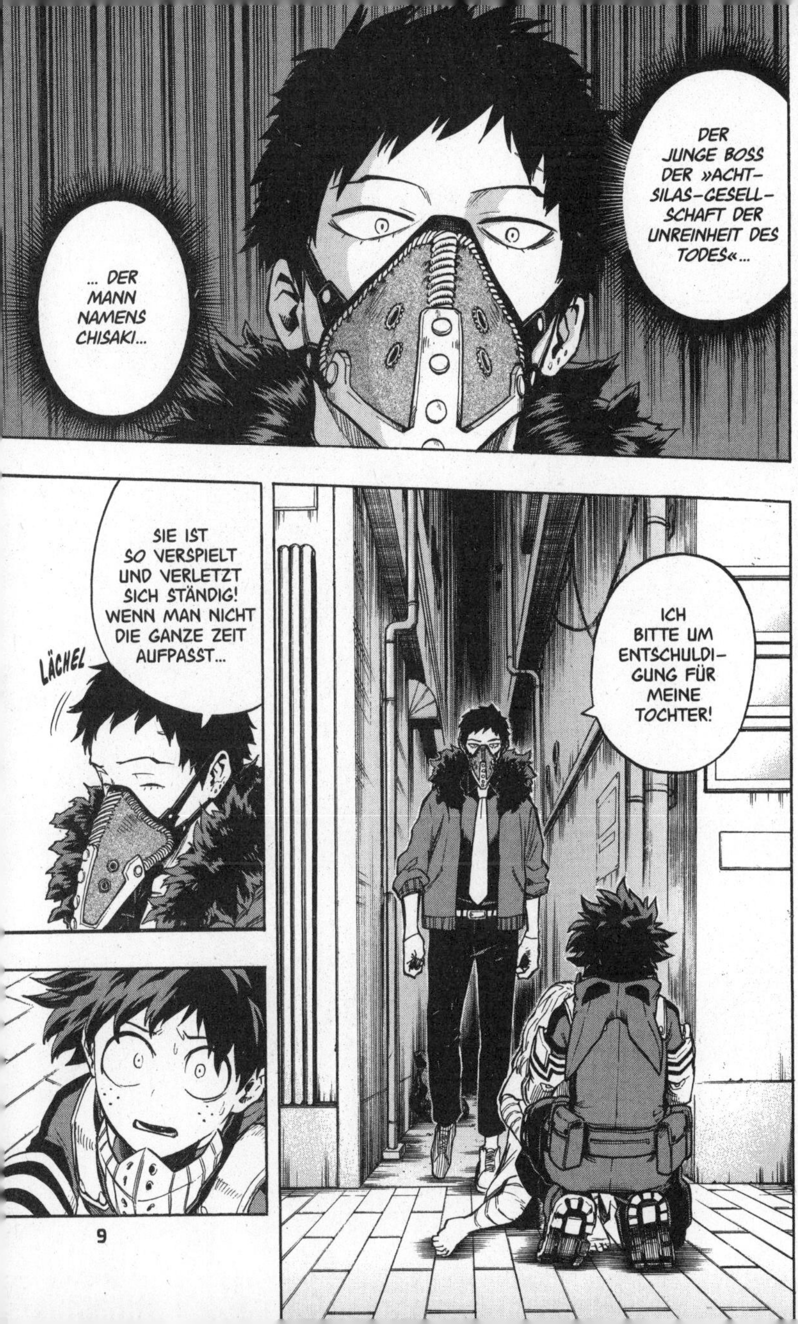
DER JUNGE BOSS DER »ACHT-SILAS-GESELL-SCHAFT DER UNREINHEIT DES TODES«...
... DER MANN NAMENS CHISAKI...
ICH BITTE UM ENTSCHULDI-GUNG FÜR MEINE TOCHTER!
SIE IST SO VERSPIELT UND VERLETZT SICH STÄNDIG! WENN MAN NICHT DIE GANZE ZEIT AUFPASST...
LÄCHEL

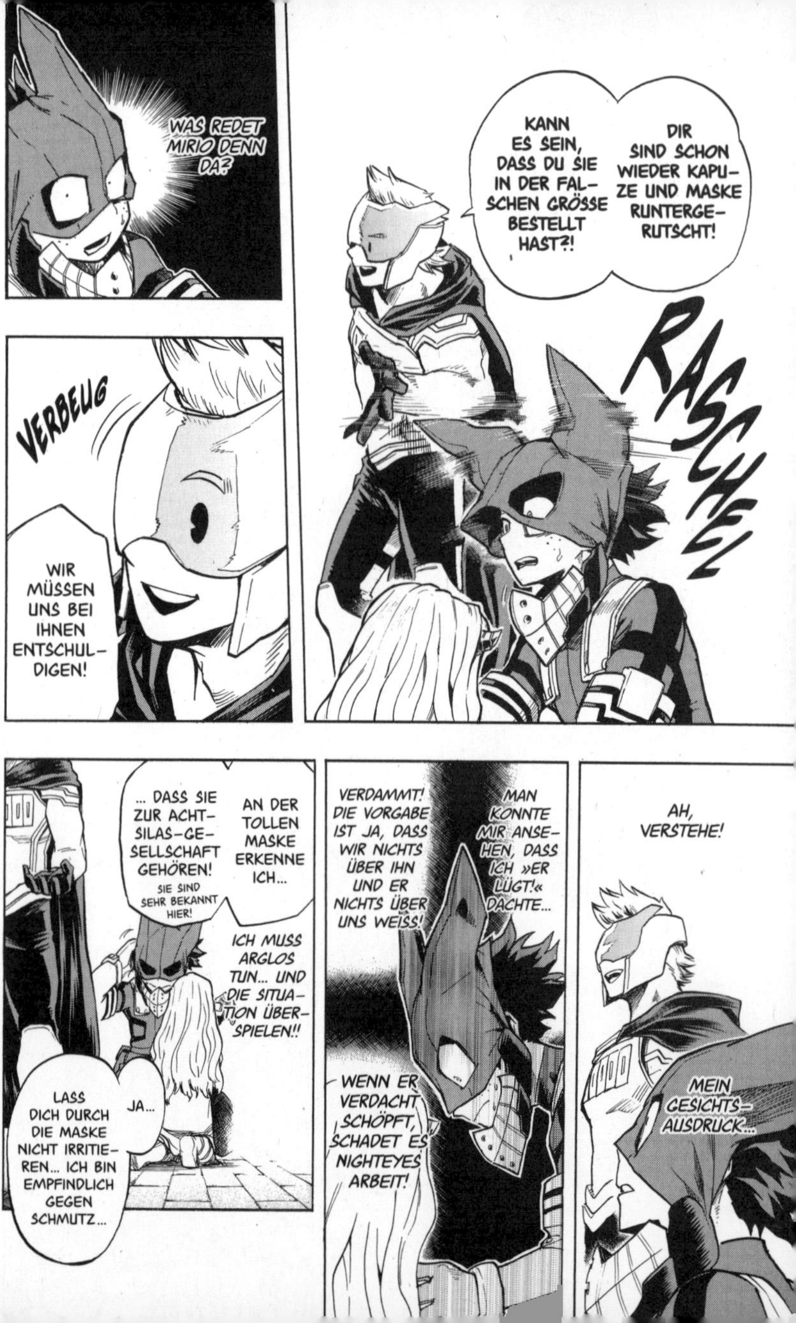
DIR SIND SCHON WIEDER KAPUZE UND MASKE RUNTERGERUTSCHT!
KANN ES SEIN, DASS DU SIE IN DER FALSCHEN GRÖSSE BESTELLT HAST?!
RASCHEL
WAS REDET MIRIO DENN DA?
VERBEUG
WIR MÜSSEN UNS BEI IHNEN ENTSCHULDIGEN!
AH, VERSTEHE!
MEIN GESICHTSAUSDRUCK...
MAN KONNTE MIR ANSEHEN, DASS ICH »ER LÜGT!« DACHTE...
VERDAMMT! DIE VORGABE IST JA, DASS WIR NICHTS ÜBER IHN UND ER NICHTS ÜBER UNS WEISS!
WENN ER VERDACHT SCHÖPFT, SCHADET ES NIGHTEYES ARBEIT!
AN DER TOLLEN MASKE ERKENNE ICH...
... DASS SIE ZUR ACHT-SILAS-GESELLSCHAFT GEHÖREN!
SIE SIND SEHR BEKANNT HIER!
ICH MUSS ARGLOS TUN... UND DIE SITUATION ÜBERSPIELEN!!
JA...
LASS DICH DURCH DIE MASKE NICHT IRRITIEREN... ICH BIN EMPFINDLICH GEGEN SCHMUTZ...

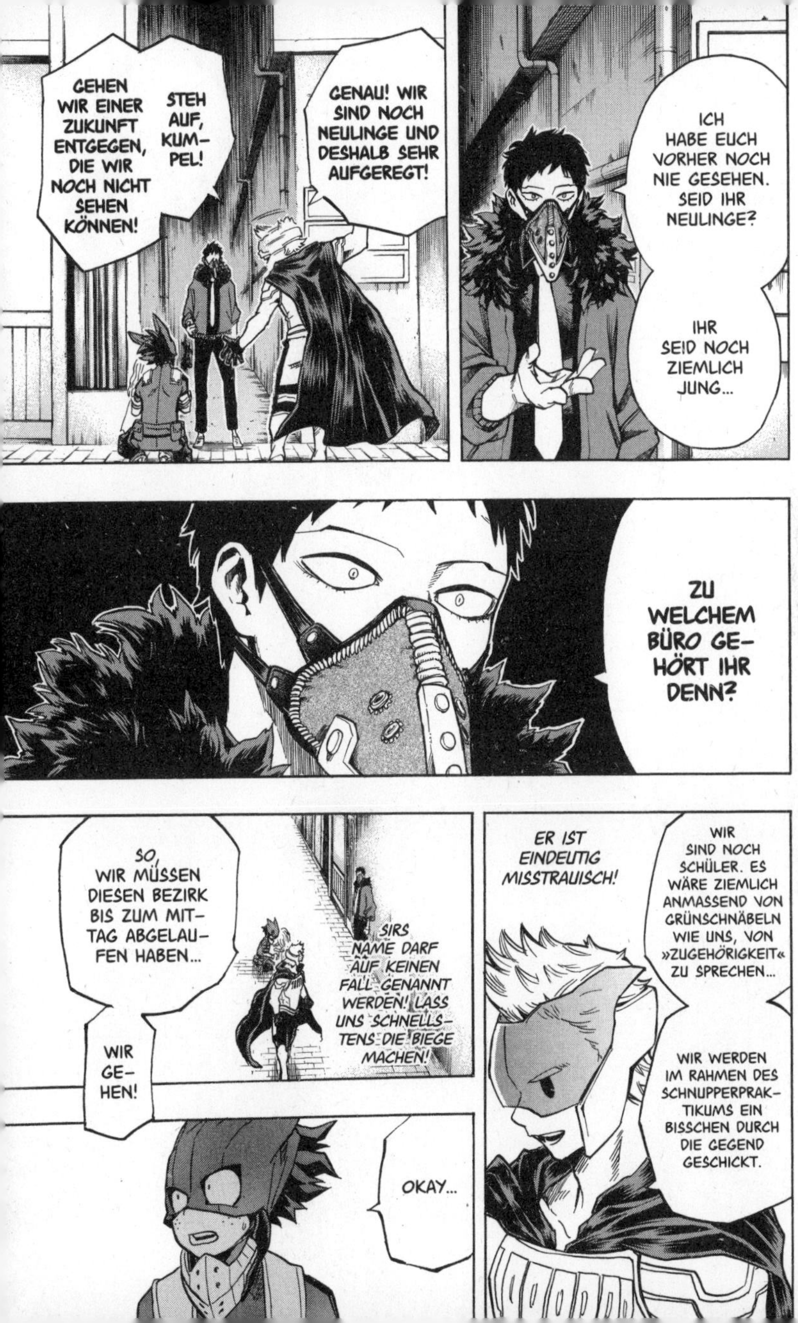
ICH HABE EUCH VORHER NOCH NIE GESEHEN. SEID IHR NEULINGE?
IHR SEID NOCH ZIEMLICH JUNG...
GENAU! WIR SIND NOCH NEULINGE UND DESHALB SEHR AUFGEREGT!
STEH AUF, KUM-PEL!
GEHEN WIR EINER ZUKUNFT ENTGEGEN, DIE WIR NOCH NICHT SEHEN KÖNNEN!
ZU WELCHEM BÜRO GE-HÖRT IHR DENN?
WIR SIND NOCH SCHÜLER. ES WÄRE ZIEMLICH ANMASSEND VON GRÜNSCHNÄBELN WIE UNS, VON »ZUGEHÖRIGKEIT« ZU SPRECHEN...
WIR WERDEN IM RAHMEN DES SCHNUPPERPRAK-TIKUMS EIN BISSCHEN DURCH DIE GEGEND GESCHICKT.
ER IST EINDEUTIG MISSTRAUISCH!
SO, WIR MÜSSEN DIESEN BEZIRK BIS ZUM MIT-TAG ABGELAU-FEN HABEN...
WIR GE-HEN!
SIRS NAME DARF AUF KEINEN FALL GENANNT WERDEN! LASS UNS SCHNELLS-TENS DIE BIEGE MACHEN!
OKAY...

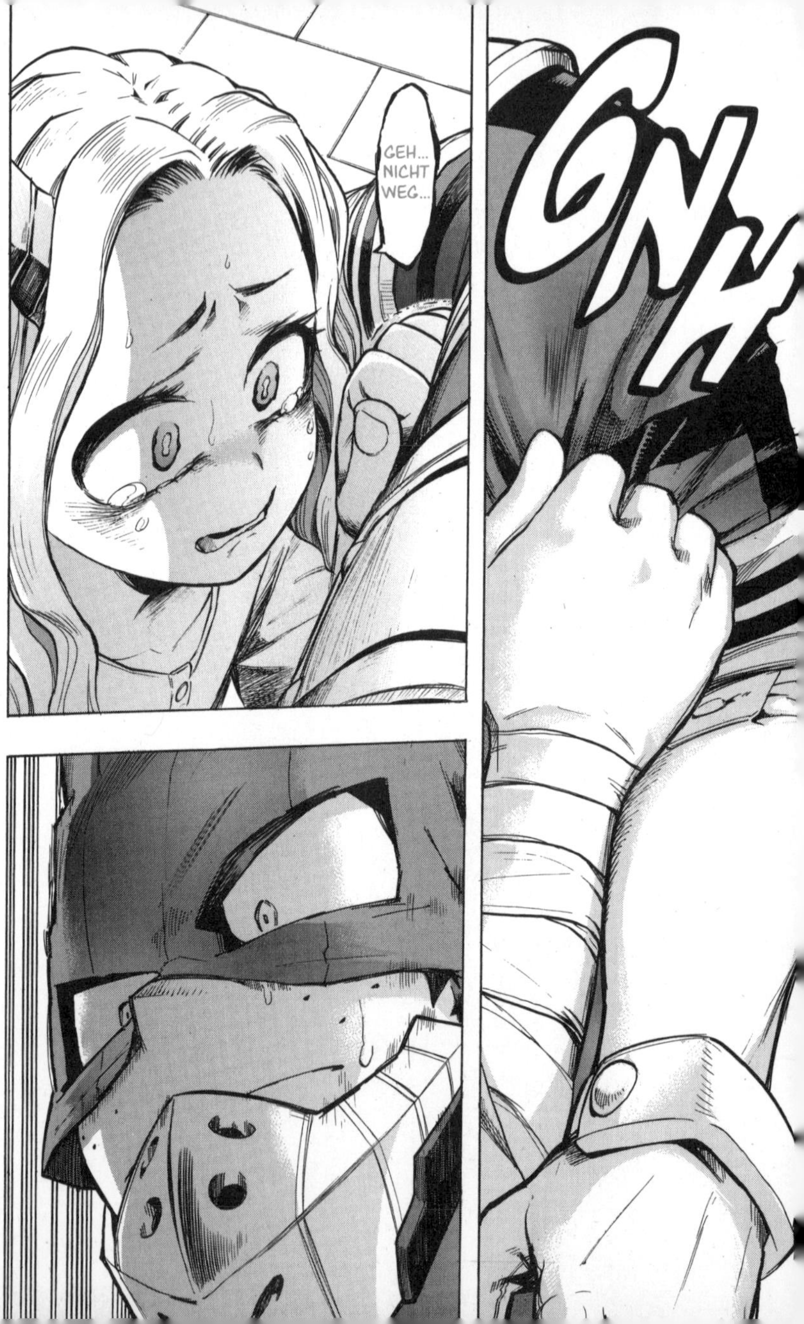
GNH
GEH... NICHT WEG...

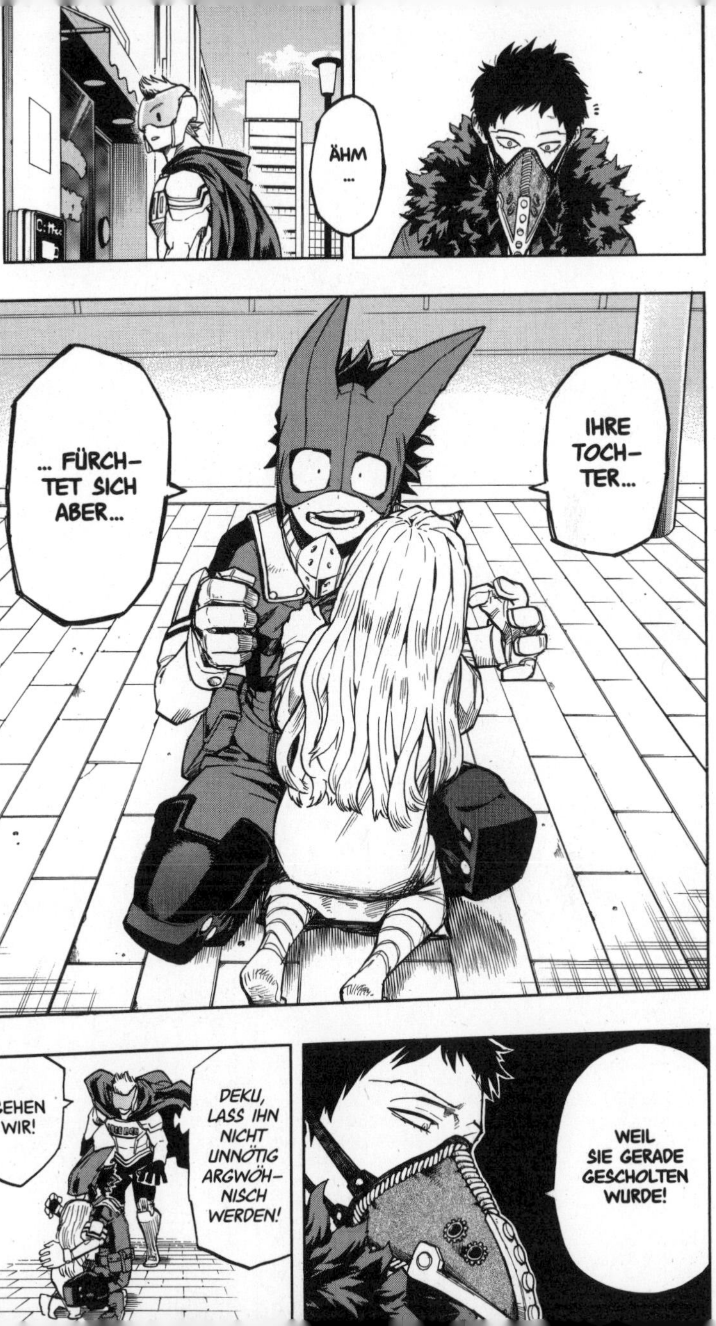

ÄHM ...
IHRE TOCHTER...
... FÜRCHTET SICH ABER...
WEIL SIE GERADE GESCHOLTEN WURDE!
DEKU, LASS IHN NICHT UNNÖTIG ARGWÖHNISCH WERDEN!
GEHEN WIR!

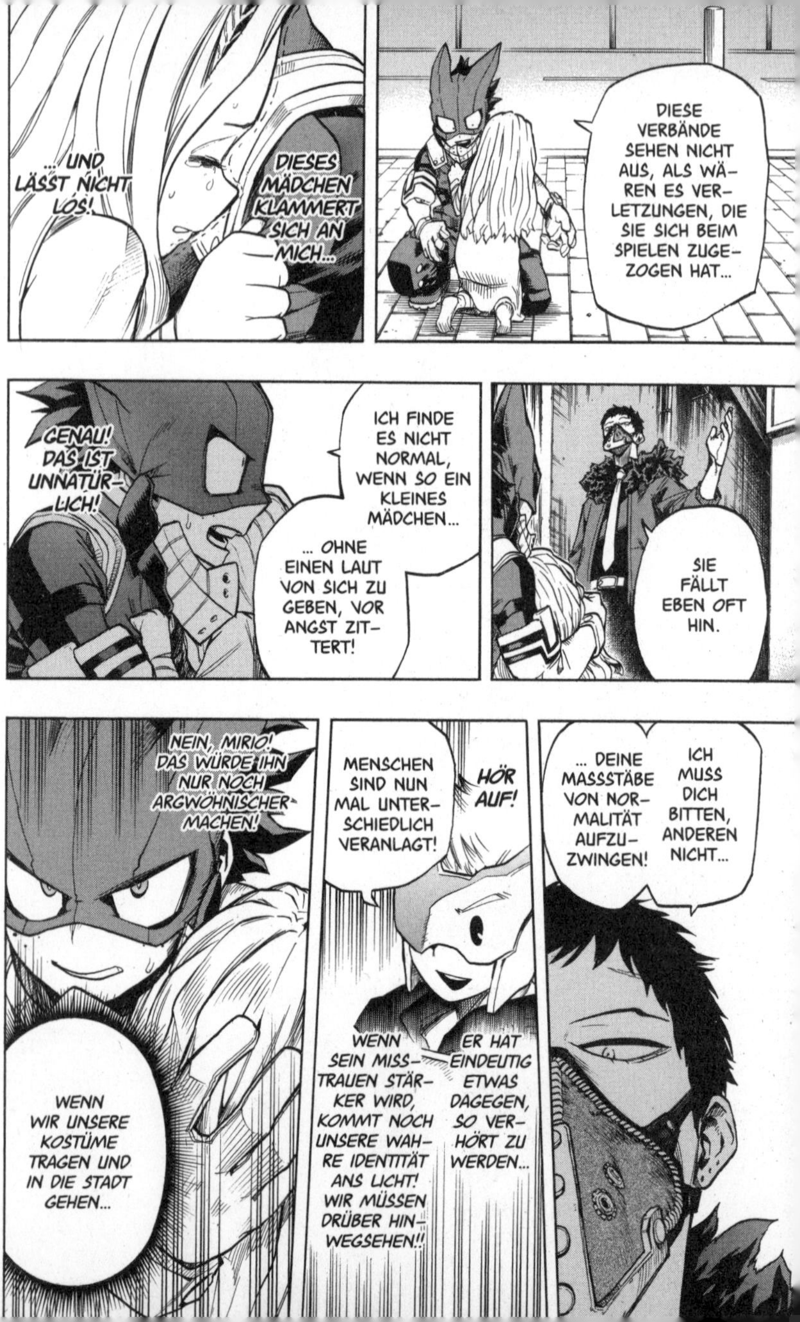
DIESE VERBÄNDE SEHEN NICHT AUS, ALS WÄREN ES VERLETZUNGEN, DIE SIE SICH BEIM SPIELEN ZUGEZOGEN HAT...
DIESES MÄDCHEN KLAMMERT SICH AN MICH...
... UND LÄSST NICHT LOS!
SIE FÄLLT EBEN OFT HIN.
ICH FINDE ES NICHT NORMAL, WENN SO EIN KLEINES MÄDCHEN...
... OHNE EINEN LAUT VON SICH ZU GEBEN, VOR ANGST ZITTERT!
GENAU! DAS IST UNNATÜRLICH!
ICH MUSS DICH BITTEN, ANDEREN NICHT...
... DEINE MASSSTÄBE VON NORMALITÄT AUFZUZWINGEN!
HÖR AUF!
MENSCHEN SIND NUN MAL UNTERSCHIEDLICH VERANLAGT!
ER HAT EINDEUTIG ETWAS DAGEGEN, SO VERHÖRT ZU WERDEN...
WENN SEIN MISSTRAUEN STÄRKER WIRD, KOMMT NOCH UNSERE WAHRE IDENTITÄT ANS LICHT! WIR MÜSSEN DRÜBER HINWEGSEHEN!!
NEIN, MIRIO! DAS WÜRDE IHN NUR NOCH ARGWÖHNISCHER MACHEN!
WENN WIR UNSERE KOSTÜME TRAGEN UND IN DIE STADT GEHEN...

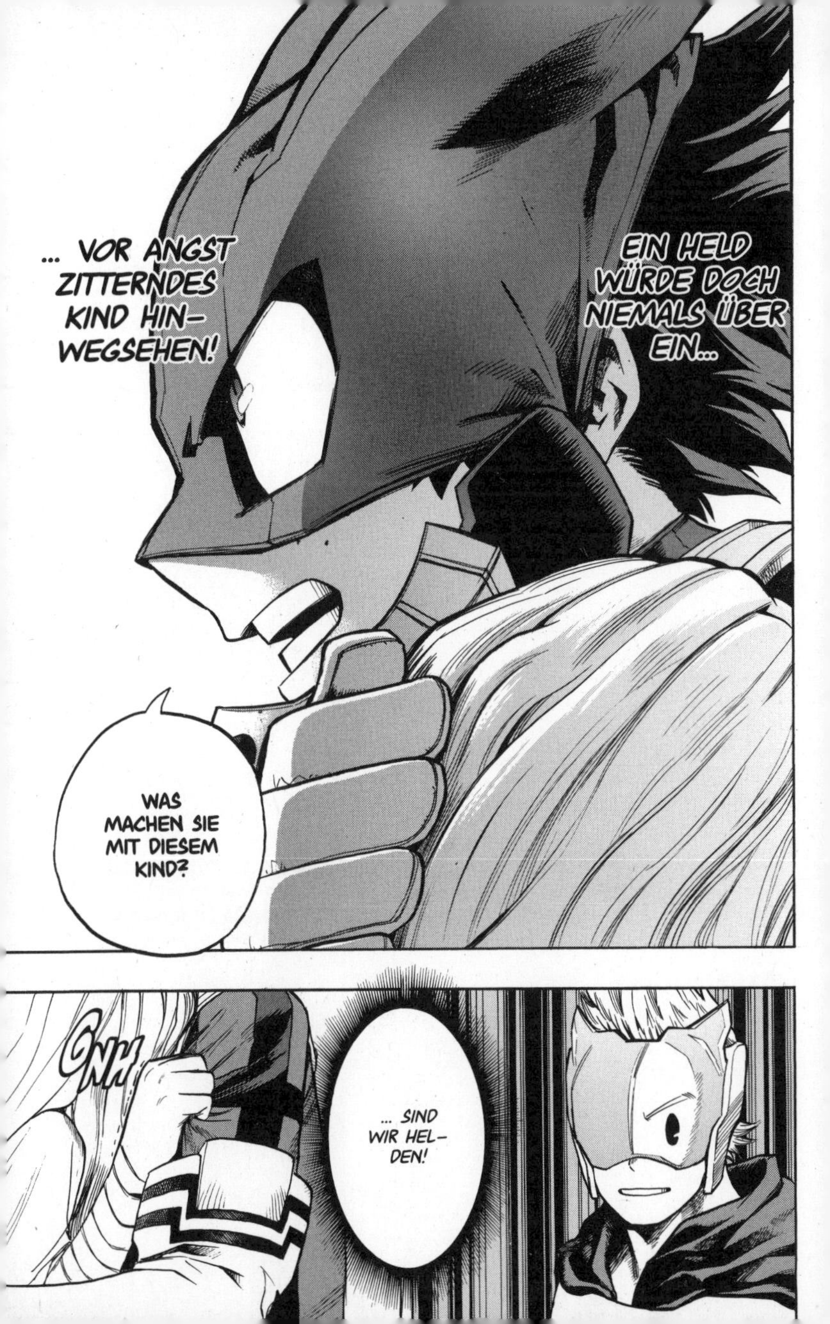
EIN HELD WÜRDE DOCH NIEMALS ÜBER EIN...
... VOR ANGST ZITTERNDES KIND HIN-WEGSEHEN!
WAS MACHEN SIE MIT DIESEM KIND?
... SIND WIR HEL-DEN!
GNH

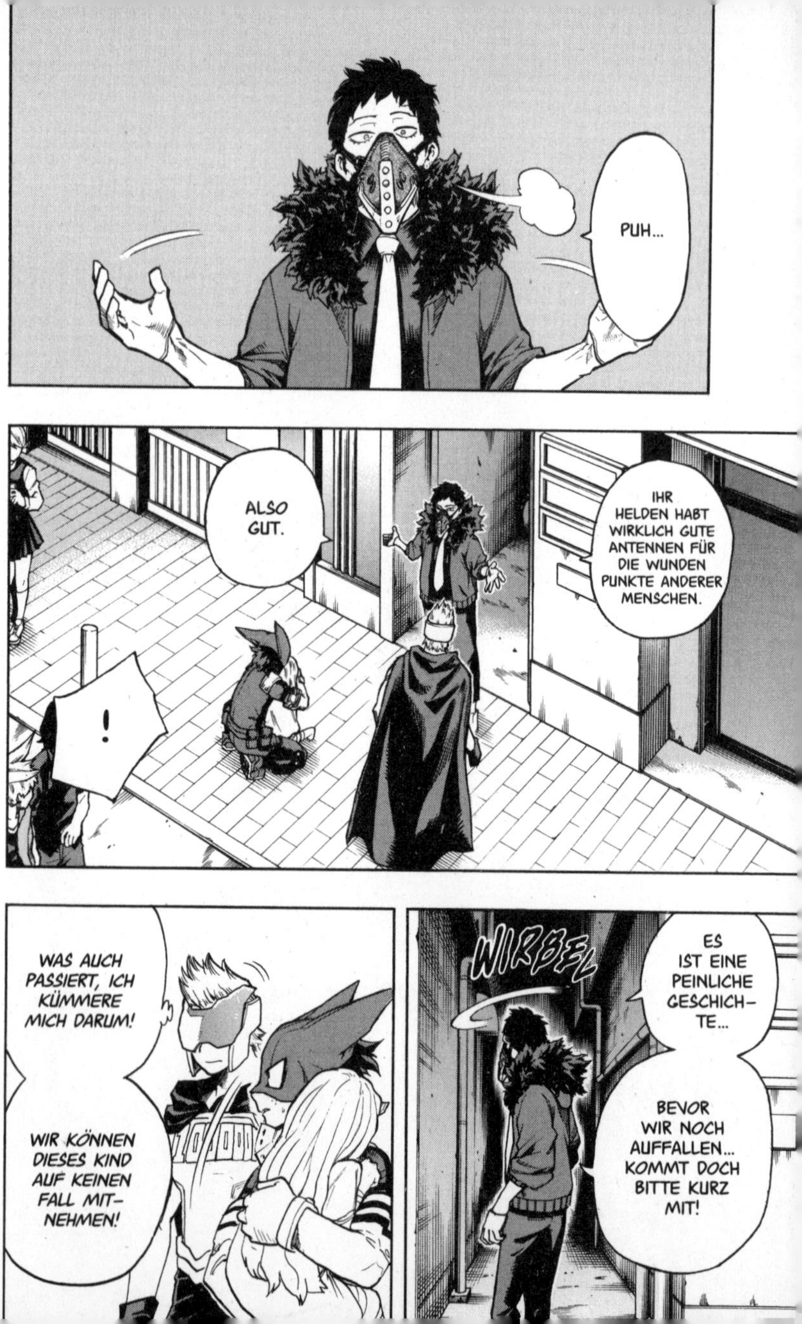
PUH...
IHR HELDEN HABT WIRKLICH GUTE ANTENNEN FÜR DIE WUNDEN PUNKTE ANDERER MENSCHEN.
ALSO GUT.
!
ES IST EINE PEINLICHE GESCHICH-TE...
WIRBEL
BEVOR WIR NOCH AUFFALLEN... KOMMT DOCH BITTE KURZ MIT!
WAS AUCH PASSIERT, ICH KÜMMERE MICH DARUM!
WIR KÖNNEN DIESES KIND AUF KEINEN FALL MIT-NEHMEN!

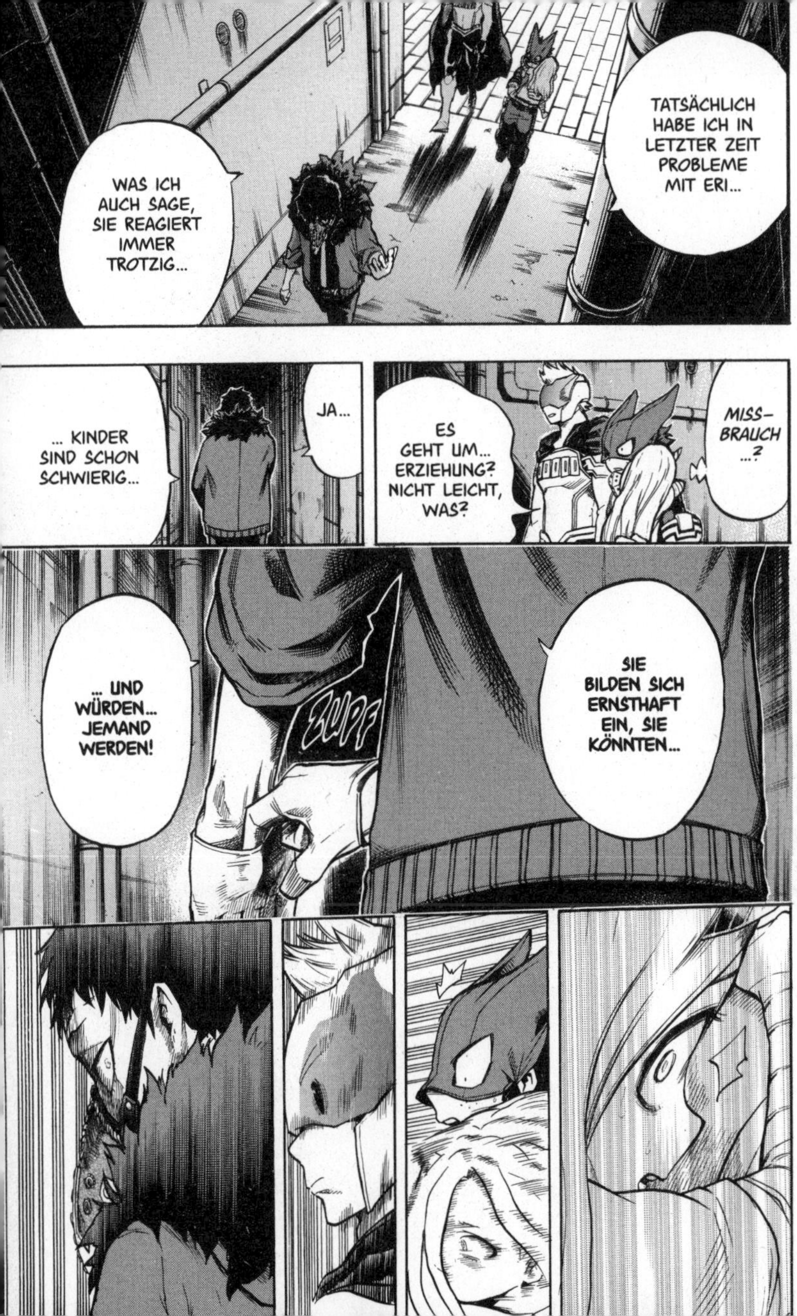
TATSÄCHLICH HABE ICH IN LETZTER ZEIT PROBLEME MIT ERI...
WAS ICH AUCH SAGE, SIE REAGIERT IMMER TROTZIG...
MISS-BRAUCH ...?
ES GEHT UM... ERZIEHUNG? NICHT LEICHT, WAS?
JA...
... KINDER SIND SCHON SCHWIERIG...
SIE BILDEN SICH ERNSTHAFT EIN, SIE KÖNNTEN...
ZUPF
... UND WÜRDEN... JEMAND WERDEN!

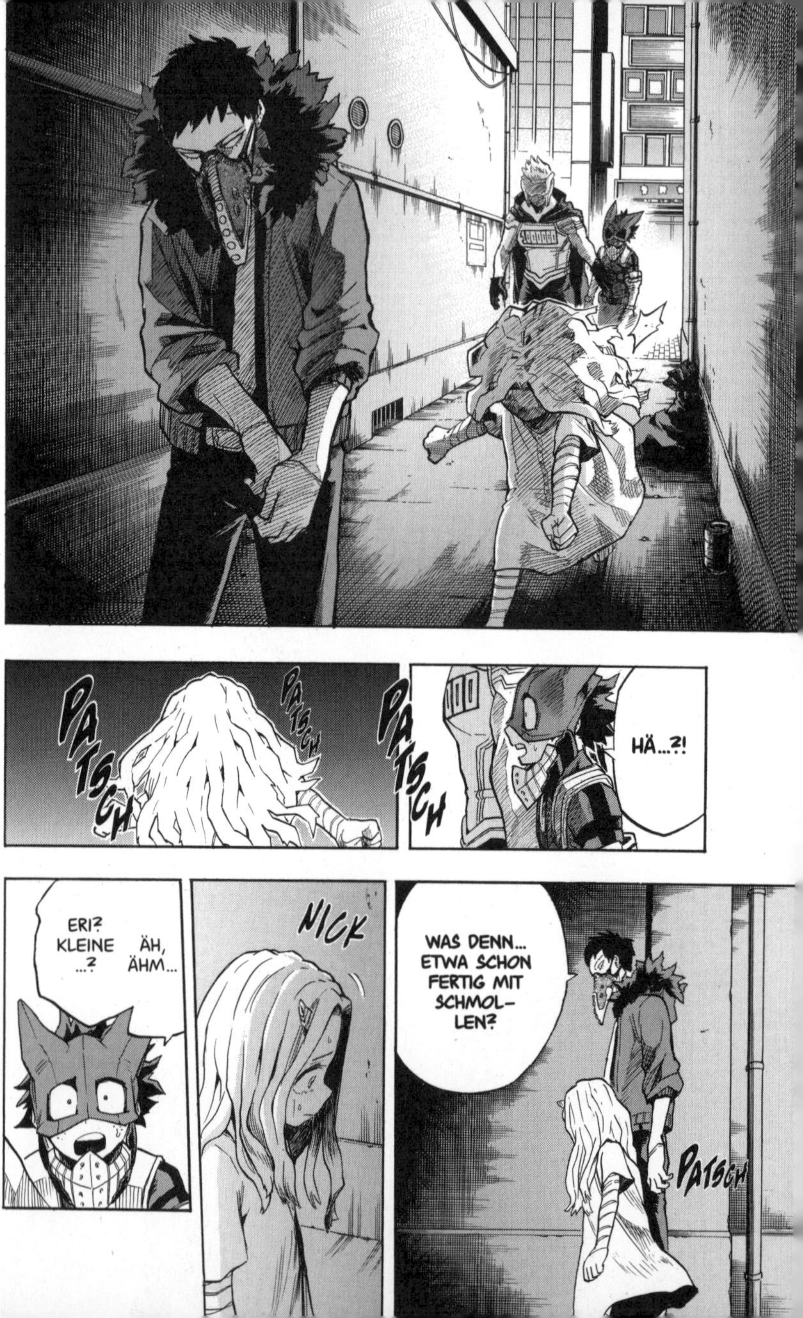
HÄ...?!
PATSCH
PATSCH
PATSCH
WAS DENN... ETWA SCHON FERTIG MIT SCHMOL-LEN?
PATSCH
NICK
ERI? KLEINE ...?
ÄH, ÄHM...

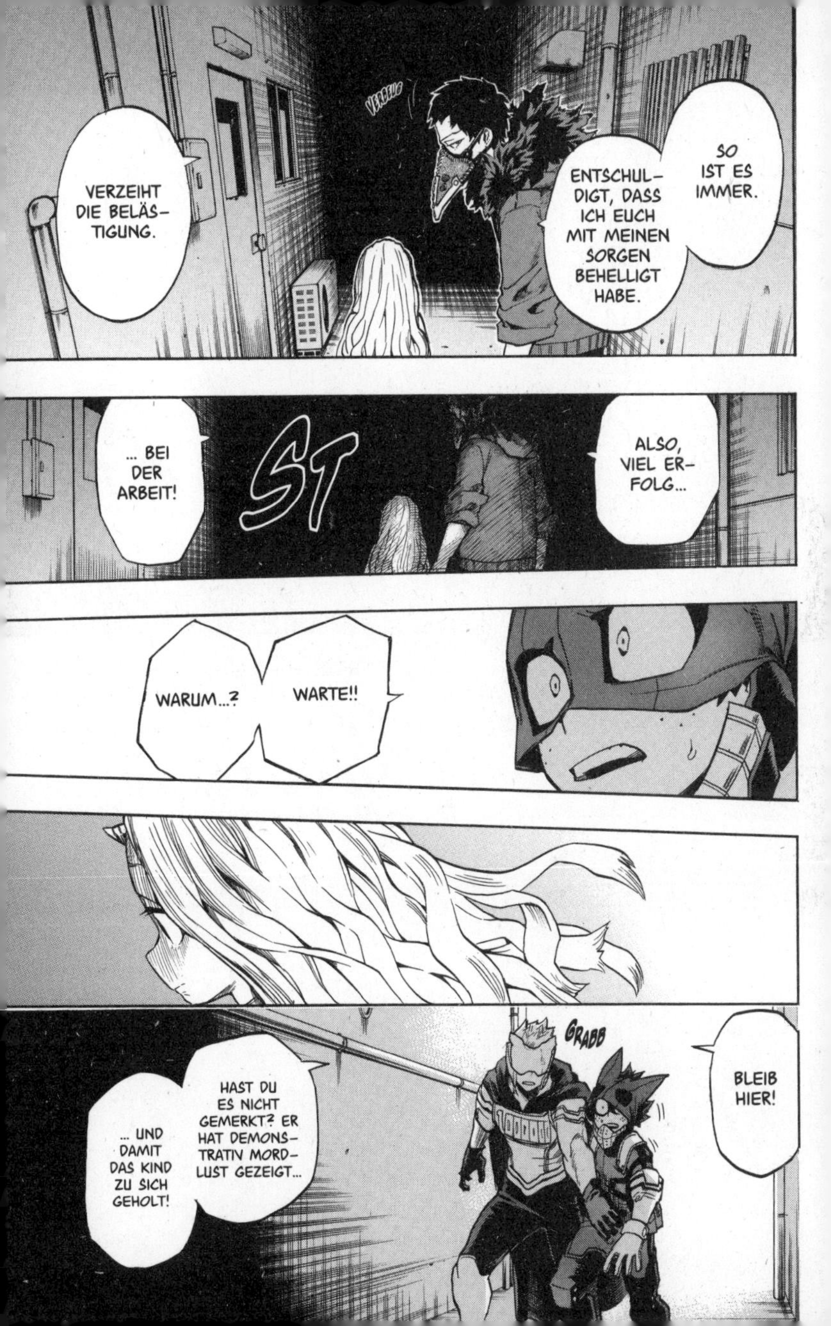
SO IST ES IMMER.
ENTSCHULDIGT, DASS ICH EUCH MIT MEINEN SORGEN BEHELLIGT HABE.
VERZEIHT DIE BELÄSTIGUNG.
ALSO, VIEL ERFOLG...
ST
... BEI DER ARBEIT!
WARTE!!
WARUM...?
BLEIB HIER!
GRABB
HAST DU ES NICHT GEMERKT? ER HAT DEMONSTRATIV MORDLUST GEZEIGT...
... UND DAMIT DAS KIND ZU SICH GEHOLT!

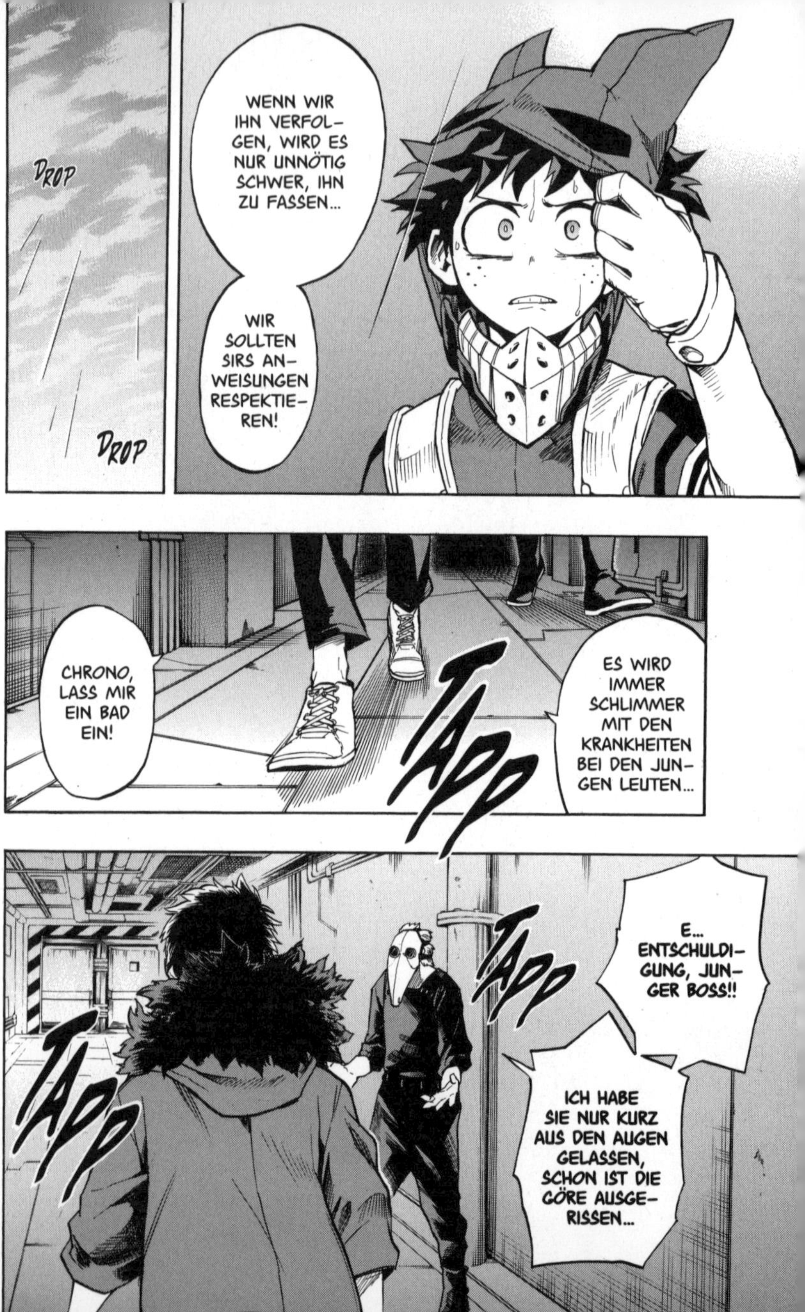
WENN WIR IHN VERFOLGEN, WIRD ES NUR UNNÖTIG SCHWER, IHN ZU FASSEN...
WIR SOLLTEN SIRS ANWEISUNGEN RESPEKTIEREN!
DROP
DROP
ES WIRD IMMER SCHLIMMER MIT DEN KRANKHEITEN BEI DEN JUNGEN LEUTEN...
TAPP
CHRONO, LASS MIR EIN BAD EIN!
E... ENTSCHULDIGUNG, JUNGER BOSS!!
ICH HABE SIE NUR KURZ AUS DEN AUGEN GELASSEN, SCHON IST DIE GÖRE AUSGERISSEN...
TAPP
TAPP

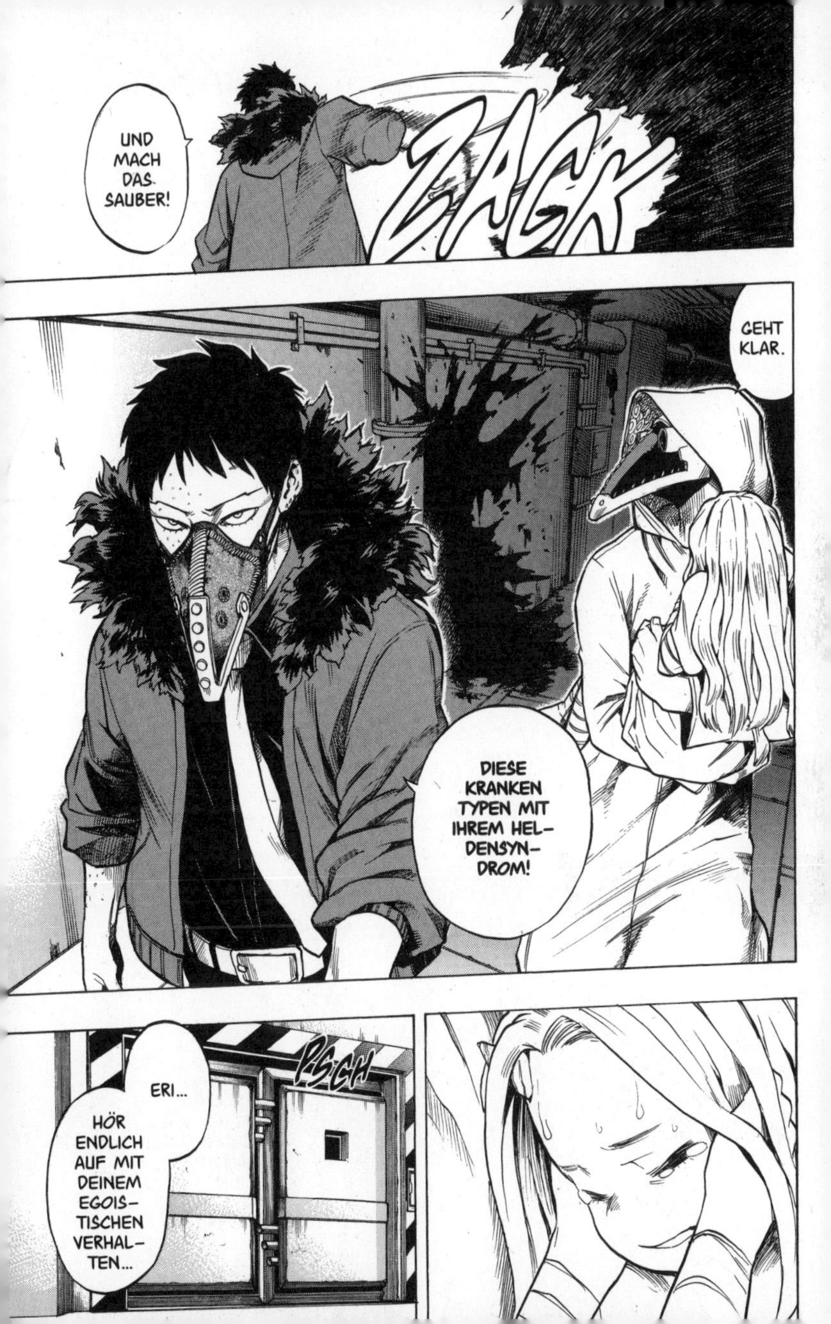
ZACK
UND MACH DAS SAUBER!
GEHT KLAR.
DIESE KRANKEN TYPEN MIT IHREM HELDENSYNDROM!
PSCH
ERI...
HÖR ENDLICH AUF MIT DEINEM EGOISTISCHEN VERHALTEN...

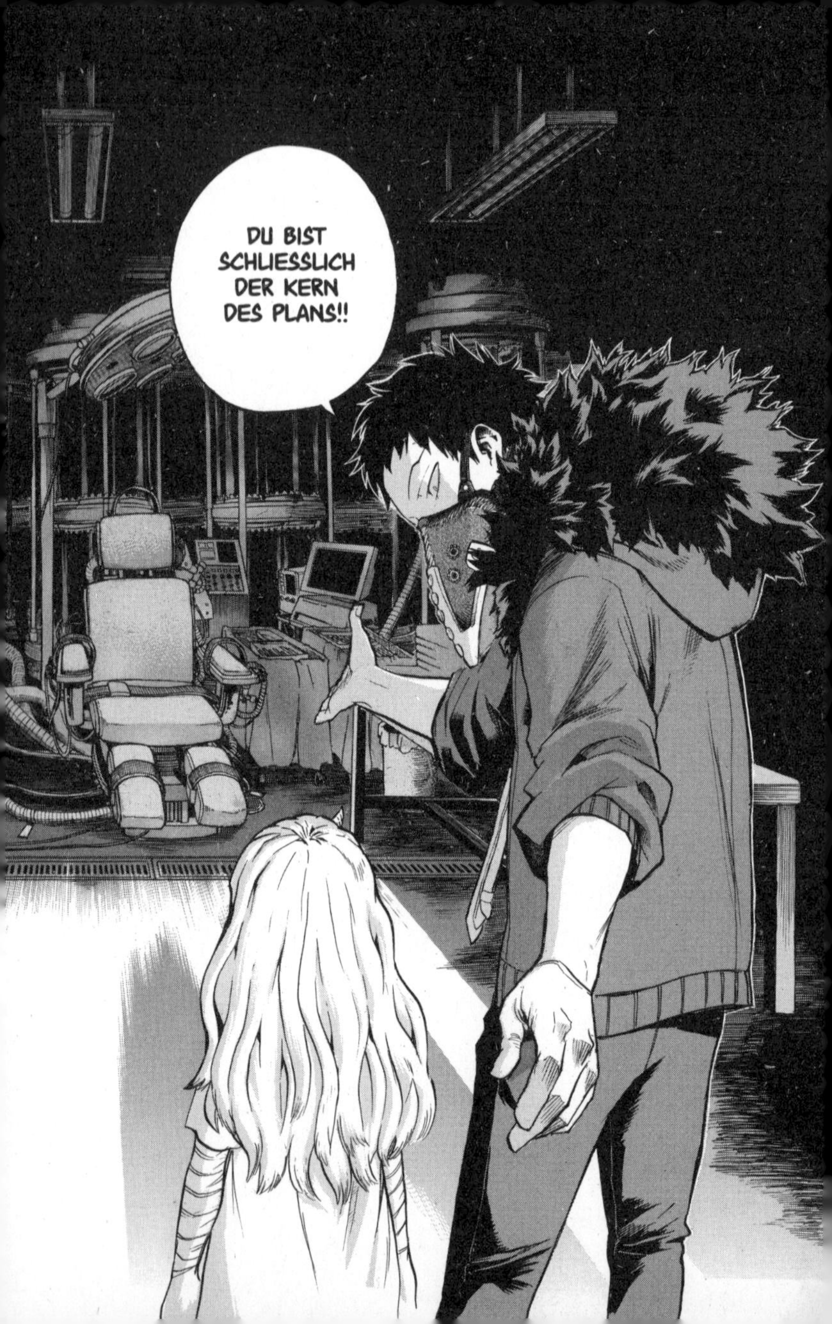
DU BIST SCHLIESSLICH DER KERN DES PLANS!!

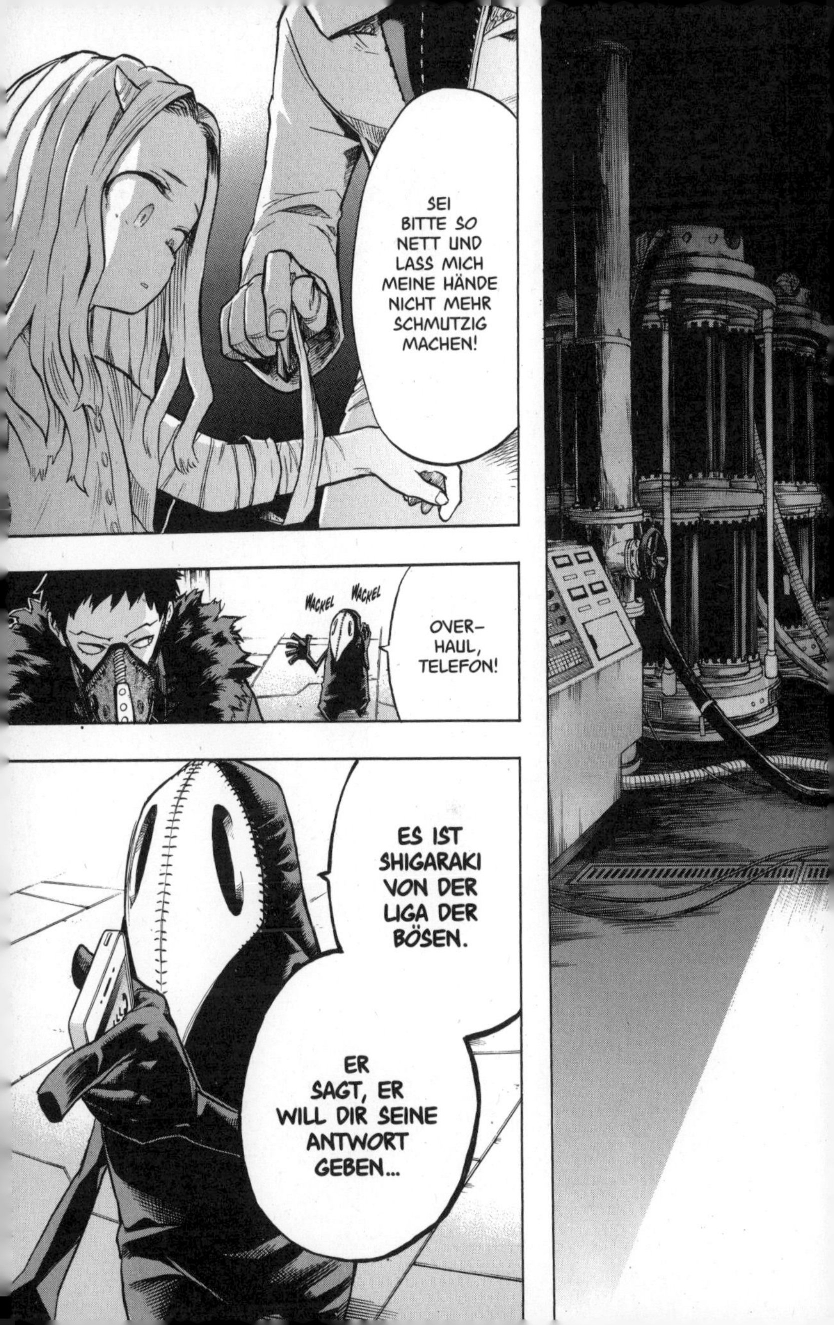
SEI BITTE SO NETT UND LASS MICH MEINE HÄNDE NICHT MEHR SCHMUTZIG MACHEN!
WACKEL WACKEL
OVER-HAUL, TELEFON!
ES IST SHIGARAKI VON DER LIGA DER BÖSEN.
ER SAGT, ER WILL DIR SEINE ANTWORT GEBEN...

THE·DEKUMASK

○ Eeeeenndlich hat er sie mal angezogen, die Kapuze!

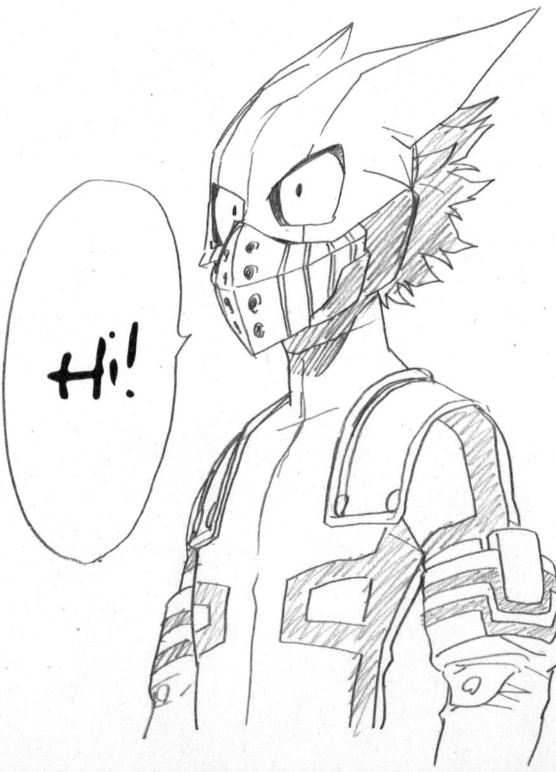

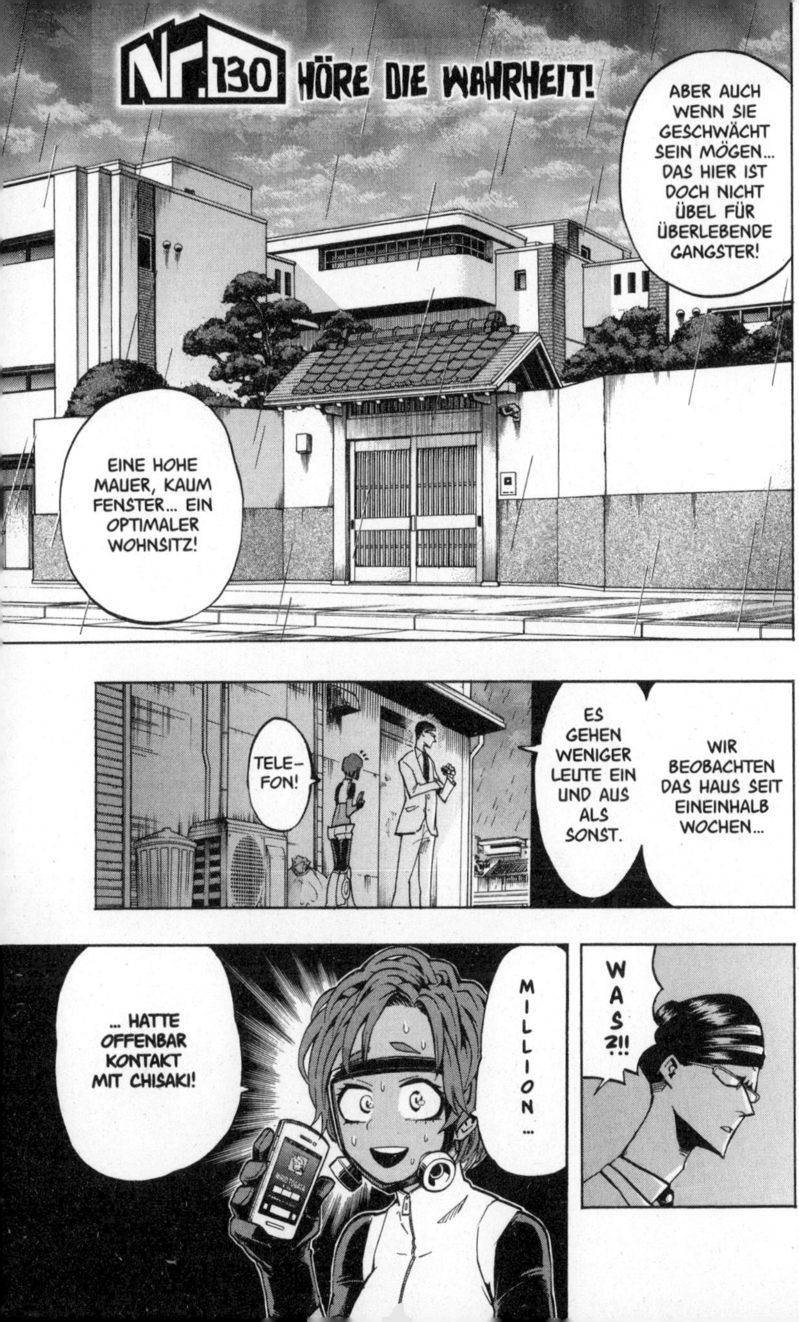
NR. 130 HÖRE DIE WAHRHEIT!
ABER AUCH WENN SIE GESCHWÄCHT SEIN MÖGEN... DAS HIER IST DOCH NICHT ÜBEL FÜR ÜBERLEBENDE GANGSTER!
EINE HOHE MAUER, KAUM FENSTER... EIN OPTIMALER WOHNSITZ!
WIR BEOBACHTEN DAS HAUS SEIT EINEINHALB WOCHEN...
ES GEHEN WENIGER LEUTE EIN UND AUS ALS SONST.
TELE-FON!
WAS?!!
MILLION...
... HATTE OFFENBAR KONTAKT MIT CHISAKI!

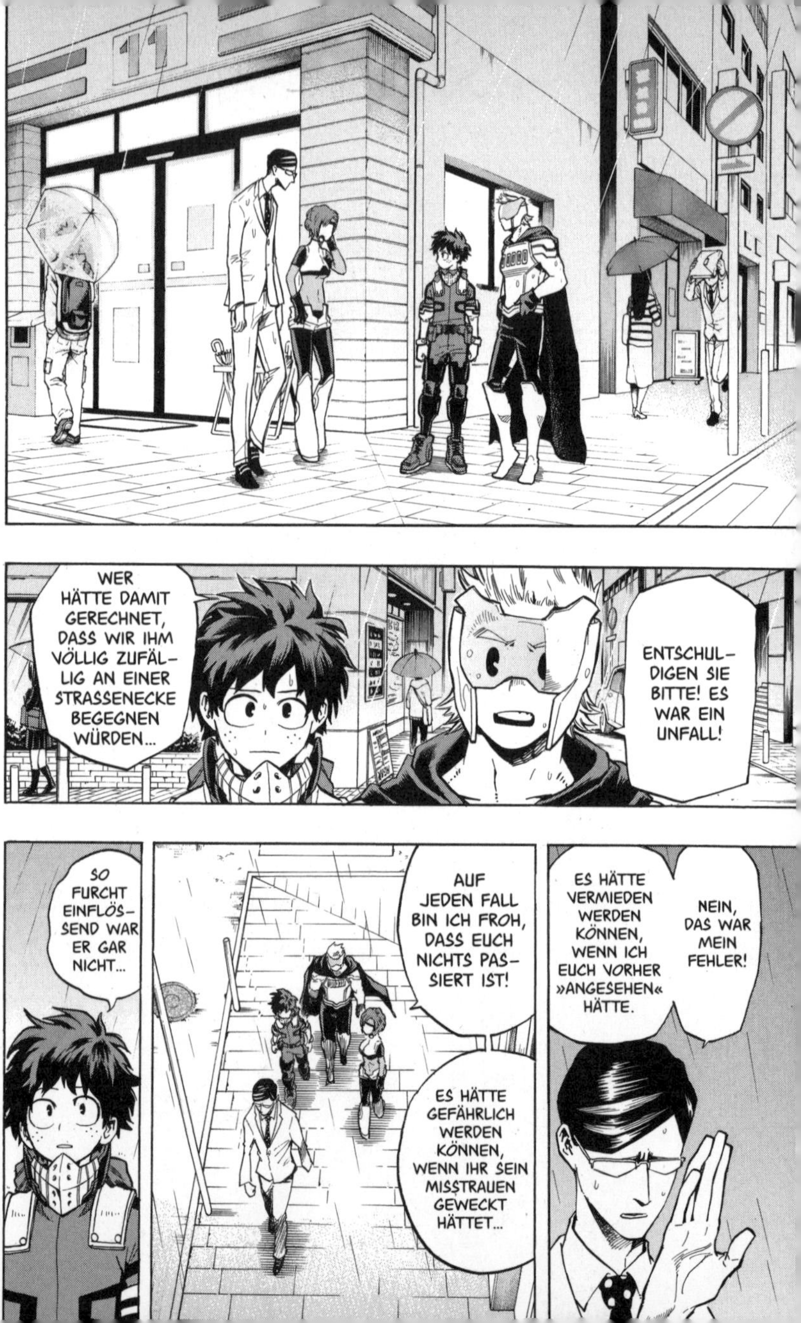
ENTSCHUL-DIGEN SIE BITTE! ES WAR EIN UNFALL!
WER HÄTTE DAMIT GERECHNET, DASS WIR IHM VÖLLIG ZUFÄL-LIG AN EINER STRASSENECKE BEGEGNEN WÜRDEN...
NEIN, DAS WAR MEIN FEHLER!
ES HÄTTE VERMIEDEN WERDEN KÖNNEN, WENN ICH EUCH VORHER »ANGESEHEN« HÄTTE.
AUF JEDEN FALL BIN ICH FROH, DASS EUCH NICHTS PAS-SIERT IST!
ES HÄTTE GEFÄHRLICH WERDEN KÖNNEN, WENN IHR SEIN MISSTRAUEN GEWECKT HÄTTET...
SO FURCHT EINFLÖS-SEND WAR ER GAR NICHT...

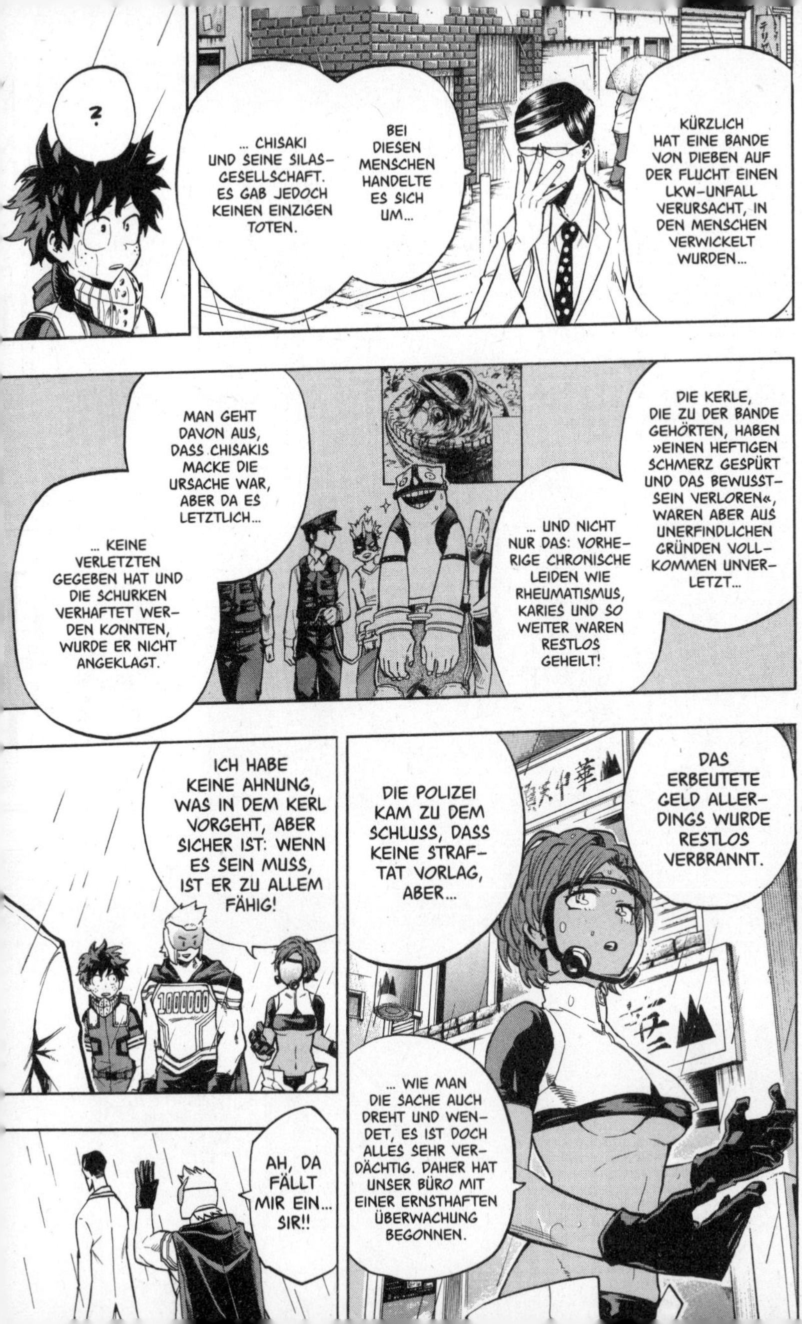
KÜRZLICH HAT EINE BANDE VON DIEBEN AUF DER FLUCHT EINEN LKW-UNFALL VERURSACHT, IN DEN MENSCHEN VERWICKELT WURDEN...
BEI DIESEN MENSCHEN HANDELTE ES SICH UM...
... CHISAKI UND SEINE SILAS-GESELLSCHAFT. ES GAB JEDOCH KEINEN EINZIGEN TOTEN.
?
DIE KERLE, DIE ZU DER BANDE GEHÖRTEN, HABEN »EINEN HEFTIGEN SCHMERZ GESPÜRT UND DAS BEWUSSTSEIN VERLOREN«, WAREN ABER AUS UNERFINDLICHEN GRÜNDEN VOLLKOMMEN UNVERLETZT...
... UND NICHT NUR DAS: VORHERIGE CHRONISCHE LEIDEN WIE RHEUMATISMUS, KARIES UND SO WEITER WAREN RESTLOS GEHEILT!
MAN GEHT DAVON AUS, DASS CHISAKIS MACKE DIE URSACHE WAR, ABER DA ES LETZTLICH...
... KEINE VERLETZTEN GEGEBEN HAT UND DIE SCHURKEN VERHAFTET WERDEN KONNTEN, WURDE ER NICHT ANGEKLAGT.
DAS ERBEUTETE GELD ALLERDINGS WURDE RESTLOS VERBRANNT.
DIE POLIZEI KAM ZU DEM SCHLUSS, DASS KEINE STRAFTAT VORLAG, ABER...
... WIE MAN DIE SACHE AUCH DREHT UND WENDET, ES IST DOCH ALLES SEHR VERDÄCHTIG. DAHER HAT UNSER BÜRO MIT EINER ERNSTHAFTEN ÜBERWACHUNG BEGONNEN.
ICH HABE KEINE AHNUNG, WAS IN DEM KERL VORGEHT, ABER SICHER IST: WENN ES SEIN MUSS, IST ER ZU ALLEM FÄHIG!
AH, DA FÄLLT MIR EIN... SIR!!

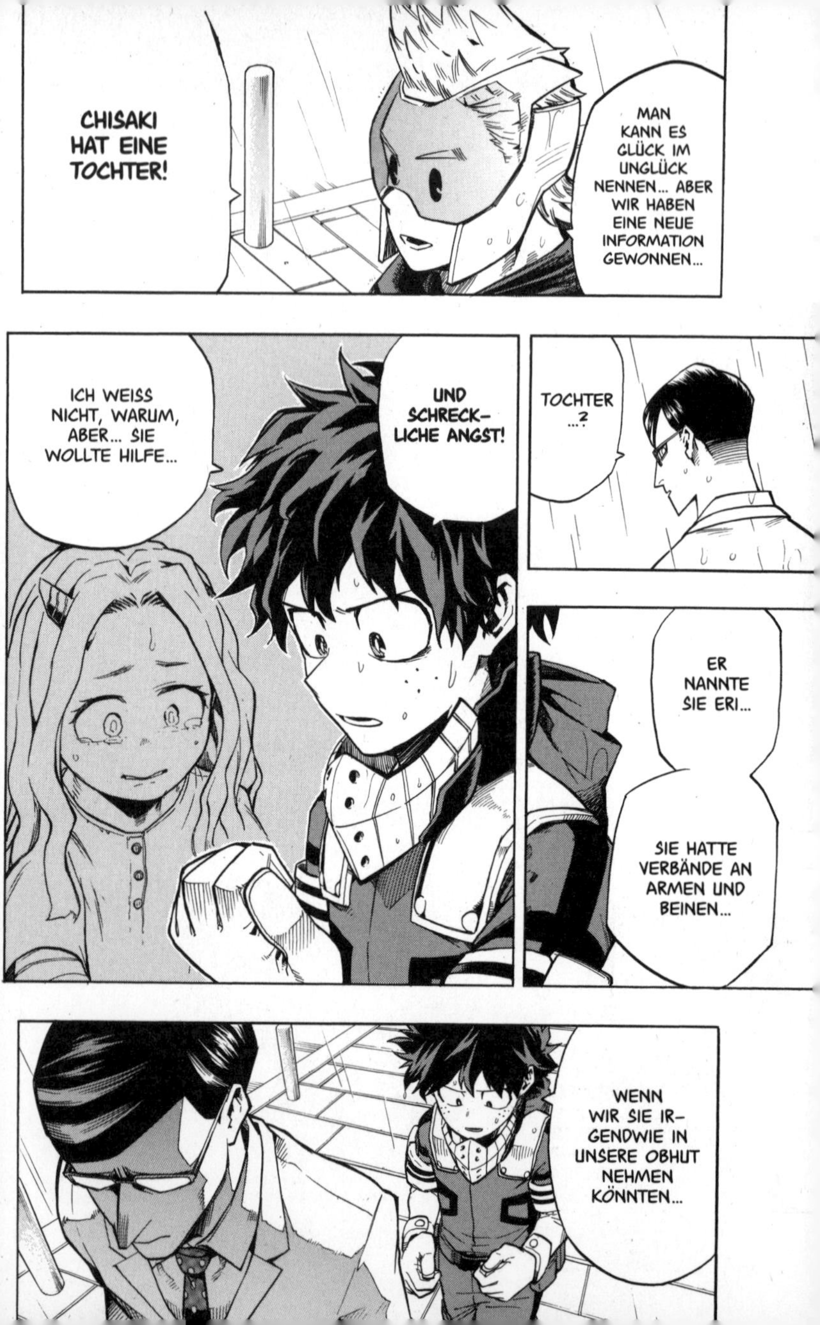

MAN KANN ES GLÜCK IM UNGLÜCK NENNEN... ABER WIR HABEN EINE NEUE INFORMATION GEWONNEN...
CHISAKI HAT EINE TOCHTER!
TOCHTER ...?
UND SCHRECK-LICHE ANGST!
ICH WEISS NICHT, WARUM, ABER... SIE WOLLTE HILFE...
ER NANNTE SIE ERI...
SIE HATTE VERBÄNDE AN ARMEN UND BEINEN...
WENN WIR SIE IR-GENDWIE IN UNSERE OBHUT NEHMEN KÖNNTEN...

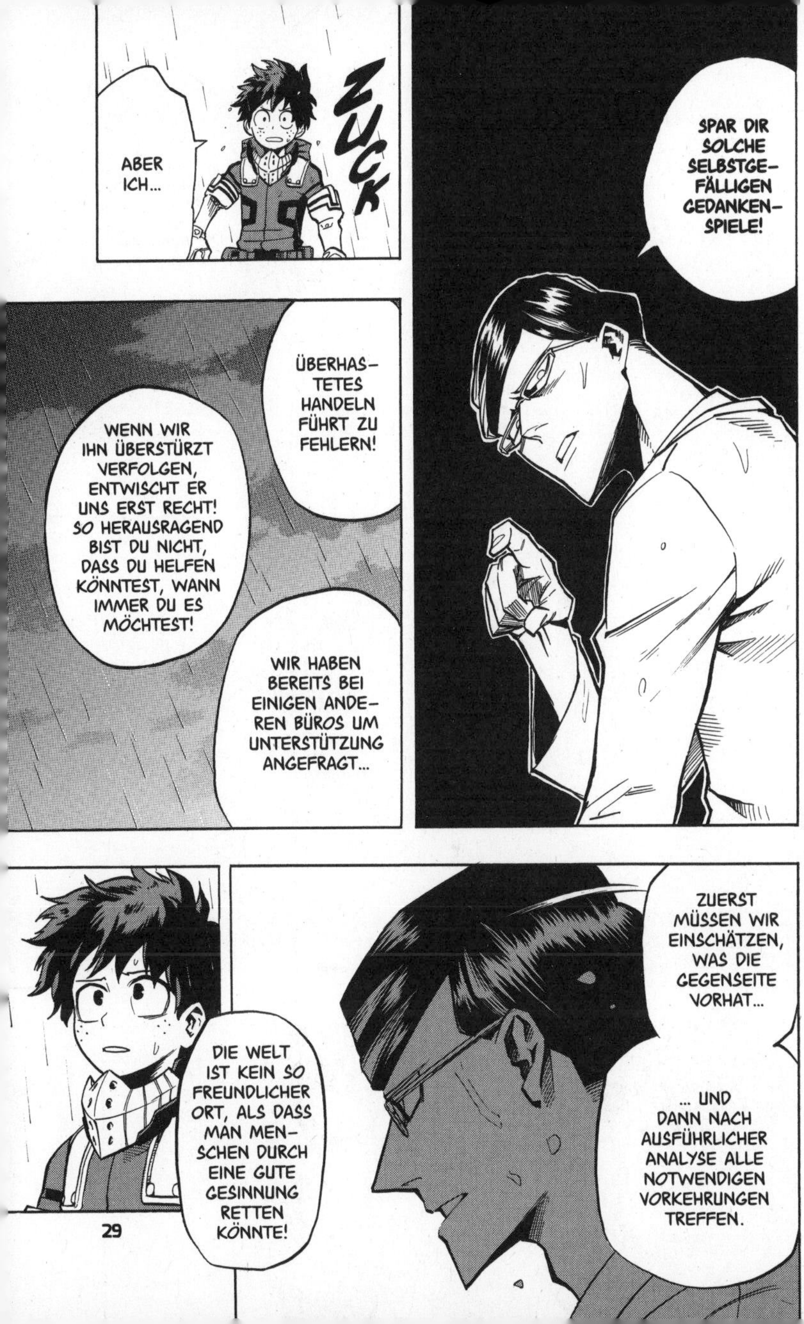
ABER ICH...
ZUCK
SPAR DIR SOLCHE SELBSTGEFÄLLIGEN GEDANKENSPIELE!
ÜBERHASTETES HANDELN FÜHRT ZU FEHLERN!
WENN WIR IHN ÜBERSTÜRZT VERFOLGEN, ENTWISCHT ER UNS ERST RECHT! SO HERAUSRAGEND BIST DU NICHT, DASS DU HELFEN KÖNNTEST, WANN IMMER DU ES MÖCHTEST!
WIR HABEN BEREITS BEI EINIGEN ANDEREN BÜROS UM UNTERSTÜTZUNG ANGEFRAGT...
ZUERST MÜSSEN WIR EINSCHÄTZEN, WAS DIE GEGENSEITE VORHAT...
... UND DANN NACH AUSFÜHRLICHER ANALYSE ALLE NOTWENDIGEN VORKEHRUNGEN TREFFEN.
DIE WELT IST KEIN SO FREUNDLICHER ORT, ALS DASS MAN MENSCHEN DURCH EINE GUTE GESINNUNG RETTEN KÖNNTE!

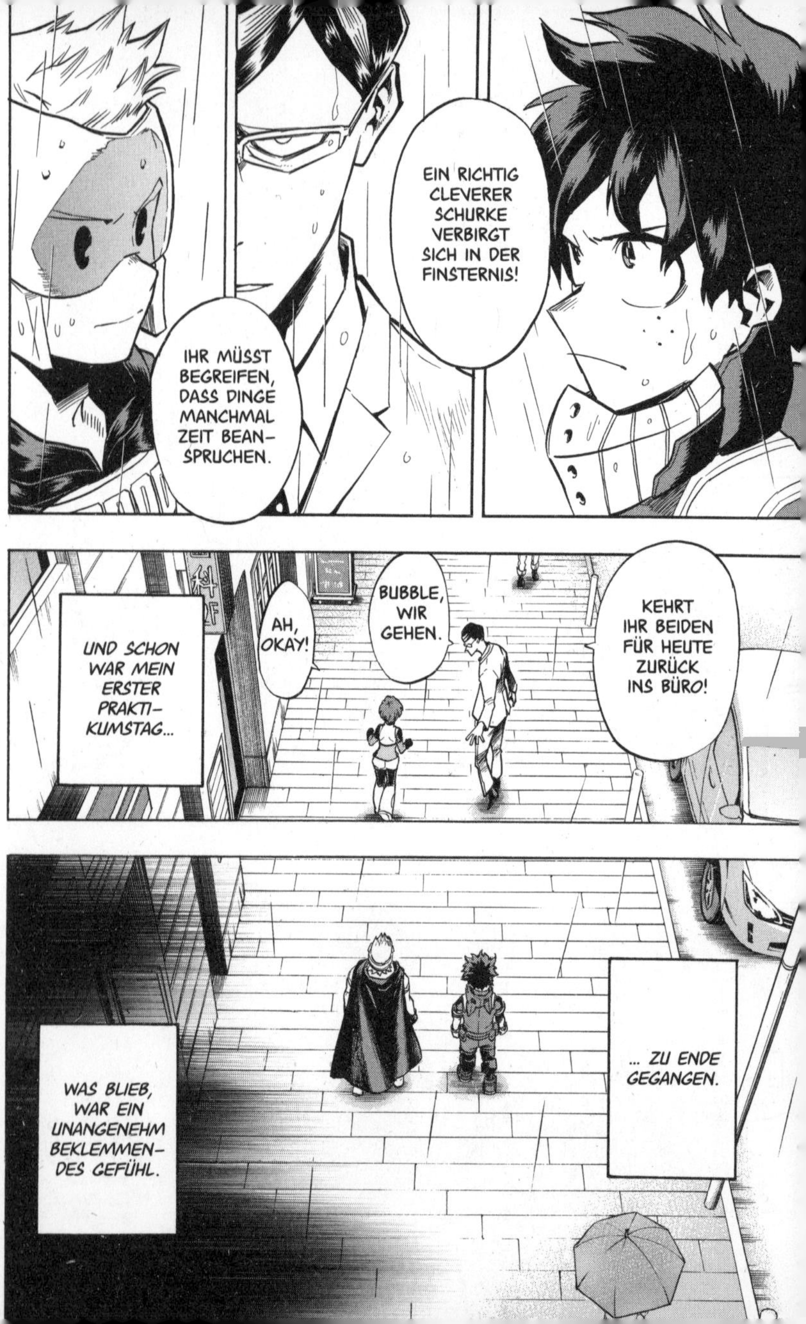
EIN RICHTIG CLEVERER SCHURKE VERBIRGT SICH IN DER FINSTERNIS!
IHR MÜSST BEGREIFEN, DASS DINGE MANCHMAL ZEIT BEAN-SPRUCHEN.
KEHRT IHR BEIDEN FÜR HEUTE ZURÜCK INS BÜRO!
BUBBLE, WIR GEHEN.
AH, OKAY!
UND SCHON WAR MEIN ERSTER PRAKTI-KUMSTAG...
... ZU ENDE GEGANGEN.
WAS BLIEB, WAR EIN UNANGENEHM BEKLEMMEN-DES GEFÜHL.

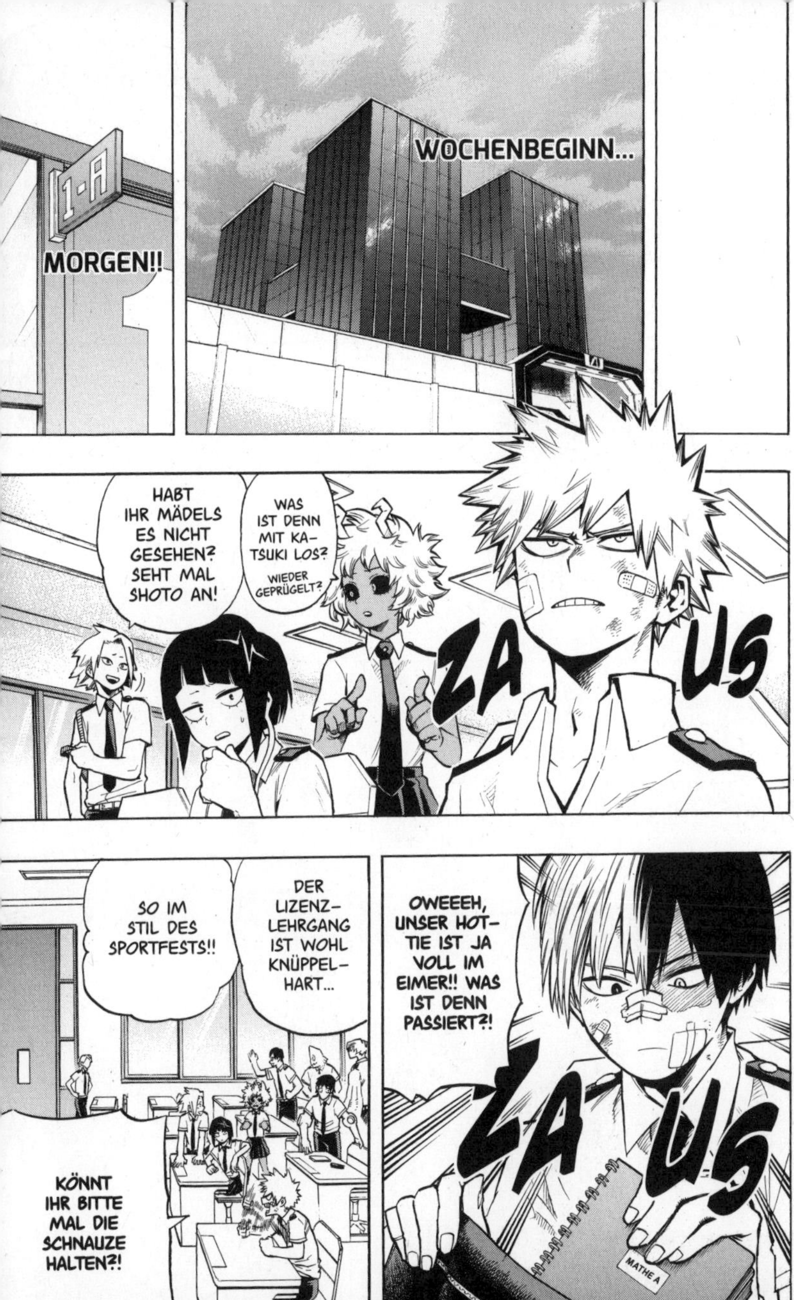
WOCHENBEGINN...
MORGEN!!
WAS IST DENN MIT KATSUKI LOS? WIEDER GEPRÜGELT?
HABT IHR MÄDELS ES NICHT GESEHEN? SEHT MAL SHOTO AN!
ZA US
OWEEEH, UNSER HOTTIE IST JA VOLL IM EIMER!! WAS IST DENN PASSIERT?!
ZA US
MATHE A
DER LIZENZLEHRGANG IST WOHL KNÜPPELHART...
SO IM STIL DES SPORTFESTS!!
KÖNNT IHR BITTE MAL DIE SCHNAUZE HALTEN?!

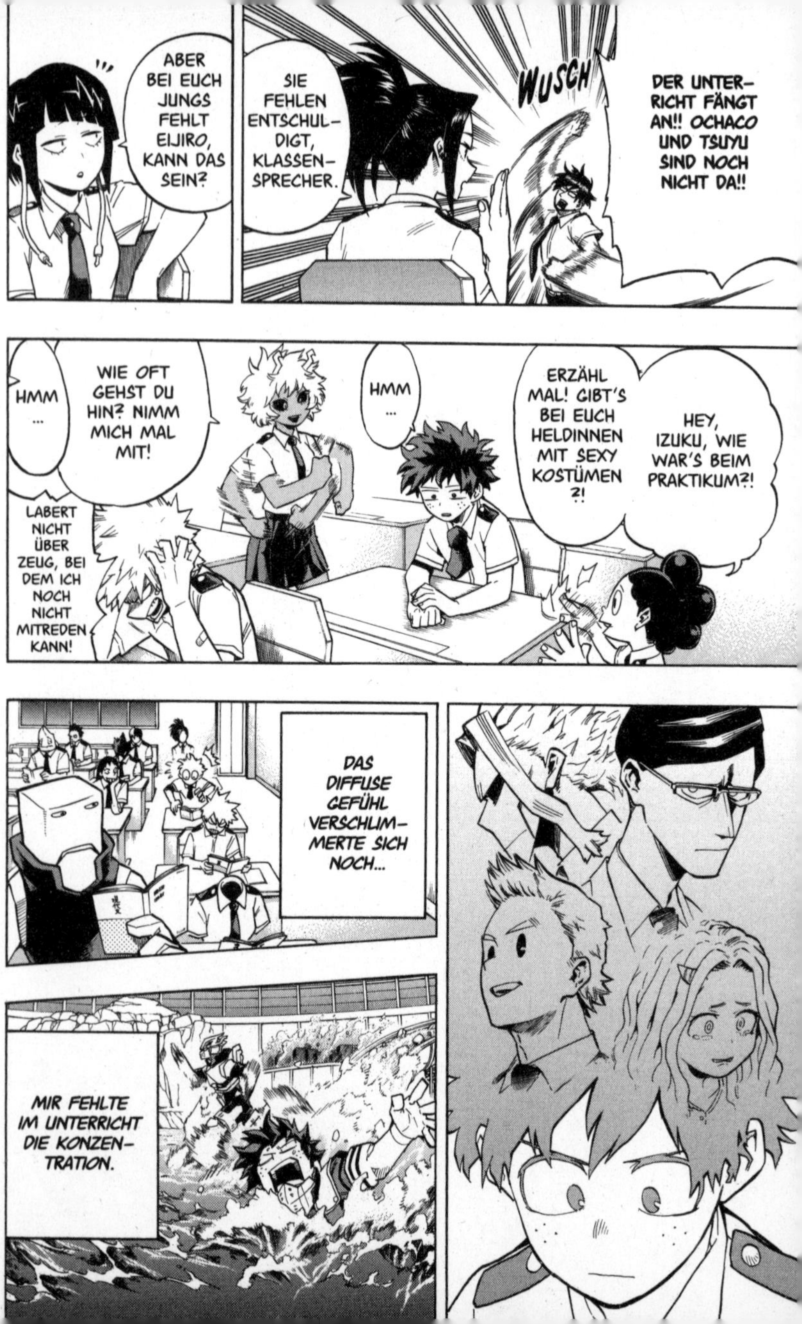
DER UNTERRICHT FÄNGT AN!! OCHACO UND TSUYU SIND NOCH NICHT DA!!
WUSCH
SIE FEHLEN ENTSCHULDIGT, KLASSENSPRECHER.
ABER BEI EUCH JUNGS FEHLT EIJIRO, KANN DAS SEIN?
HEY, IZUKU, WIE WAR'S BEIM PRAKTIKUM?!
ERZÄHL MAL! GIBT'S BEI EUCH HELDINNEN MIT SEXY KOSTÜMEN?!
HMM ...
WIE OFT GEHST DU HIN? NIMM MICH MAL MIT!
HMM ...
LABERT NICHT ÜBER ZEUG, BEI DEM ICH NOCH NICHT MITREDEN KANN!
DAS DIFFUSE GEFÜHL VERSCHLIMMERTE SICH NOCH...
MIR FEHLTE IM UNTERRICHT DIE KONZENTRATION.

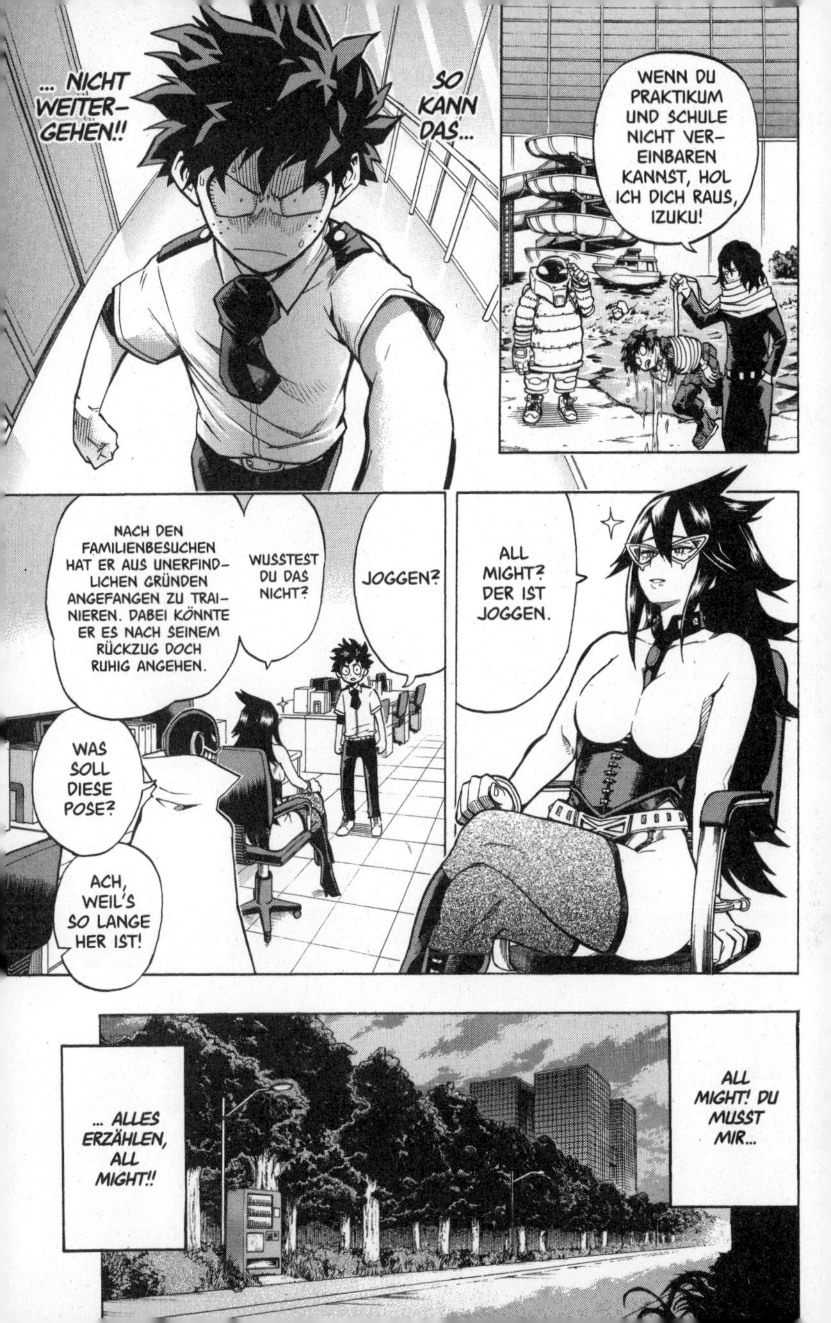
WENN DU PRAKTIKUM UND SCHULE NICHT VEREINBAREN KANNST, HOL ICH DICH RAUS, IZUKU!
SO KANN DAS...
... NICHT WEITERGEHEN!!
ALL MIGHT? DER IST JOGGEN.
JOGGEN?
WUSSTEST DU DAS NICHT?
NACH DEN FAMILIENBESUCHEN HAT ER AUS UNERFINDLICHEN GRÜNDEN ANGEFANGEN ZU TRAINIEREN. DABEI KÖNNTE ER ES NACH SEINEM RÜCKZUG DOCH RUHIG ANGEHEN.
WAS SOLL DIESE POSE?
ACH, WEIL'S SO LANGE HER IST!
ALL MIGHT! DU MUSST MIR...
... ALLES ERZÄHLEN, ALL MIGHT!!

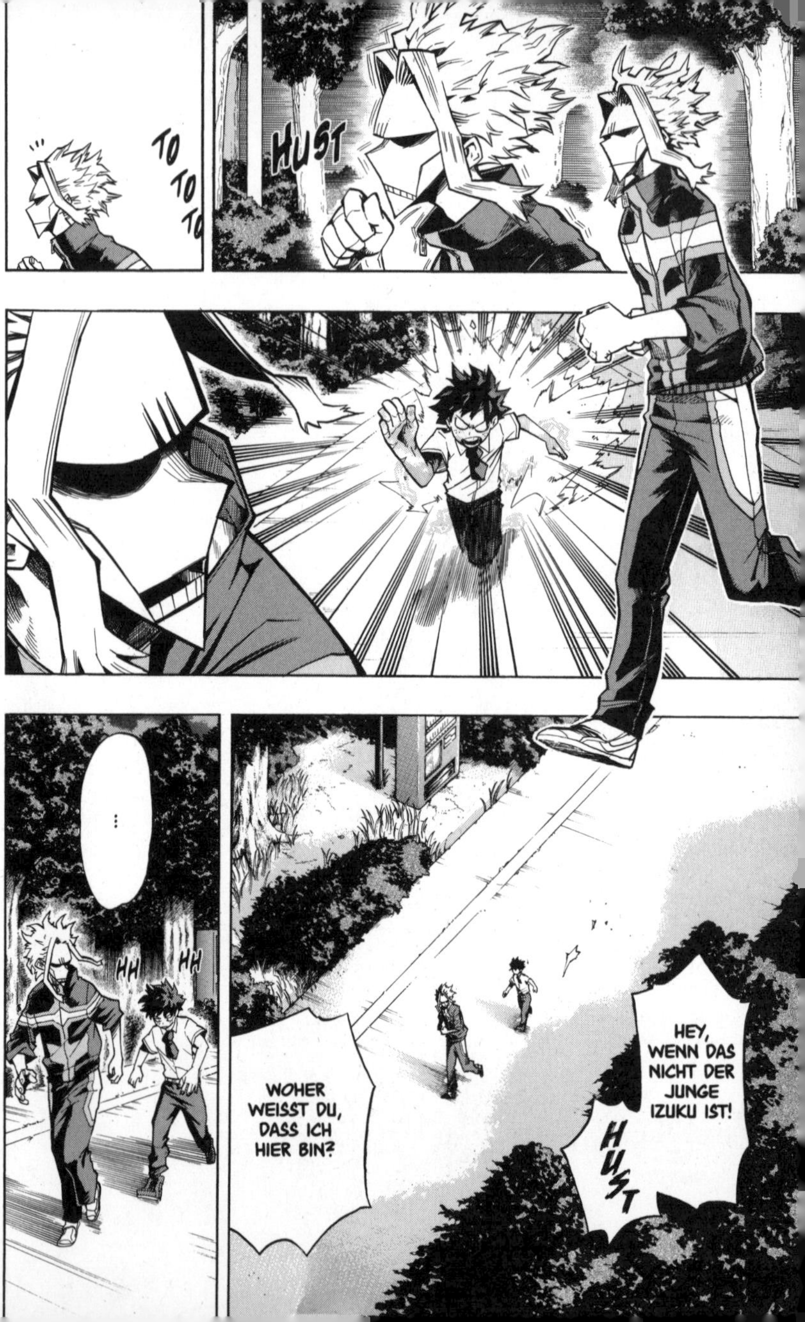
HUST
TO TO TO TO
…
HEY, WENN DAS NICHT DER JUNGE IZUKU IST!
HUST
WOHER WEISST DU, DASS ICH HIER BIN?
HH HH

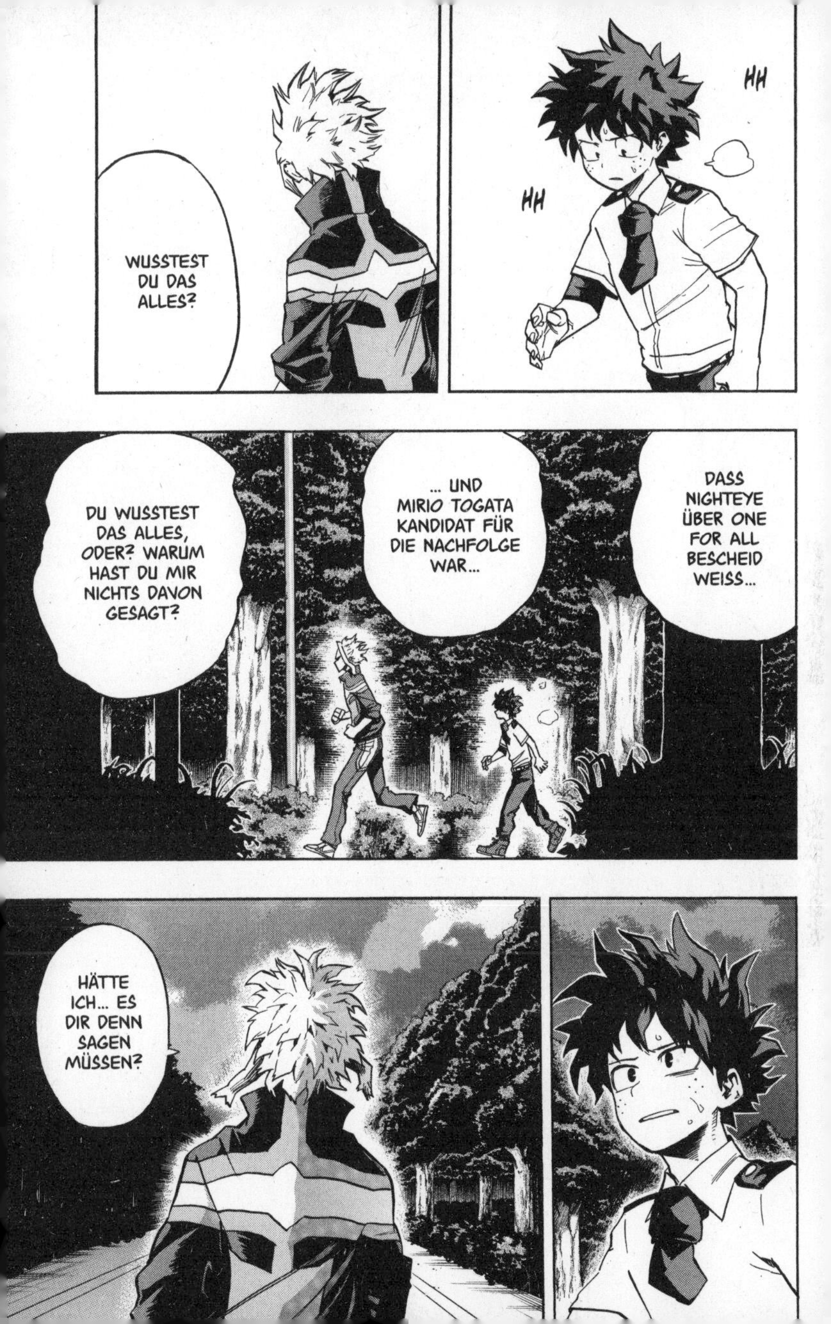
HH
HH
WUSSTEST DU DAS ALLES?
DASS NIGHTEYE ÜBER ONE FOR ALL BESCHEID WEISS...
... UND MIRIO TOGATA KANDIDAT FÜR DIE NACHFOLGE WAR...
DU WUSSTEST DAS ALLES, ODER? WARUM HAST DU MIR NICHTS DAVON GESAGT?
HÄTTE ICH... ES DIR DENN SAGEN MÜSSEN?

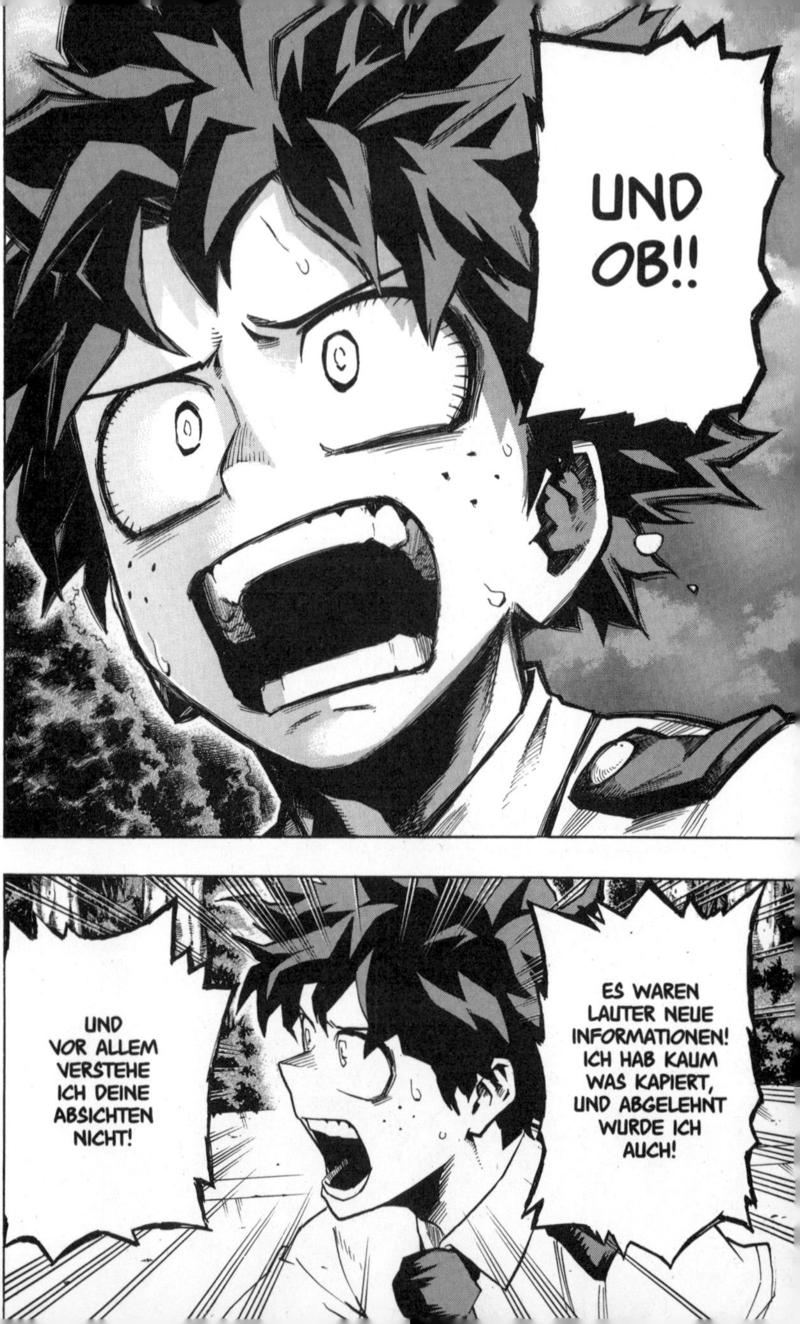
UND OB!!
ES WAREN LAUTER NEUE INFORMATIONEN! ICH HAB KAUM WAS KAPIERT, UND ABGELEHNT WURDE ICH AUCH!
UND VOR ALLEM VERSTEHE ICH DEINE ABSICHTEN NICHT!

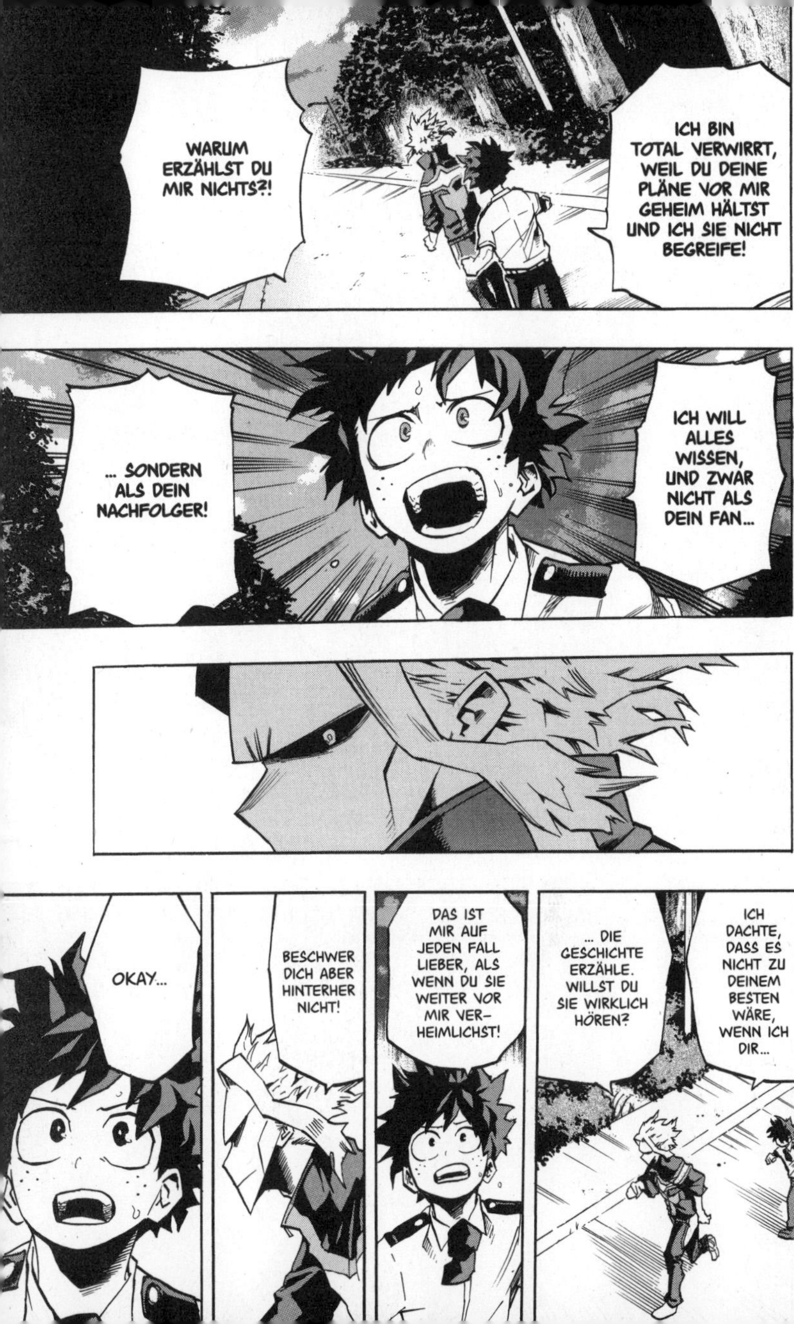
ICH BIN TOTAL VERWIRRT, WEIL DU DEINE PLÄNE VOR MIR GEHEIM HÄLTST UND ICH SIE NICHT BEGREIFE!
WARUM ERZÄHLST DU MIR NICHTS?!
ICH WILL ALLES WISSEN, UND ZWAR NICHT ALS DEIN FAN...
... SONDERN ALS DEIN NACHFOLGER!
ICH DACHTE, DASS ES NICHT ZU DEINEM BESTEN WÄRE, WENN ICH DIR...
... DIE GESCHICHTE ERZÄHLE. WILLST DU SIE WIRKLICH HÖREN?
DAS IST MIR AUF JEDEN FALL LIEBER, ALS WENN DU SIE WEITER VOR MIR VER-HEIMLICHST!
BESCHWER DICH ABER HINTERHER NICHT!
OKAY...

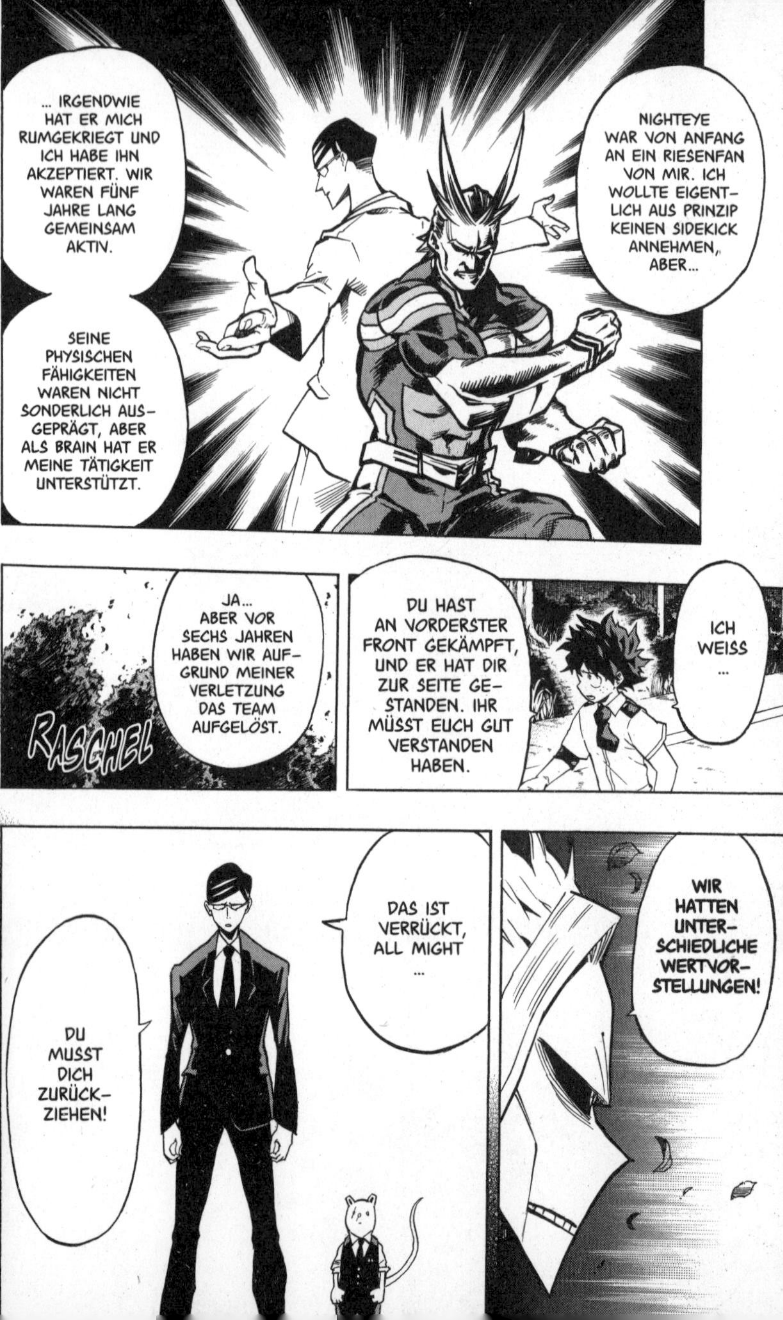
NIGHTEYE WAR VON ANFANG AN EIN RIESENFAN VON MIR. ICH WOLLTE EIGENTLICH AUS PRINZIP KEINEN SIDEKICK ANNEHMEN, ABER ...
... IRGENDWIE HAT ER MICH RUMGEKRIEGT UND ICH HABE IHN AKZEPTIERT. WIR WAREN FÜNF JAHRE LANG GEMEINSAM AKTIV.
SEINE PHYSISCHEN FÄHIGKEITEN WAREN NICHT SONDERLICH AUSGEPRÄGT, ABER ALS BRAIN HAT ER MEINE TÄTIGKEIT UNTERSTÜTZT.
ICH WEISS ...
DU HAST AN VORDERSTER FRONT GEKÄMPFT, UND ER HAT DIR ZUR SEITE GESTANDEN. IHR MÜSST EUCH GUT VERSTANDEN HABEN.
JA ... ABER VOR SECHS JAHREN HABEN WIR AUFGRUND MEINER VERLETZUNG DAS TEAM AUFGELÖST.
RASCHEL
WIR HATTEN UNTERSCHIEDLICHE WERTVORSTELLUNGEN!
DAS IST VERRÜCKT, ALL MIGHT ...
DU MUSST DICH ZURÜCKZIEHEN!

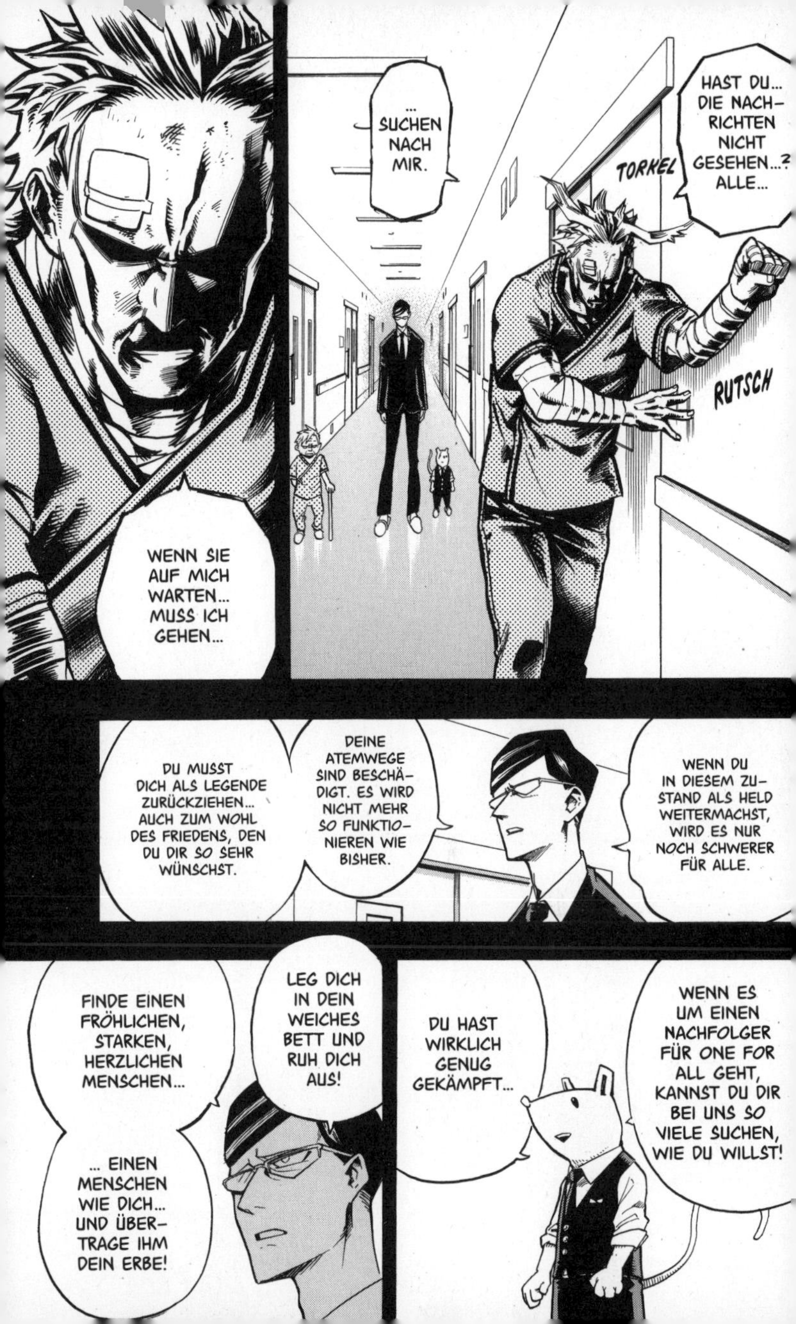
HAST DU... DIE NACHRICHTEN NICHT GESEHEN...? ALLE...
TORKEL
RUTSCH
... SUCHEN NACH MIR.
WENN SIE AUF MICH WARTEN... MUSS ICH GEHEN...
WENN DU IN DIESEM ZUSTAND ALS HELD WEITERMACHST, WIRD ES NUR NOCH SCHWERER FÜR ALLE.
DEINE ATEMWEGE SIND BESCHÄDIGT. ES WIRD NICHT MEHR SO FUNKTIONIEREN WIE BISHER.
DU MUSST DICH ALS LEGENDE ZURÜCKZIEHEN... AUCH ZUM WOHL DES FRIEDENS, DEN DU DIR SO SEHR WÜNSCHST.
WENN ES UM EINEN NACHFOLGER FÜR ONE FOR ALL GEHT, KANNST DU DIR BEI UNS SO VIELE SUCHEN, WIE DU WILLST!
DU HAST WIRKLICH GENUG GEKÄMPFT...
LEG DICH IN DEIN WEICHES BETT UND RUH DICH AUS!
FINDE EINEN FRÖHLICHEN, STARKEN, HERZLICHEN MENSCHEN...
... EINEN MENSCHEN WIE DICH... UND ÜBERTRAGE IHM DEIN ERBE!

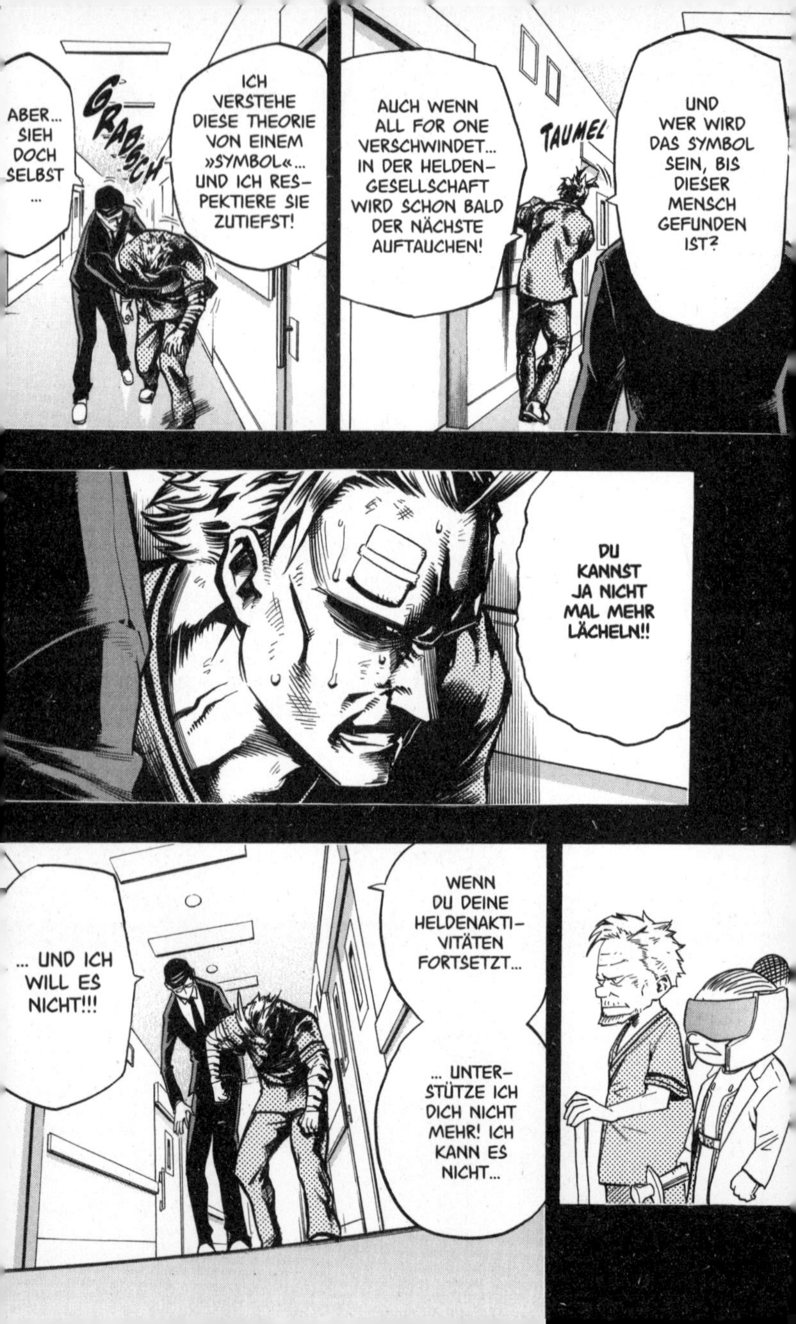
UND WER WIRD DAS SYMBOL SEIN, BIS DIESER MENSCH GEFUNDEN IST?
TAUMEL
AUCH WENN ALL FOR ONE VERSCHWINDET... IN DER HELDEN-GESELLSCHAFT WIRD SCHON BALD DER NÄCHSTE AUFTAUCHEN!
ICH VERSTEHE DIESE THEORIE VON EINEM »SYMBOL«... UND ICH RES-PEKTIERE SIE ZUTIEFST!
GRABSCH
ABER... SIEH DOCH SELBST ...
DU KANNST JA NICHT MAL MEHR LÄCHELN!!
WENN DU DEINE HELDENAKTI-VITÄTEN FORTSETZT...
... UNTER-STÜTZE ICH DICH NICHT MEHR! ICH KANN ES NICHT...
... UND ICH WILL ES NICHT!!!

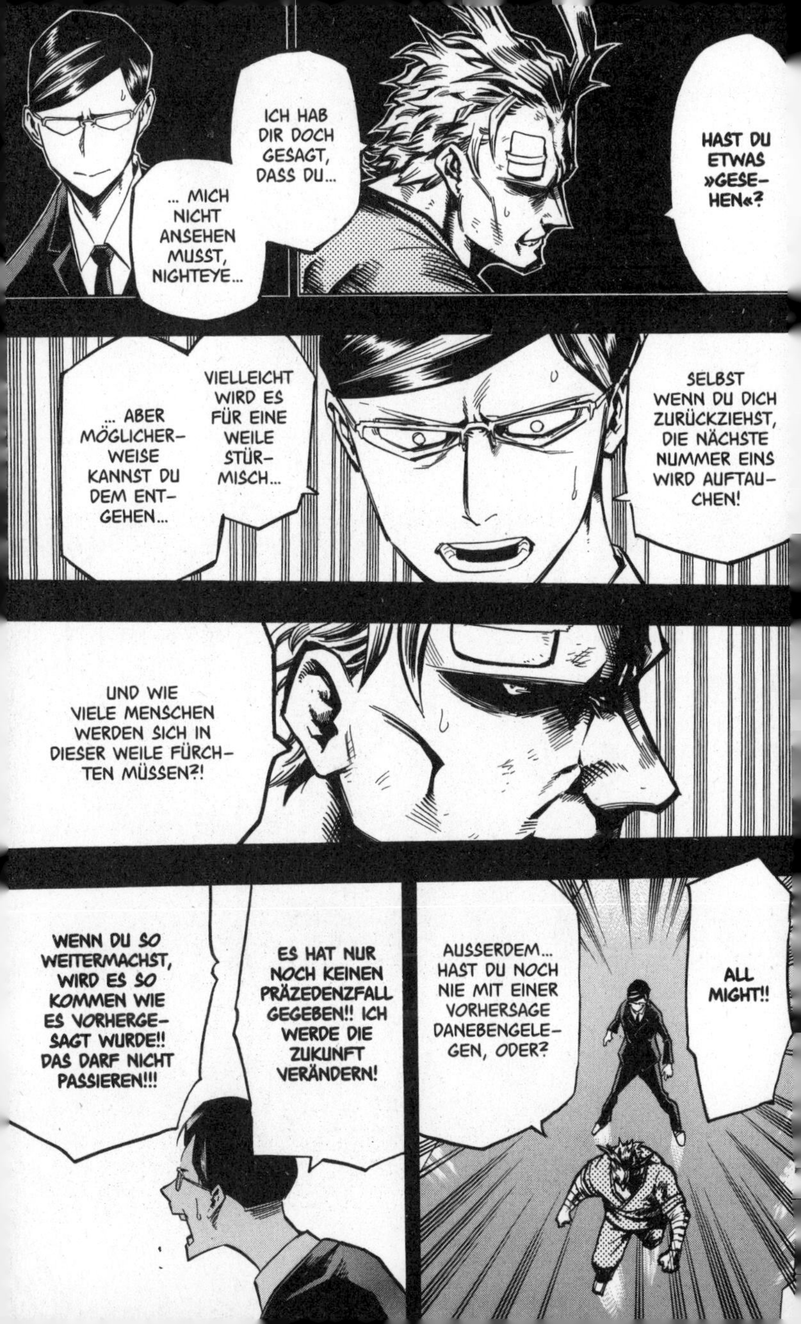
HAST DU ETWAS »GESEHEN«?
ICH HAB DIR DOCH GESAGT, DASS DU...
... MICH NICHT ANSEHEN MUSST, NIGHTEYE...
SELBST WENN DU DICH ZURÜCKZIEHST, DIE NÄCHSTE NUMMER EINS WIRD AUFTAUCHEN!
VIELLEICHT WIRD ES FÜR EINE WEILE STÜRMISCH...
... ABER MÖGLICHERWEISE KANNST DU DEM ENTGEHEN...
UND WIE VIELE MENSCHEN WERDEN SICH IN DIESER WEILE FÜRCHTEN MÜSSEN?!
ALL MIGHT!!
AUSSERDEM... HAST DU NOCH NIE MIT EINER VORHERSAGE DANEBENGELEGEN, ODER?
ES HAT NUR NOCH KEINEN PRÄZEDENZFALL GEGEBEN!! ICH WERDE DIE ZUKUNFT VERÄNDERN!
WENN DU SO WEITERMACHST, WIRD ES SO KOMMEN WIE ES VORHERGESAGT WURDE!! DAS DARF NICHT PASSIEREN!!!

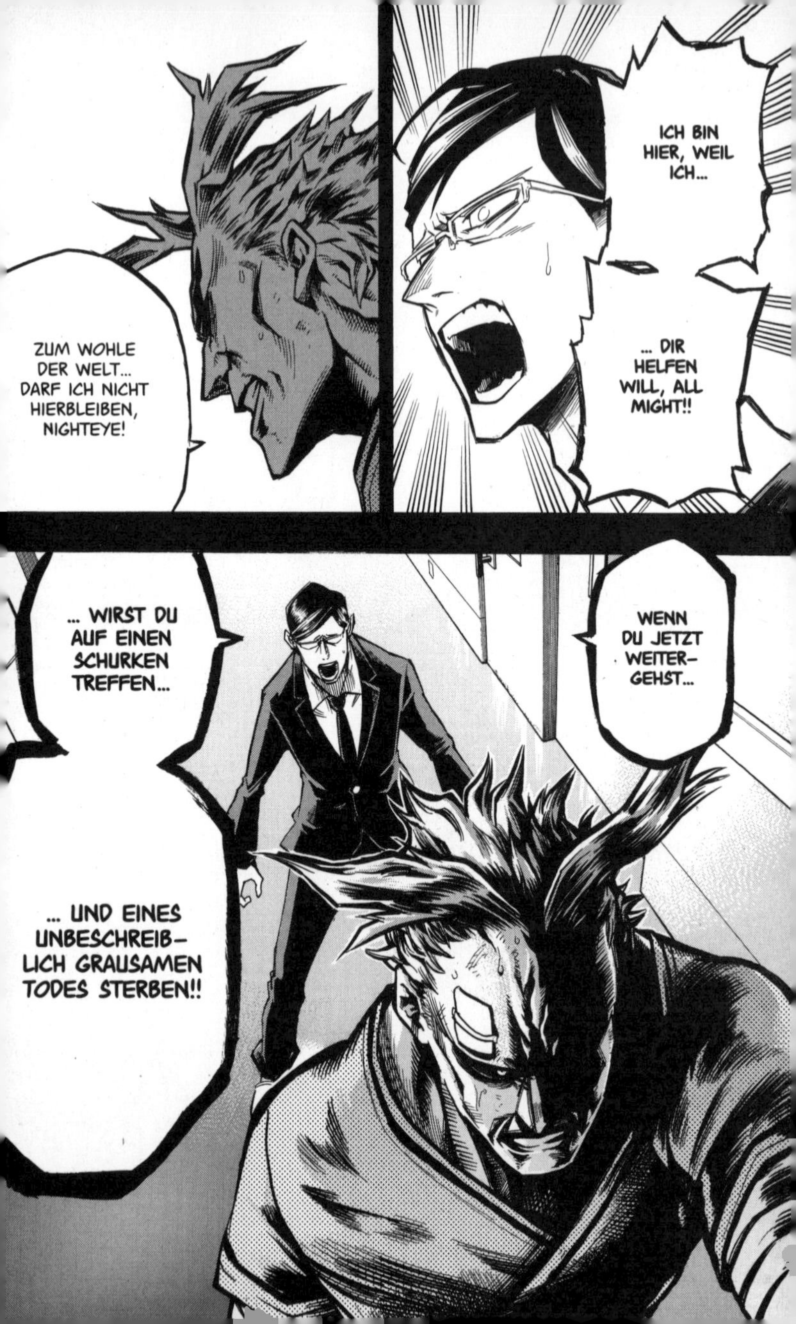
ICH BIN HIER, WEIL ICH...
... DIR HELFEN WILL, ALL MIGHT!!
ZUM WOHLE DER WELT... DARF ICH NICHT HIERBLEIBEN, NIGHTEYE!
WENN DU JETZT WEITER-GEHST...
... WIRST DU AUF EINEN SCHURKEN TREFFEN...
... UND EINES UNBESCHREIB-LICH GRAUSAMEN TODES STERBEN!!

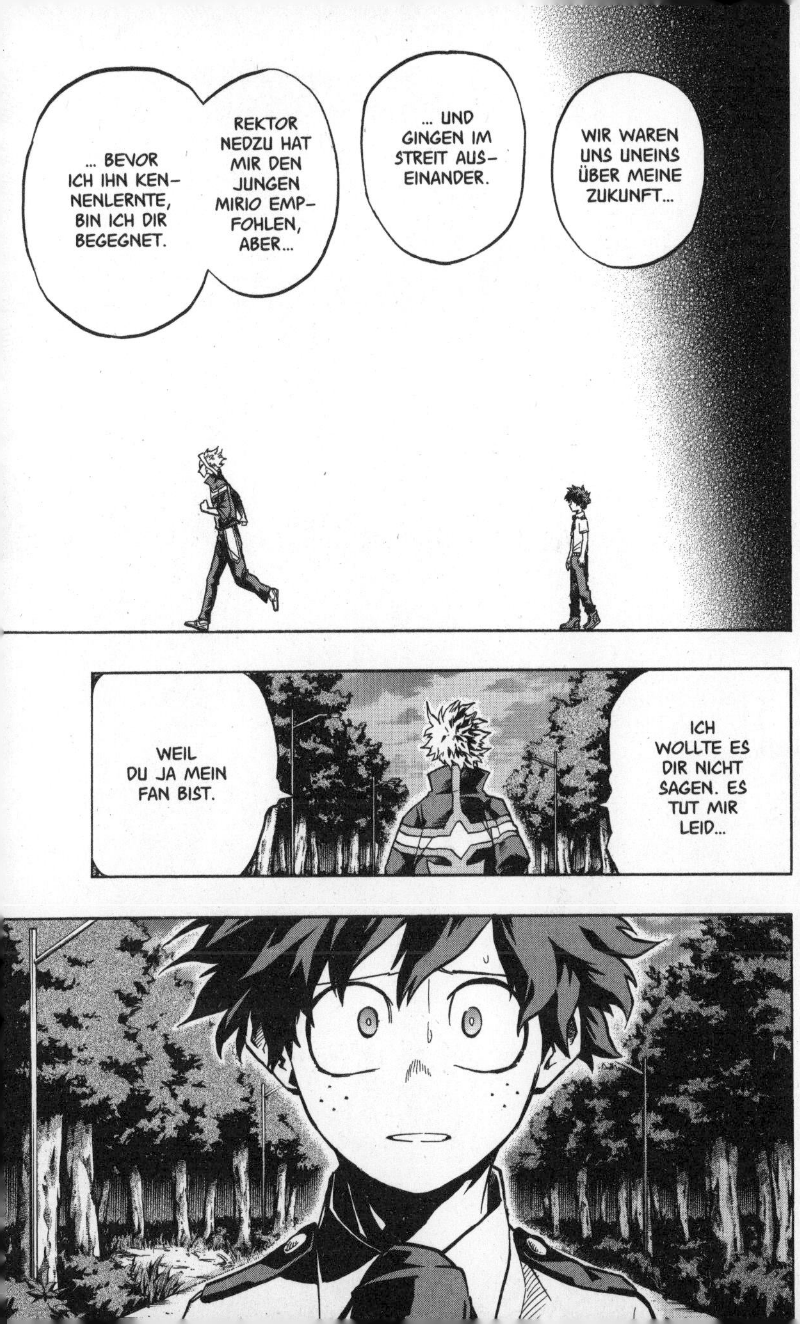
WIR WAREN UNS UNEINS ÜBER MEINE ZUKUNFT...
... UND GINGEN IM STREIT AUSEINANDER.
REKTOR NEDZU HAT MIR DEN JUNGEN MIRIO EMPFOHLEN, ABER...
... BEVOR ICH IHN KENNENLERNTE, BIN ICH DIR BEGEGNET.
ICH WOLLTE ES DIR NICHT SAGEN. ES TUT MIR LEID...
WEIL DU JA MEIN FAN BIST.

Nr. 131 WIDRIGES SCHICKSAL

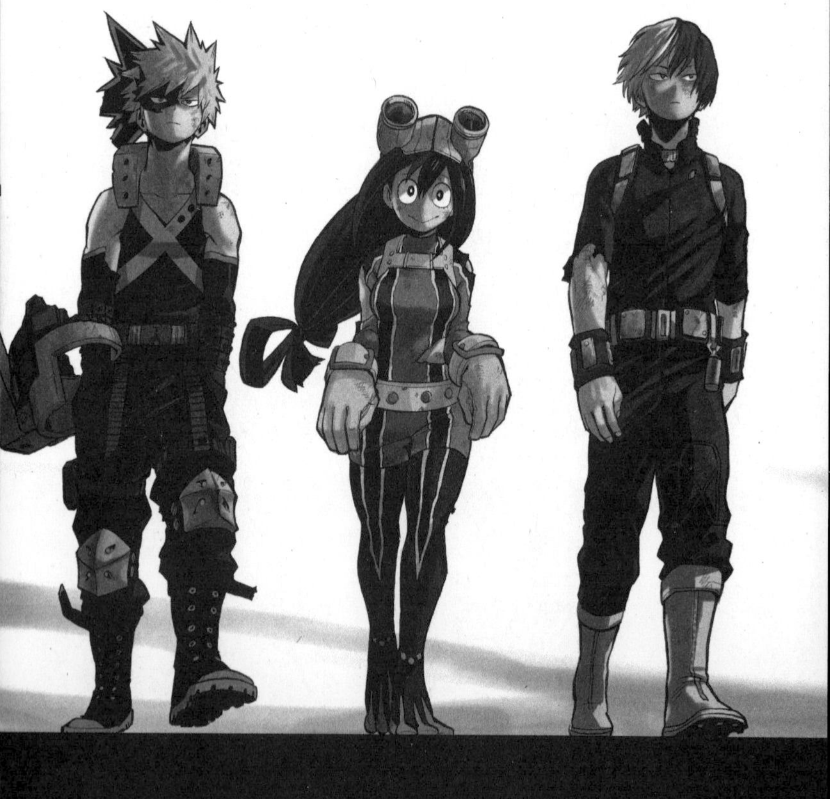

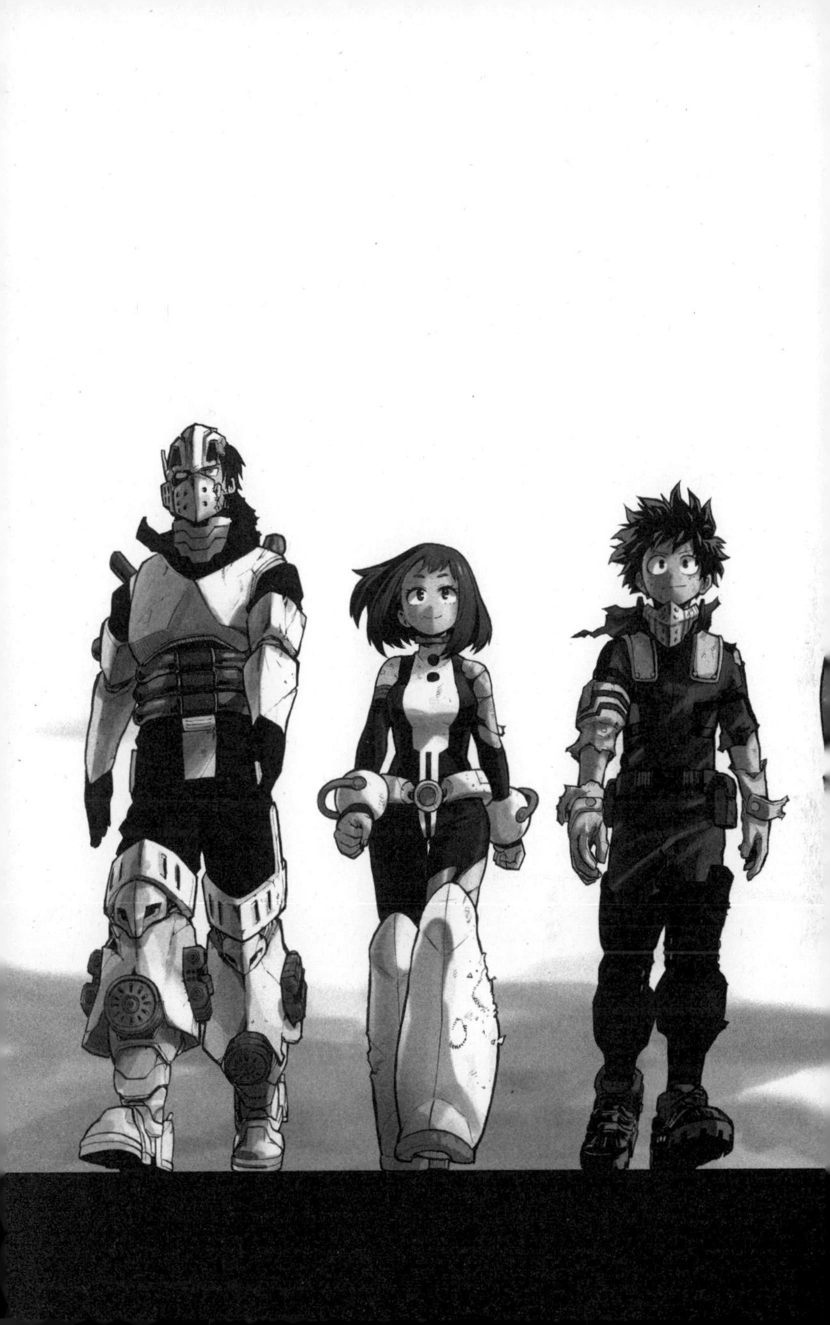

MY HERO ACADEMIA

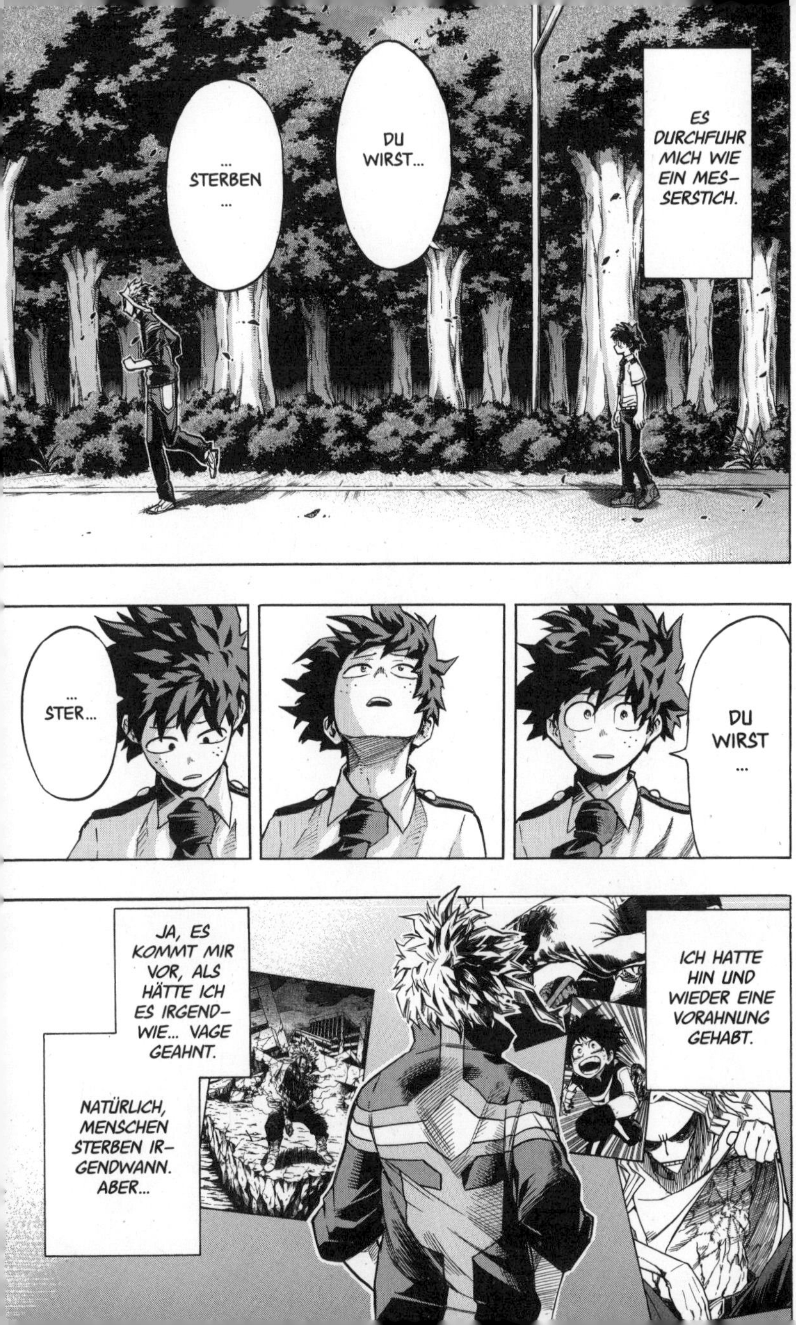

ES DURCHFUHR MICH WIE EIN MESSERSTICH.
DU WIRST...
... STERBEN ...
DU WIRST ...
... STER...
ICH HATTE HIN UND WIEDER EINE VORAHNUNG GEHABT.
JA, ES KOMMT MIR VOR, ALS HÄTTE ICH ES IRGENDWIE... VAGE GEAHNT.
NATÜRLICH, MENSCHEN STERBEN IRGENDWANN. ABER...

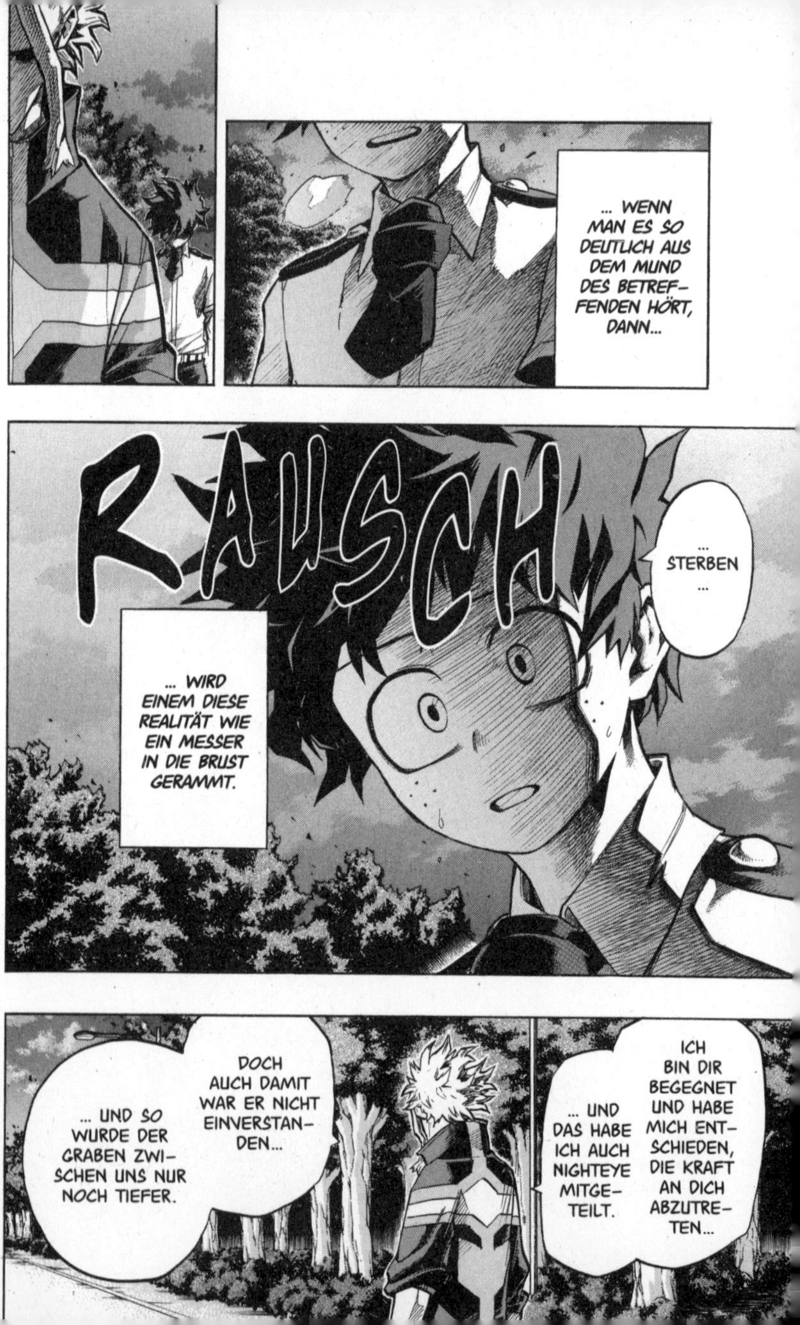
... WENN MAN ES SO DEUTLICH AUS DEM MUND DES BETREF-FENDEN HÖRT, DANN...
RAUSCH
... STERBEN ...
... WIRD EINEM DIESE REALITÄT WIE EIN MESSER IN DIE BRUST GERAMMT.
ICH BIN DIR BEGEGNET UND HABE MICH ENT-SCHIEDEN, DIE KRAFT AN DICH ABZUTRE-TEN...
... UND DAS HABE ICH AUCH NIGHTEYE MITGE-TEILT.
DOCH AUCH DAMIT WAR ER NICHT EINVERSTAN-DEN...
... UND SO WURDE DER GRABEN ZWI-SCHEN UNS NUR NOCH TIEFER.

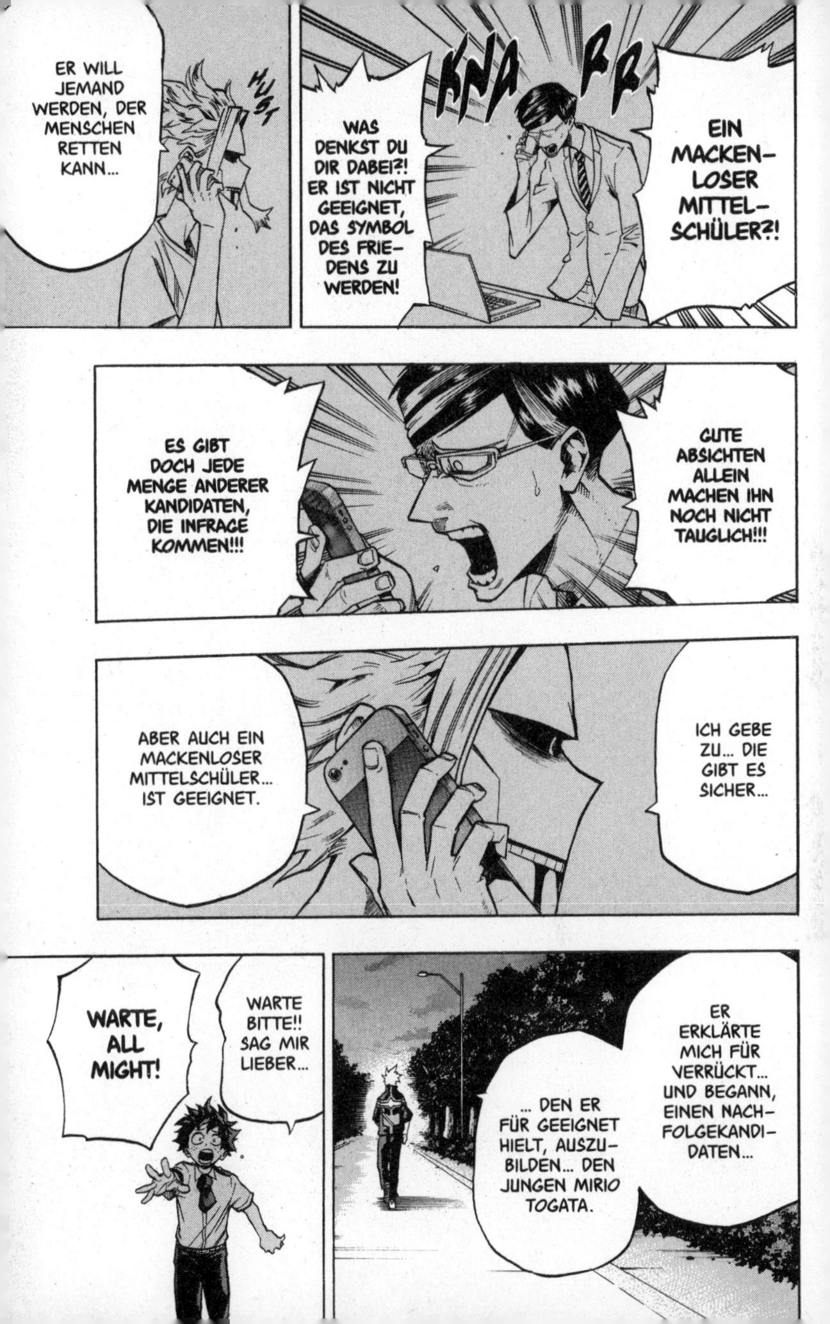
EIN MACKEN-LOSER MITTEL-SCHÜLER?!
KNA RR
WAS DENKST DU DIR DABEI?! ER IST NICHT GEEIGNET, DAS SYMBOL DES FRIE-DENS ZU WERDEN!
HUST
ER WILL JEMAND WERDEN, DER MENSCHEN RETTEN KANN...
GUTE ABSICHTEN ALLEIN MACHEN IHN NOCH NICHT TAUGLICH!!!
ES GIBT DOCH JEDE MENGE ANDERER KANDIDATEN, DIE INFRAGE KOMMEN!!!
ICH GEBE ZU... DIE GIBT ES SICHER...
ABER AUCH EIN MACKENLOSER MITTELSCHÜLER... IST GEEIGNET.
ER ERKLÄRTE MICH FÜR VERRÜCKT... UND BEGANN, EINEN NACH-FOLGEKANDI-DATEN...
... DEN ER FÜR GEEIGNET HIELT, AUSZU-BILDEN... DEN JUNGEN MIRIO TOGATA.
WARTE BITTE!! SAG MIR LIEBER...
WARTE, ALL MIGHT!

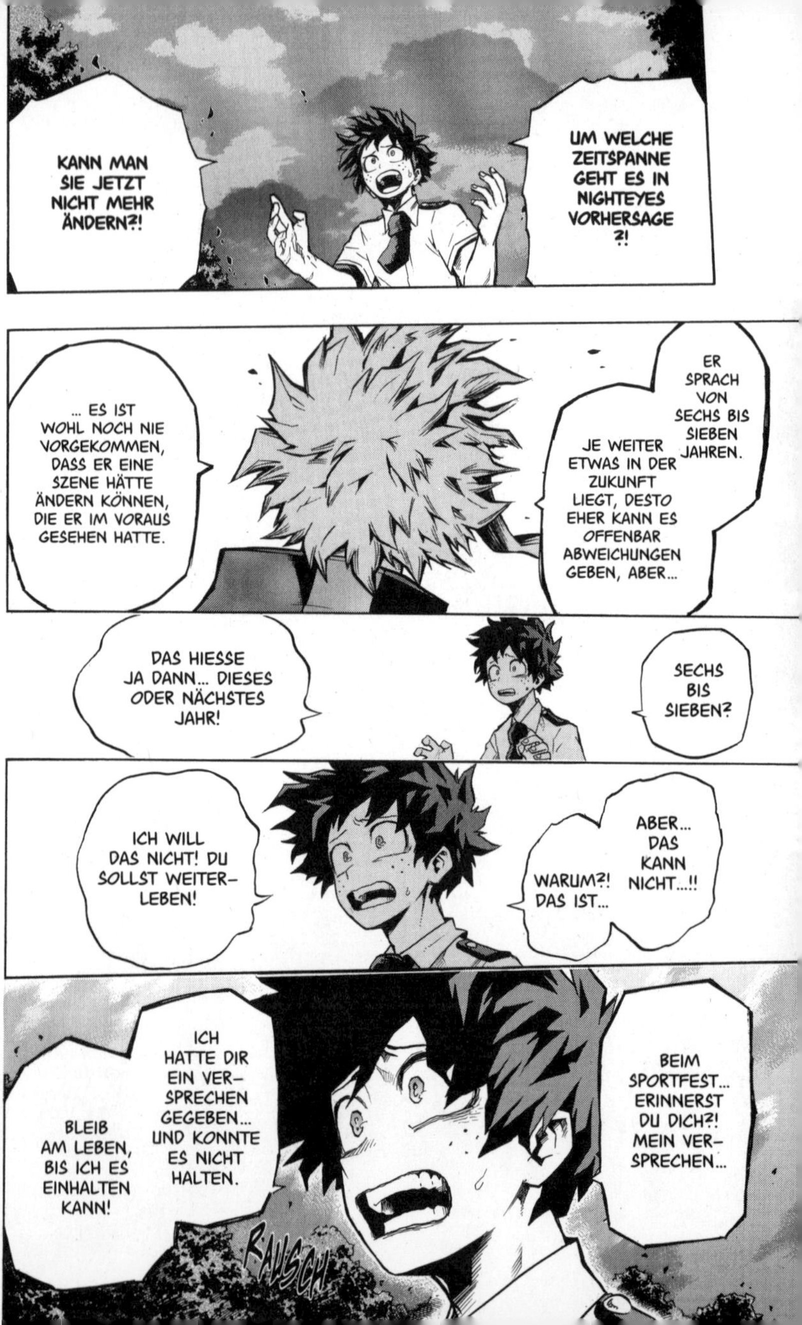
UM WELCHE ZEITSPANNE GEHT ES IN NIGHTEYES VORHERSAGE?!
KANN MAN SIE JETZT NICHT MEHR ÄNDERN?!
ER SPRACH VON SECHS BIS SIEBEN JAHREN.
JE WEITER ETWAS IN DER ZUKUNFT LIEGT, DESTO EHER KANN ES OFFENBAR ABWEICHUNGEN GEBEN, ABER...
... ES IST WOHL NOCH NIE VORGEKOMMEN, DASS ER EINE SZENE HÄTTE ÄNDERN KÖNNEN, DIE ER IM VORAUS GESEHEN HATTE.
SECHS BIS SIEBEN?
DAS HIESSE JA DANN... DIESES ODER NÄCHSTES JAHR!
ABER... DAS KANN NICHT...!!
WARUM?! DAS IST...
ICH WILL DAS NICHT! DU SOLLST WEITERLEBEN!
BEIM SPORTFEST... ERINNERST DU DICH?! MEIN VERSPRECHEN...
ICH HATTE DIR EIN VERSPRECHEN GEGEBEN... UND KONNTE ES NICHT HALTEN.
BLEIB AM LEBEN, BIS ICH ES EINHALTEN KANN!
RAUSCH

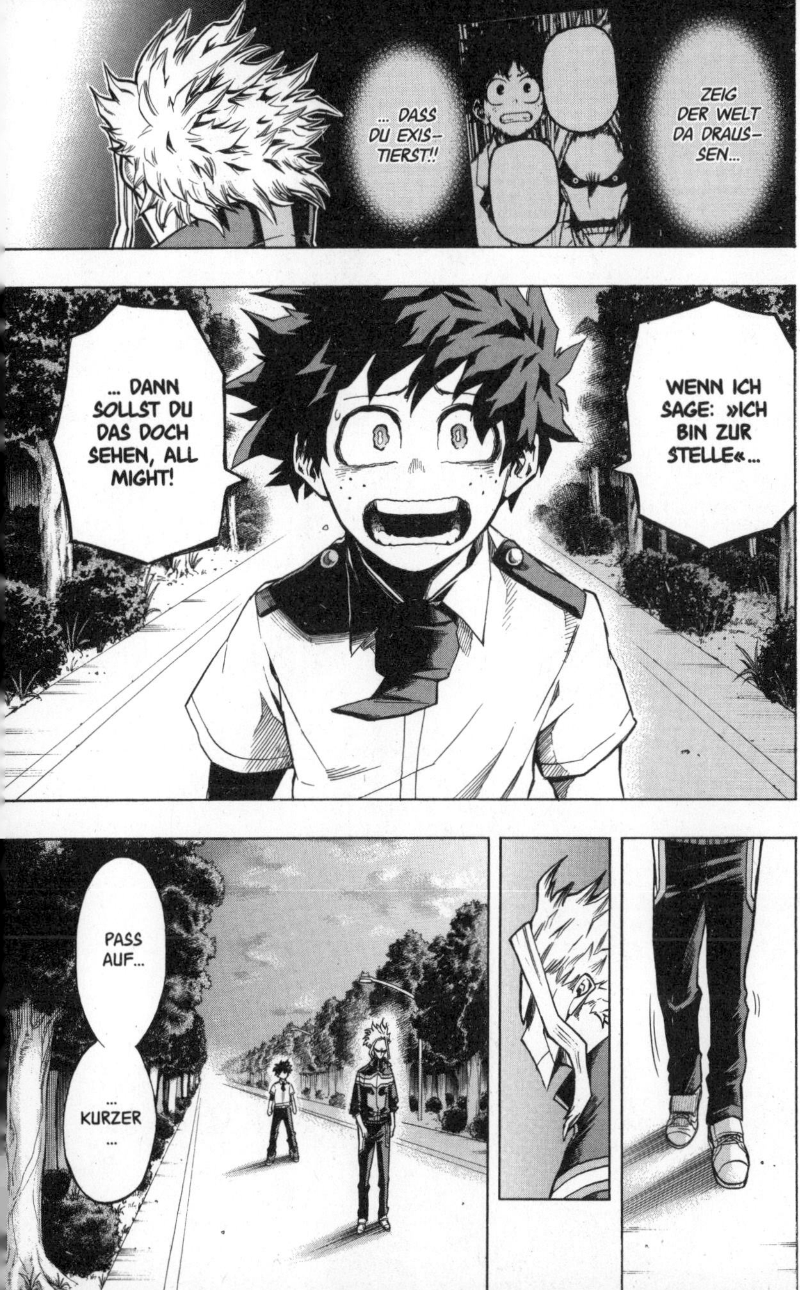
ZEIG DER WELT DA DRAUS-SEN...
... DASS DU EXIS-TIERST!!
WENN ICH SAGE: »ICH BIN ZUR STELLE«...
... DANN SOLLST DU DAS DOCH SEHEN, ALL MIGHT!
PASS AUF...
... KURZER ...

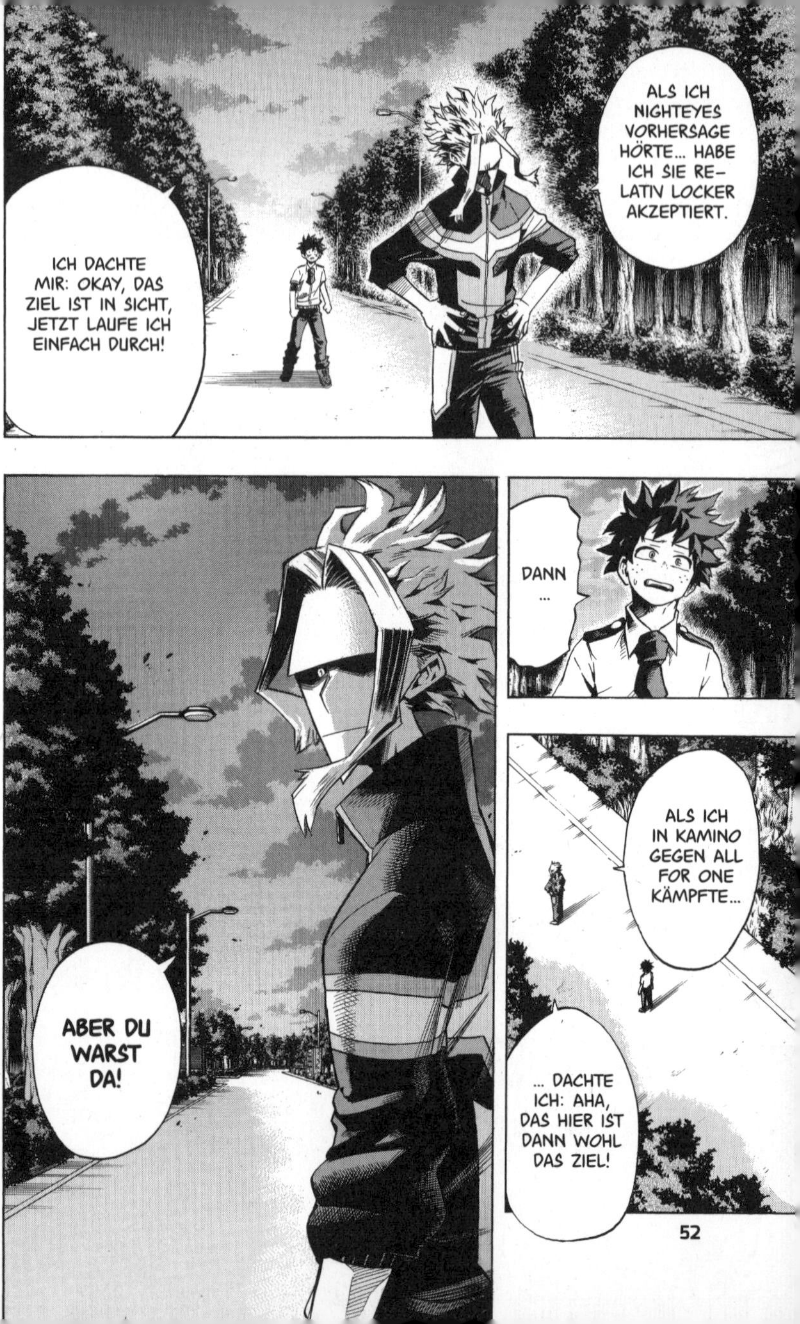
ALS ICH NIGHTEYES VORHERSAGE HÖRTE... HABE ICH SIE RELATIV LOCKER AKZEPTIERT.
ICH DACHTE MIR: OKAY, DAS ZIEL IST IN SICHT, JETZT LAUFE ICH EINFACH DURCH!
DANN ...
ALS ICH IN KAMINO GEGEN ALL FOR ONE KÄMPFTE...
... DACHTE ICH: AHA, DAS HIER IST DANN WOHL DAS ZIEL!
ABER DU WARST DA!

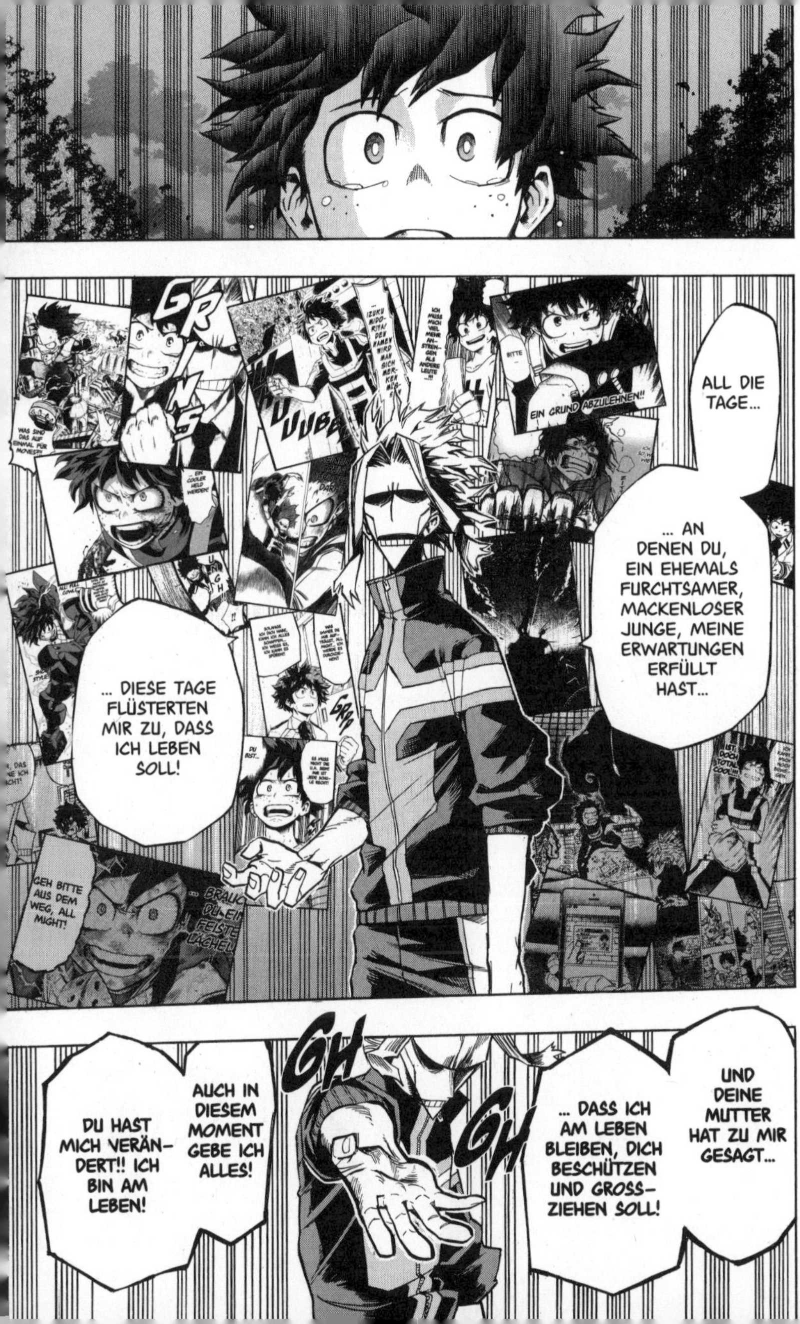
ALL DIE TAGE...
... AN DENEN DU, EIN EHEMALS FURCHTSAMER, MACKENLOSER JUNGE, MEINE ERWARTUNGEN ERFÜLLT HAST...
... DIESE TAGE FLÜSTERTEN MIR ZU, DASS ICH LEBEN SOLL!
EIN GRUND ABZULEHNEN!!
GEH BITTE AUS DEM WEG, ALL MIGHT!
UND DEINE MUTTER HAT ZU MIR GESAGT...
... DASS ICH AM LEBEN BLEIBEN, DICH BESCHÜTZEN UND GROSS-ZIEHEN SOLL!
GH
GH
AUCH IN DIESEM MOMENT GEBE ICH ALLES!
DU HAST MICH VERÄN-DERT!! ICH BIN AM LEBEN!

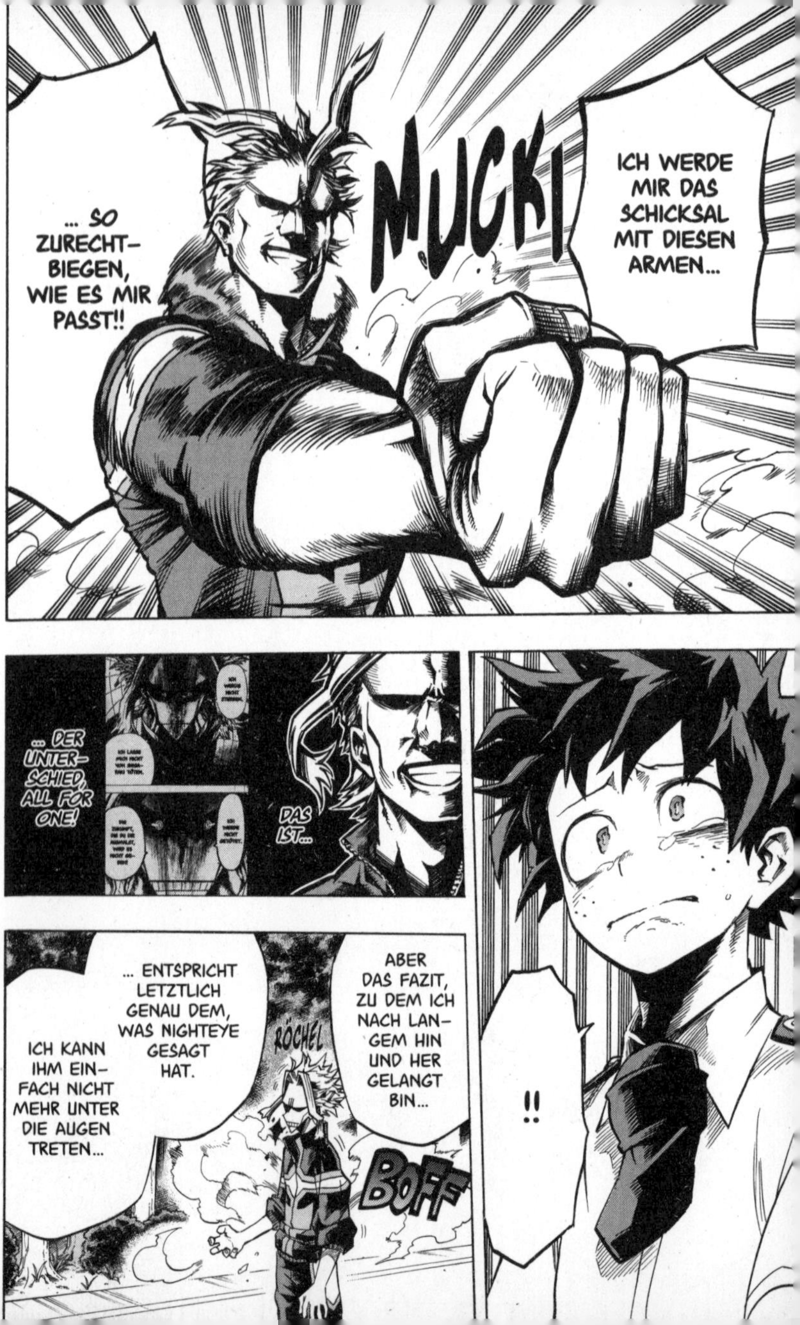
ICH WERDE MIR DAS SCHICKSAL MIT DIESEN ARMEN...
MUCKI
... SO ZURECHT-BIEGEN, WIE ES MIR PASST!!
DAS IST...
... DER UNTER-SCHIED, ALL FOR ONE!
ABER DAS FAZIT, ZU DEM ICH NACH LAN-GEM HIN UND HER GELANGT BIN...
... ENTSPRICHT LETZTLICH GENAU DEM, WAS NIGHTEYE GESAGT HAT.
ICH KANN IHM EIN-FACH NICHT MEHR UNTER DIE AUGEN TRETEN...
RÖCHEL
BOFF
!!

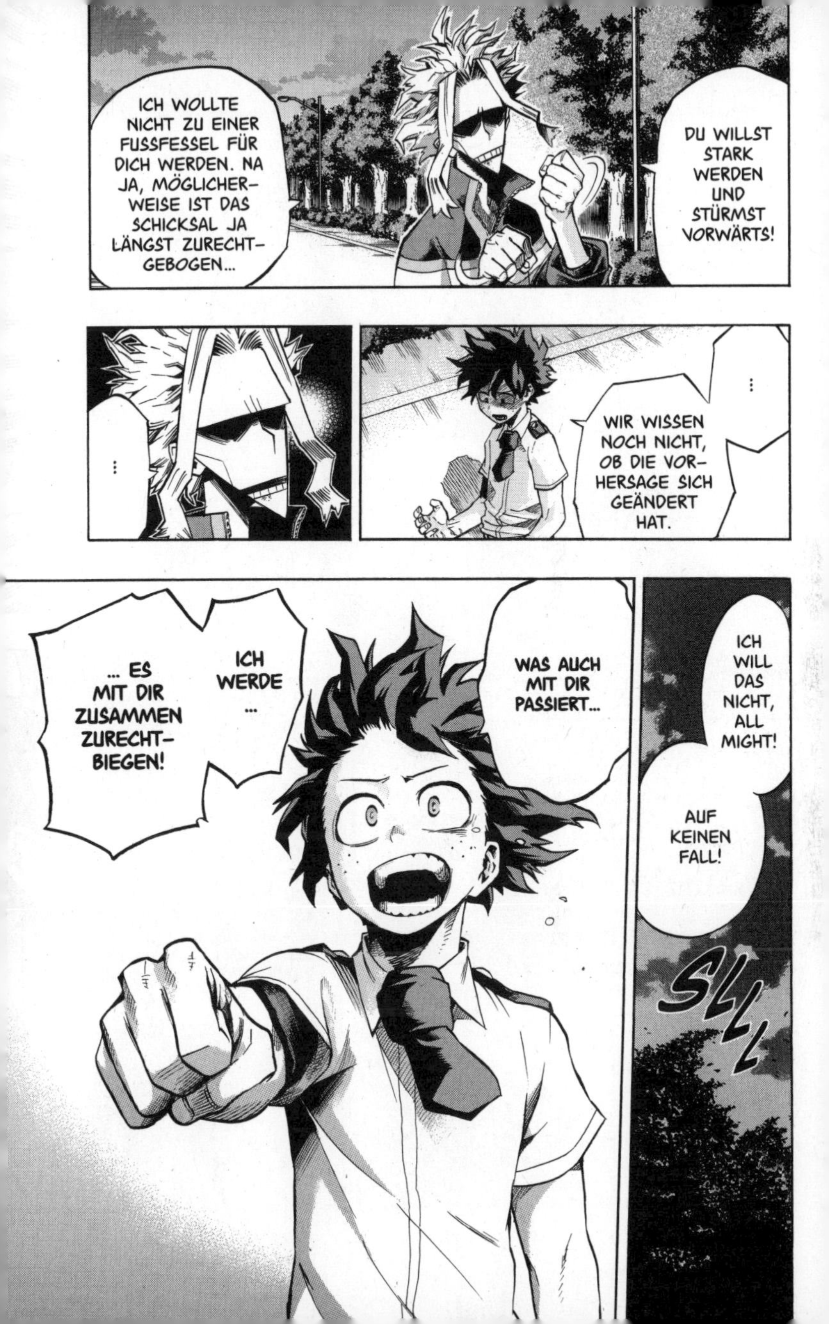
DU WILLST STARK WERDEN UND STÜRMST VORWÄRTS!
ICH WOLLTE NICHT ZU EINER FUSSFESSEL FÜR DICH WERDEN. NA JA, MÖGLICHERWEISE IST DAS SCHICKSAL JA LÄNGST ZURECHTGEBOGEN...
...
WIR WISSEN NOCH NICHT, OB DIE VORHERSAGE SICH GEÄNDERT HAT.
...
ICH WILL DAS NICHT, ALL MIGHT!
AUF KEINEN FALL!
SLLL
WAS AUCH MIT DIR PASSIERT...
ICH WERDE ...
... ES MIT DIR ZUSAMMEN ZURECHTBIEGEN!

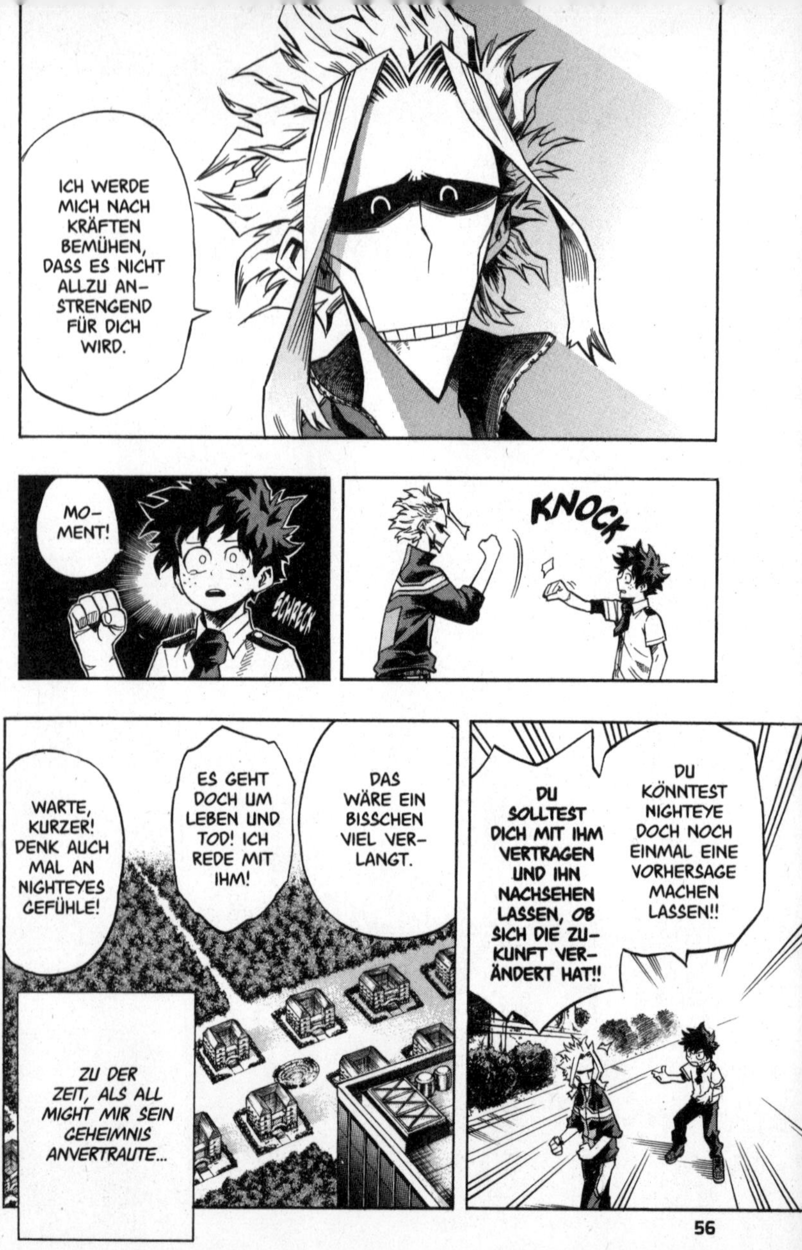
ICH WERDE MICH NACH KRÄFTEN BEMÜHEN, DASS ES NICHT ALLZU AN-STRENGEND FÜR DICH WIRD.
KNOCK
MO-MENT!
SCHRECK
DU KÖNNTEST NIGHTEYE DOCH NOCH EINMAL EINE VORHERSAGE MACHEN LASSEN!!
DU SOLLTEST DICH MIT IHM VERTRAGEN UND IHN NACHSEHEN LASSEN, OB SICH DIE ZU-KUNFT VER-ÄNDERT HAT!!
DAS WÄRE EIN BISSCHEN VIEL VER-LANGT.
ES GEHT DOCH UM LEBEN UND TOD! ICH REDE MIT IHM!
WARTE, KURZER! DENK AUCH MAL AN NIGHTEYES GEFÜHLE!
ZU DER ZEIT, ALS ALL MIGHT MIR SEIN GEHEIMNIS ANVERTRAUTE...

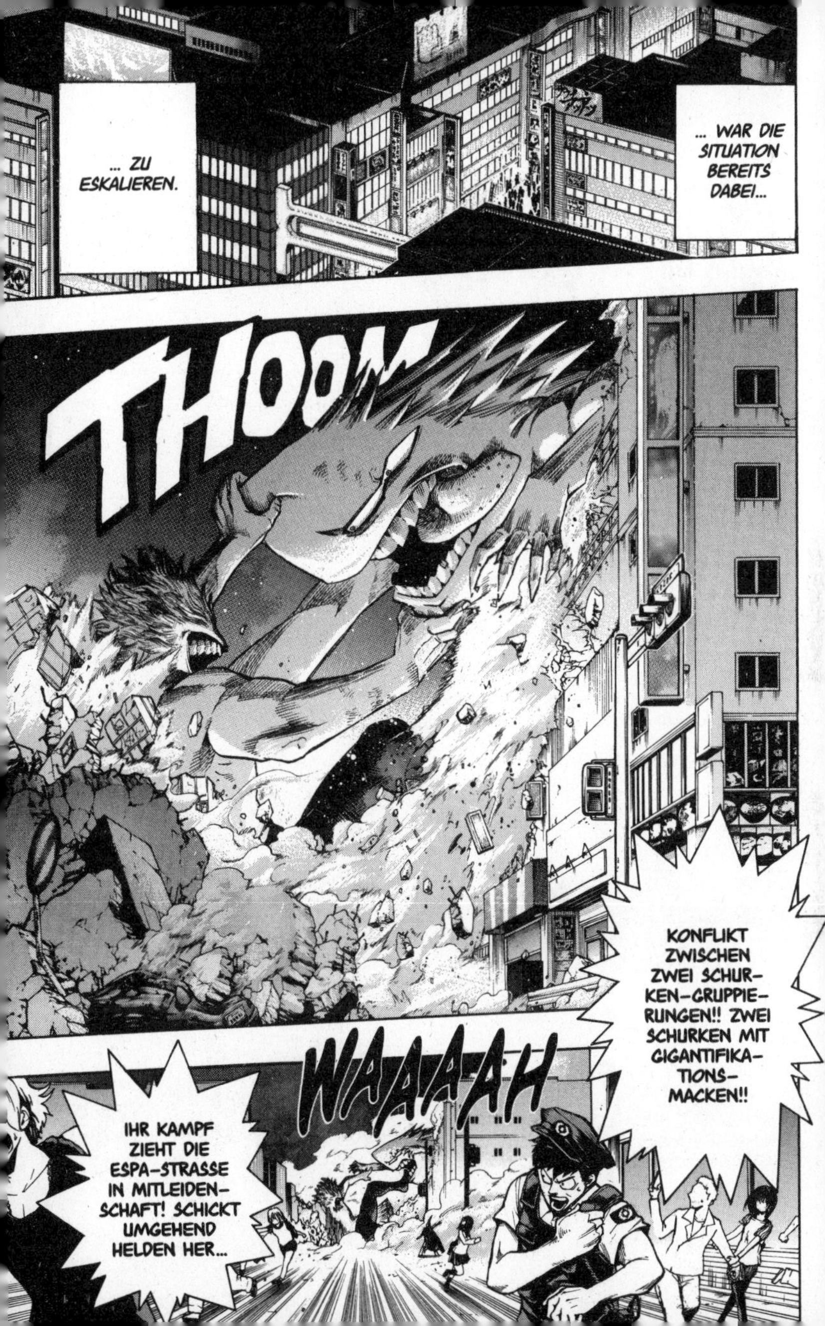
... WAR DIE SITUATION BEREITS DABEI...
... ZU ESKALIEREN.
THOOM
KONFLIKT ZWISCHEN ZWEI SCHUR-KEN-GRUPPIE-RUNGEN!! ZWEI SCHURKEN MIT GIGANTIFIKA-TIONS-MACKEN!!
WAAAAH
IHR KAMPF ZIEHT DIE ESPA-STRASSE IN MITLEIDEN-SCHAFT! SCHICKT UMGEHEND HELDEN HER...

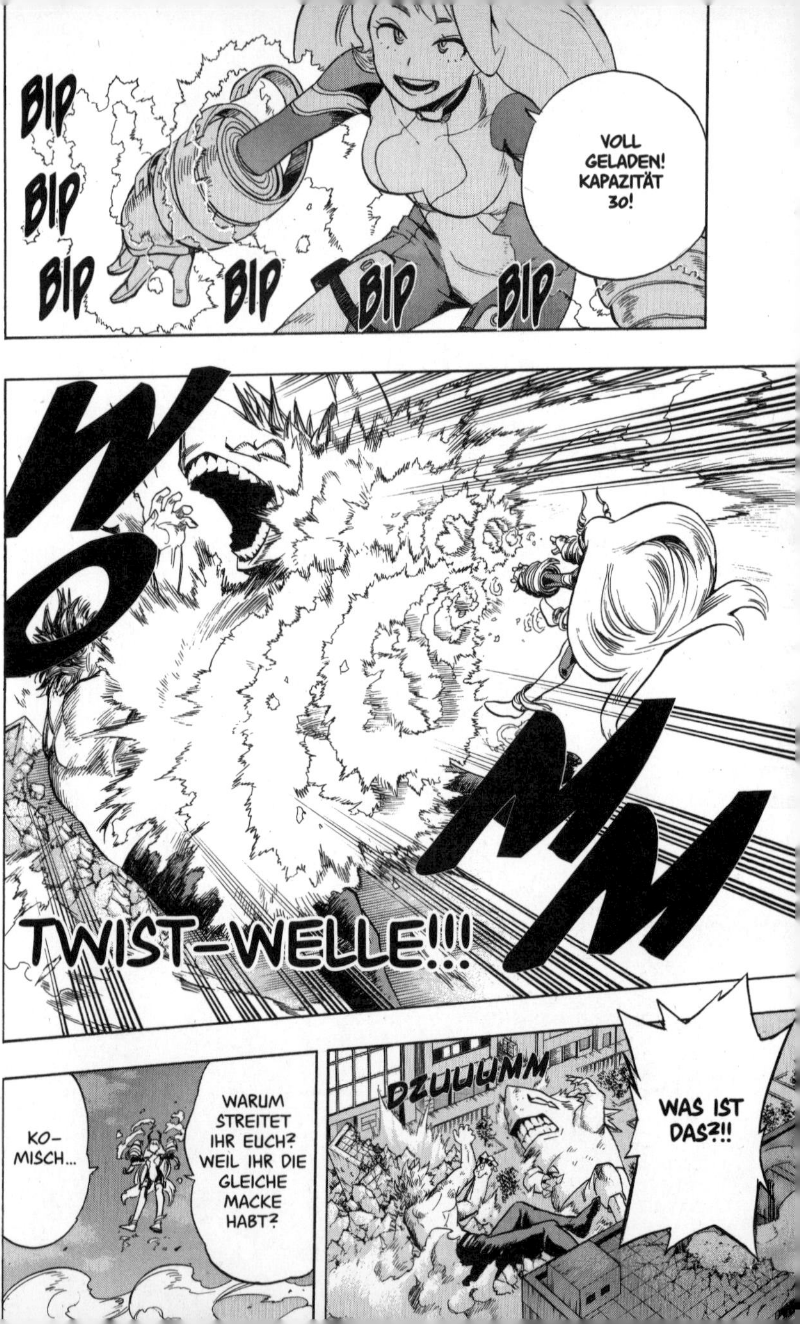
VOLL GELADEN! KAPAZITÄT 30!
BIP
BIP
BIP
BIP
BIP
BIP
WOMM
TWIST-WELLE!!!
WAS IST DAS?!!
DZUUUMM
WARUM STREITET IHR EUCH? WEIL IHR DIE GLEICHE MACKE HABT?
KO-MISCH...

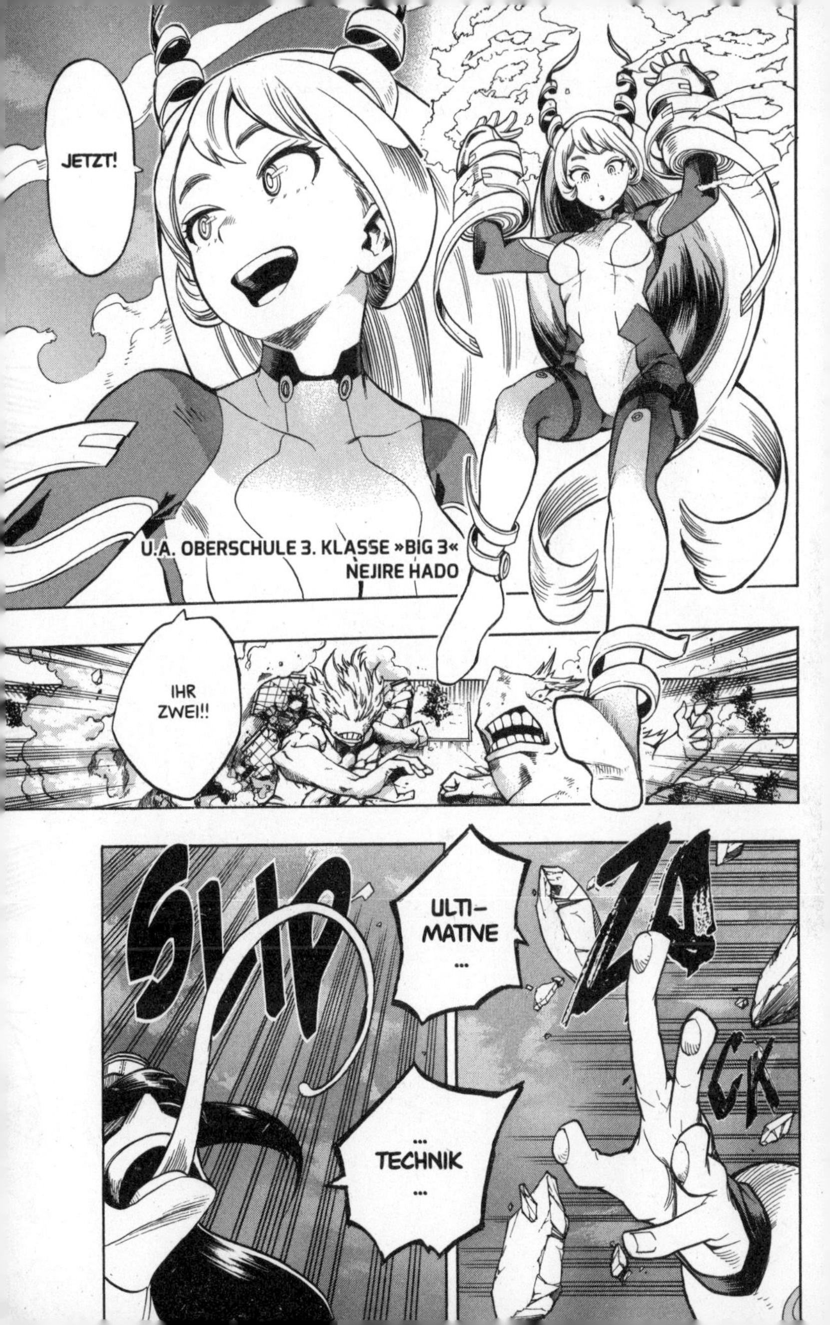
JETZT!
U.A. OBERSCHULE 3. KLASSE »BIG 3«
NEJIRE HADO
IHR ZWEI!!
ZACK
ULTI-MATIVE ...
SWIP
... TECHNIK ...

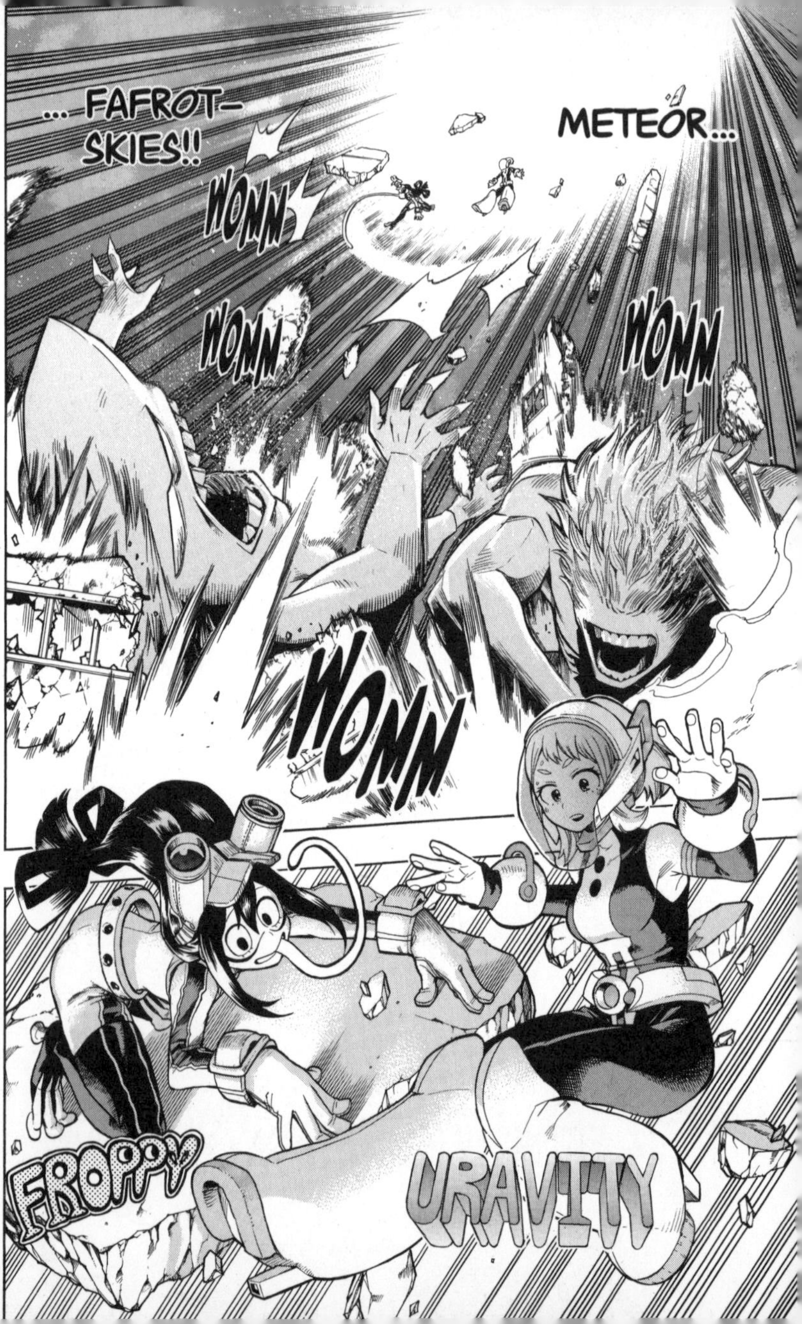
METEOR...
... FAFROT-
SKIES!!
WOMM
WOMM
WOMM
WOMM
URAVITY
FROPPY

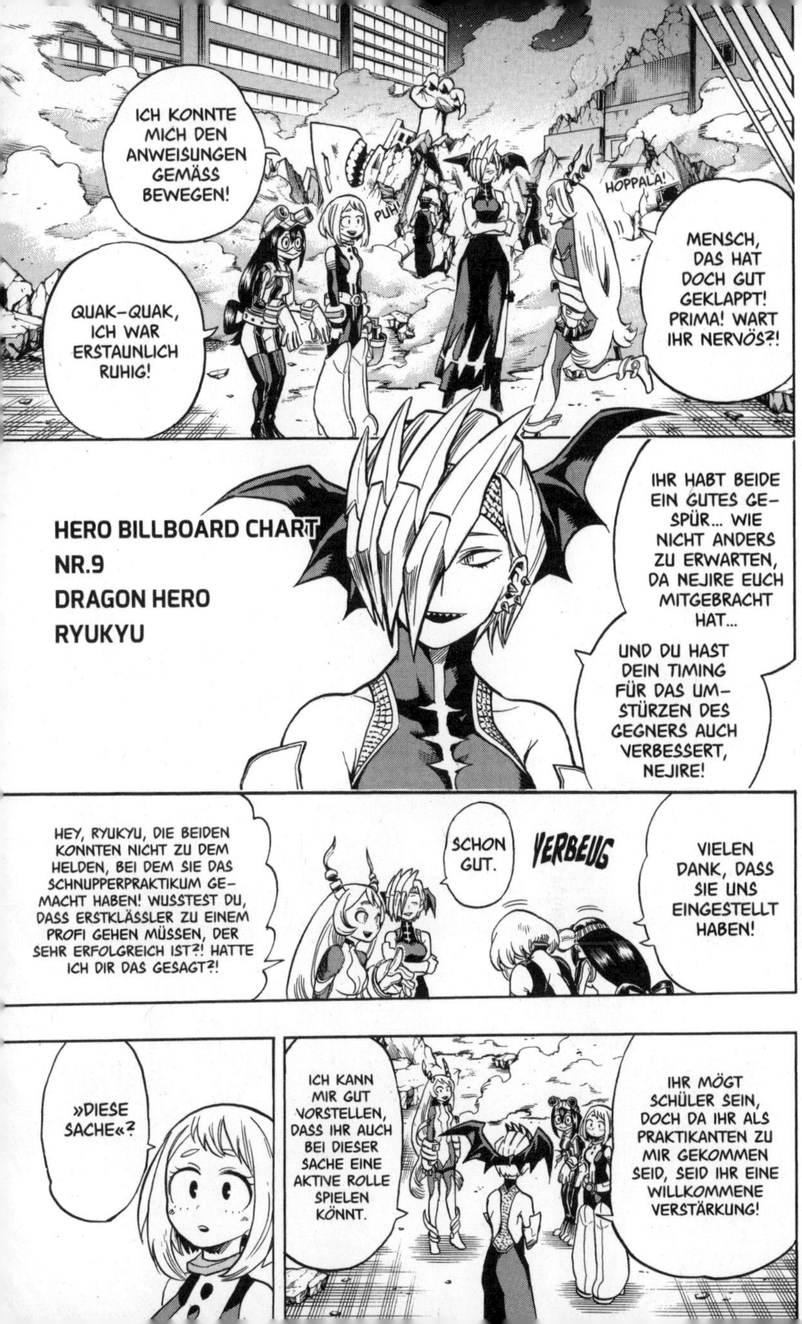

MENSCH, DAS HAT DOCH GUT GEKLAPPT! PRIMA! WART IHR NERVÖS?!
HOPPALA!
PUH!
ICH KONNTE MICH DEN ANWEISUNGEN GEMÄSS BEWEGEN!
QUAK-QUAK, ICH WAR ERSTAUNLICH RUHIG!
IHR HABT BEIDE EIN GUTES GE-SPÜR… WIE NICHT ANDERS ZU ERWARTEN, DA NEJIRE EUCH MITGEBRACHT HAT…
UND DU HAST DEIN TIMING FÜR DAS UM-STÜRZEN DES GEGNERS AUCH VERBESSERT, NEJIRE!
HERO BILLBOARD CHART NR.9 DRAGON HERO RYUKYU
VIELEN DANK, DASS SIE UNS EINGESTELLT HABEN!
VERBEUG
SCHON GUT.
HEY, RYUKYU, DIE BEIDEN KONNTEN NICHT ZU DEM HELDEN, BEI DEM SIE DAS SCHNUPPERPRAKTIKUM GE-MACHT HABEN! WUSSTEST DU, DASS ERSTKLÄSSLER ZU EINEM PROFI GEHEN MÜSSEN, DER SEHR ERFOLGREICH IST?! HATTE ICH DIR DAS GESAGT?!
IHR MÖGT SCHÜLER SEIN, DOCH DA IHR ALS PRAKTIKANTEN ZU MIR GEKOMMEN SEID, SEID IHR EINE WILLKOMMENE VERSTÄRKUNG!
ICH KANN MIR GUT VORSTELLEN, DASS IHR AUCH BEI DIESER SACHE EINE AKTIVE ROLLE SPIELEN KÖNNT.
»DIESE SACHE«?

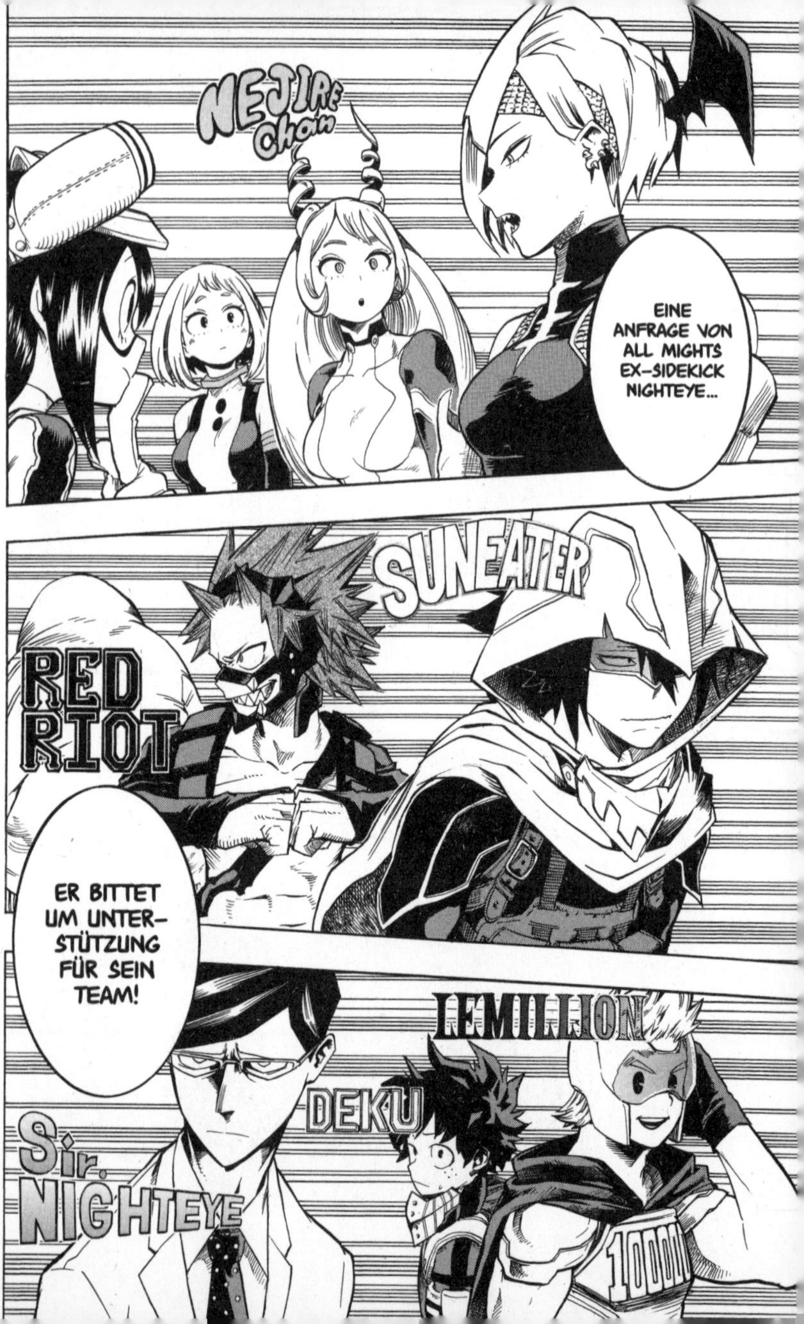

NEJIRE Chan
EINE ANFRAGE VON ALL MIGHTS EX-SIDEKICK NIGHTEYE...
SUNEATER
RED RIOT
ER BITTET UM UNTER-STÜTZUNG FÜR SEIN TEAM!
LEMILLION
DEKU
Sir. NIGHTEYE

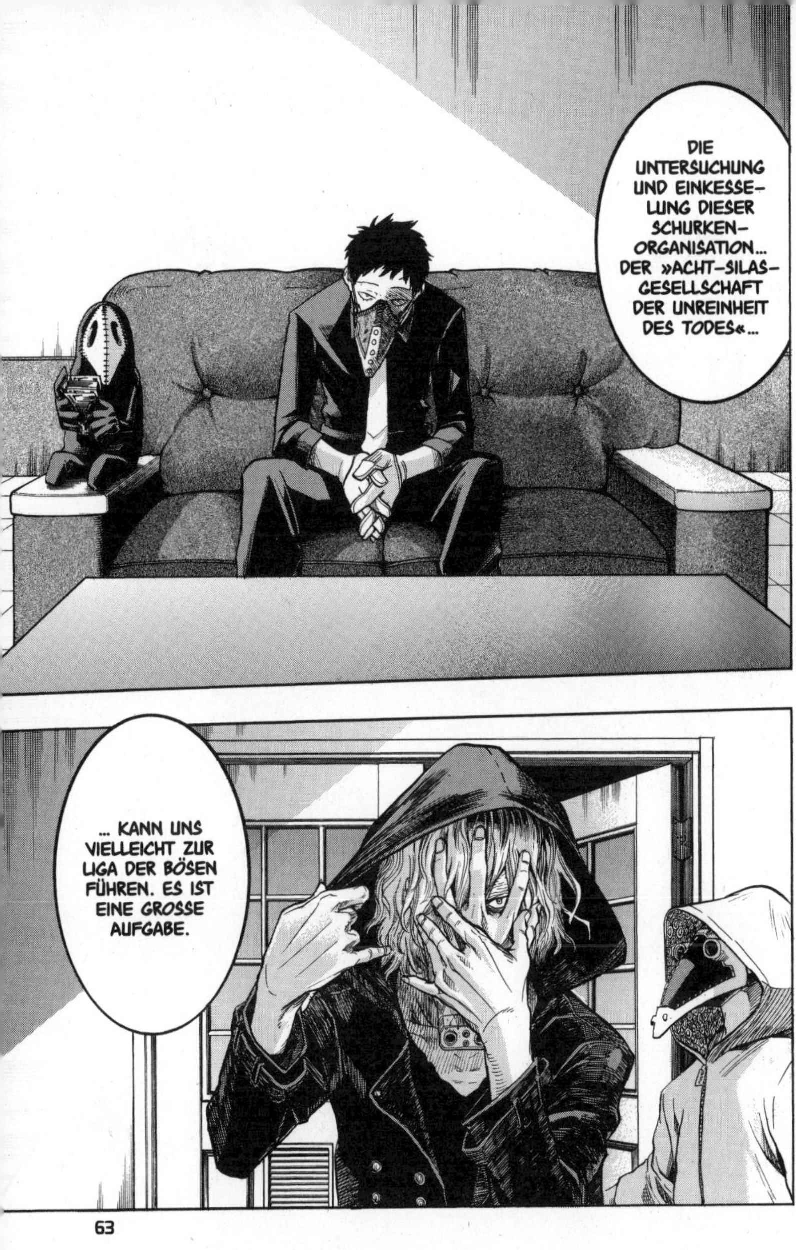
DIE UNTERSUCHUNG UND EINKESSE-LUNG DIESER SCHURKEN-ORGANISATION... DER »ACHT-SILAS-GESELLSCHAFT DER UNREINHEIT DES TODES«...
... KANN UNS VIELLEICHT ZUR LIGA DER BÖSEN FÜHREN. ES IST EINE GROSSE AUFGABE.

HERO

RYUKYU (26) (RYUKO TATSUMA)

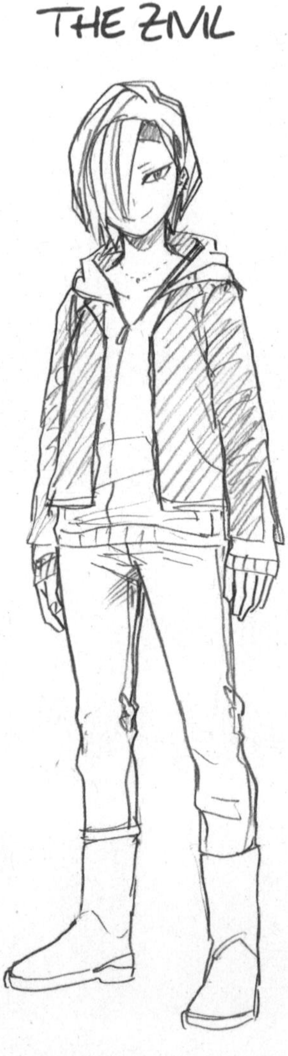

GEBURTSTAG: 22. SEPTEMBER
GRÖSSE: 1,66 M
MAG: DINGE, DIE GLITZERN

THE INSIDERSTORY

Eine coole Beauty. Obwohl sie noch so jung ist, erfährt sie enorme Unterstützung. Das liegt daran, dass ihre Macke einfach übertrieben cool ist. Alle lieben sie.

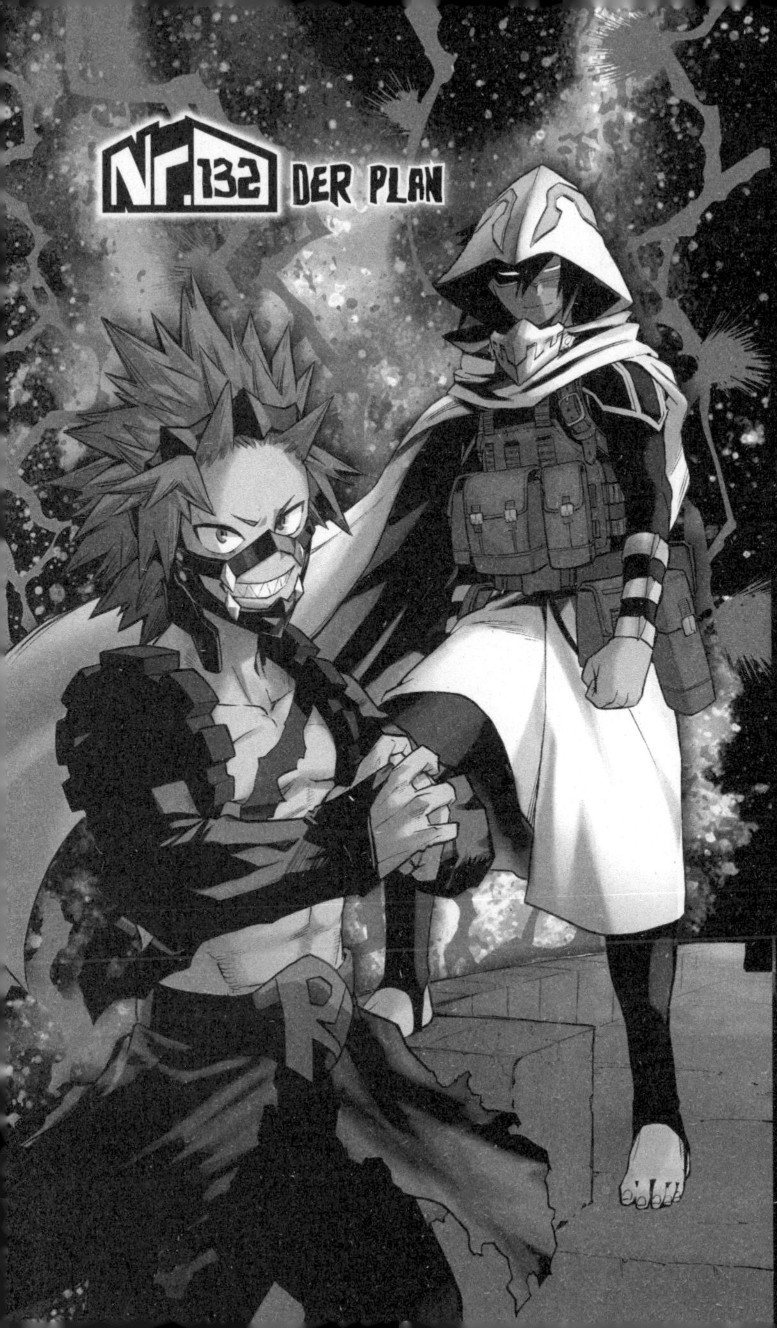
Nr. 132
DER PLAN

MY HERO
ACADEMIA

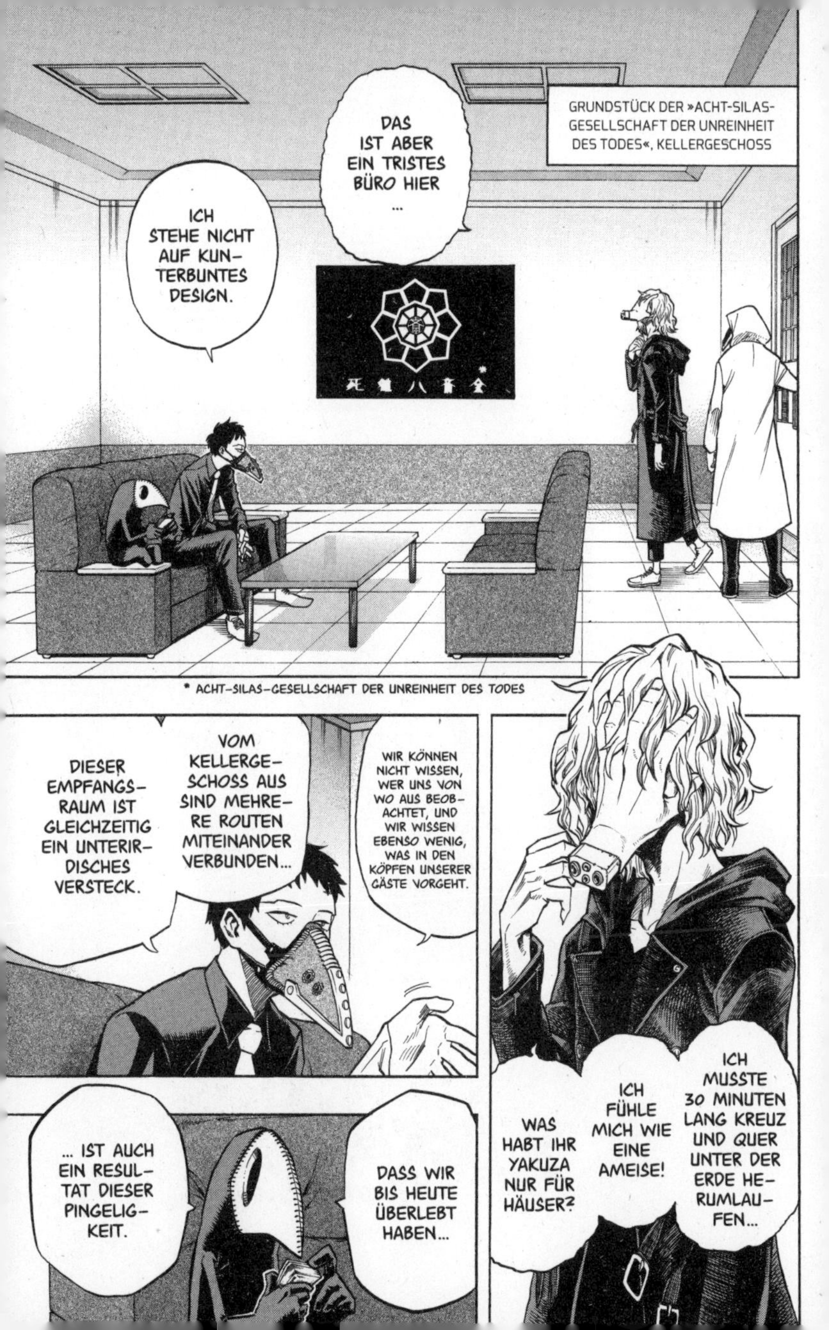

* ACHT-SILAS-GESELLSCHAFT DER UNREINHEIT DES TODES

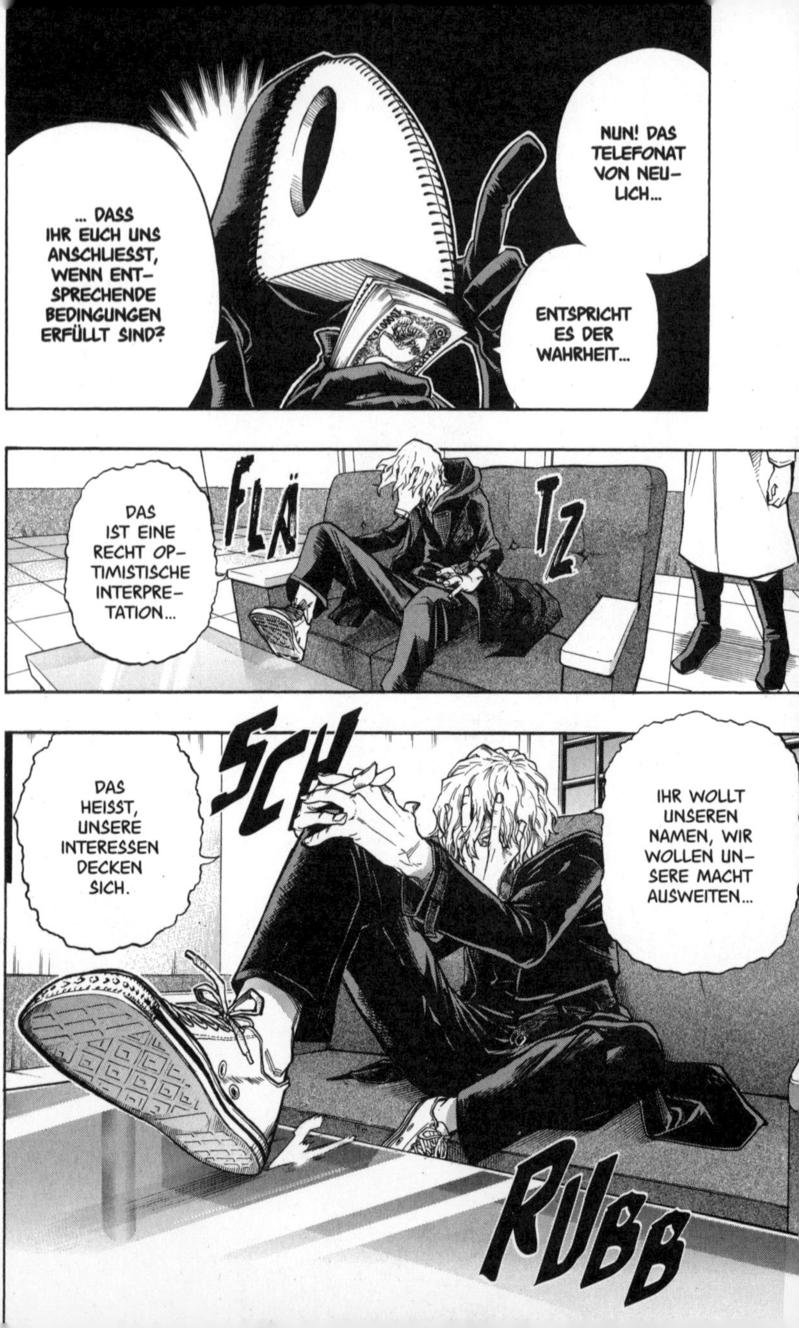
NUN! DAS TELEFONAT VON NEU-LICH...
ENTSPRICHT ES DER WAHRHEIT...
... DASS IHR EUCH UNS ANSCHLIESST, WENN ENT-SPRECHENDE BEDINGUNGEN ERFÜLLT SIND?
FLÄTZ
DAS IST EINE RECHT OP-TIMISTISCHE INTERPRE-TATION...
SCH
IHR WOLLT UNSEREN NAMEN, WIR WOLLEN UN-SERE MACHT AUSWEITEN...
DAS HEISST, UNSERE INTERESSEN DECKEN SICH.
RUBB

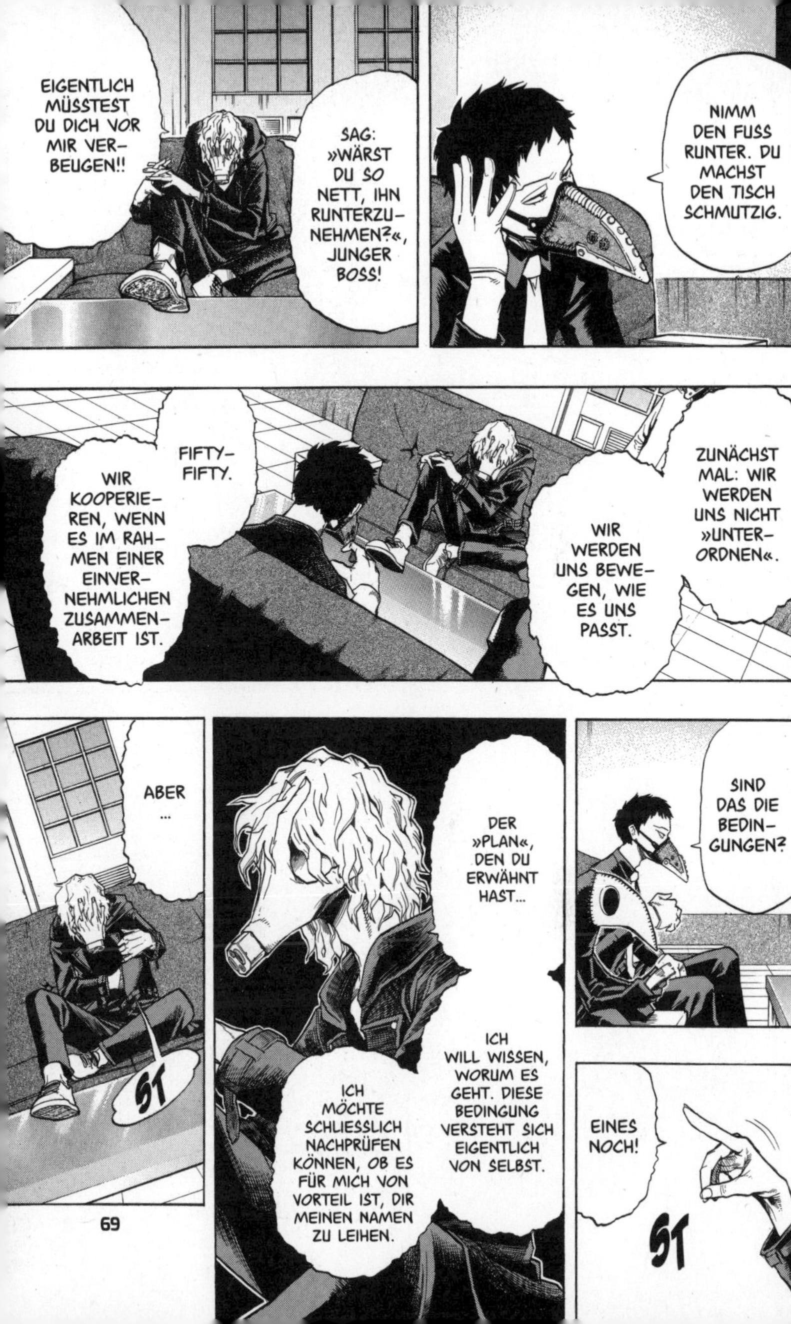
NIMM DEN FUSS RUNTER. DU MACHST DEN TISCH SCHMUTZIG.
SAG: »WÄRST DU SO NETT, IHN RUNTERZU-NEHMEN?«, JUNGER BOSS!
EIGENTLICH MÜSSTEST DU DICH VOR MIR VER-BEUGEN!!
ZUNÄCHST MAL: WIR WERDEN UNS NICHT »UNTER-ORDNEN«.
WIR WERDEN UNS BEWE-GEN, WIE ES UNS PASST.
FIFTY-FIFTY.
WIR KOOPERIE-REN, WENN ES IM RAH-MEN EINER EINVER-NEHMLICHEN ZUSAMMEN-ARBEIT IST.
SIND DAS DIE BEDIN-GUNGEN?
EINES NOCH!
ST
DER »PLAN«, DEN DU ERWÄHNT HAST...
ICH WILL WISSEN, WORUM ES GEHT. DIESE BEDINGUNG VERSTEHT SICH EIGENTLICH VON SELBST.
ICH MÖCHTE SCHLIESSLICH NACHPRÜFEN KÖNNEN, OB ES FÜR MICH VON VORTEIL IST, DIR MEINEN NAMEN ZU LEIHEN.
ABER ...
ST

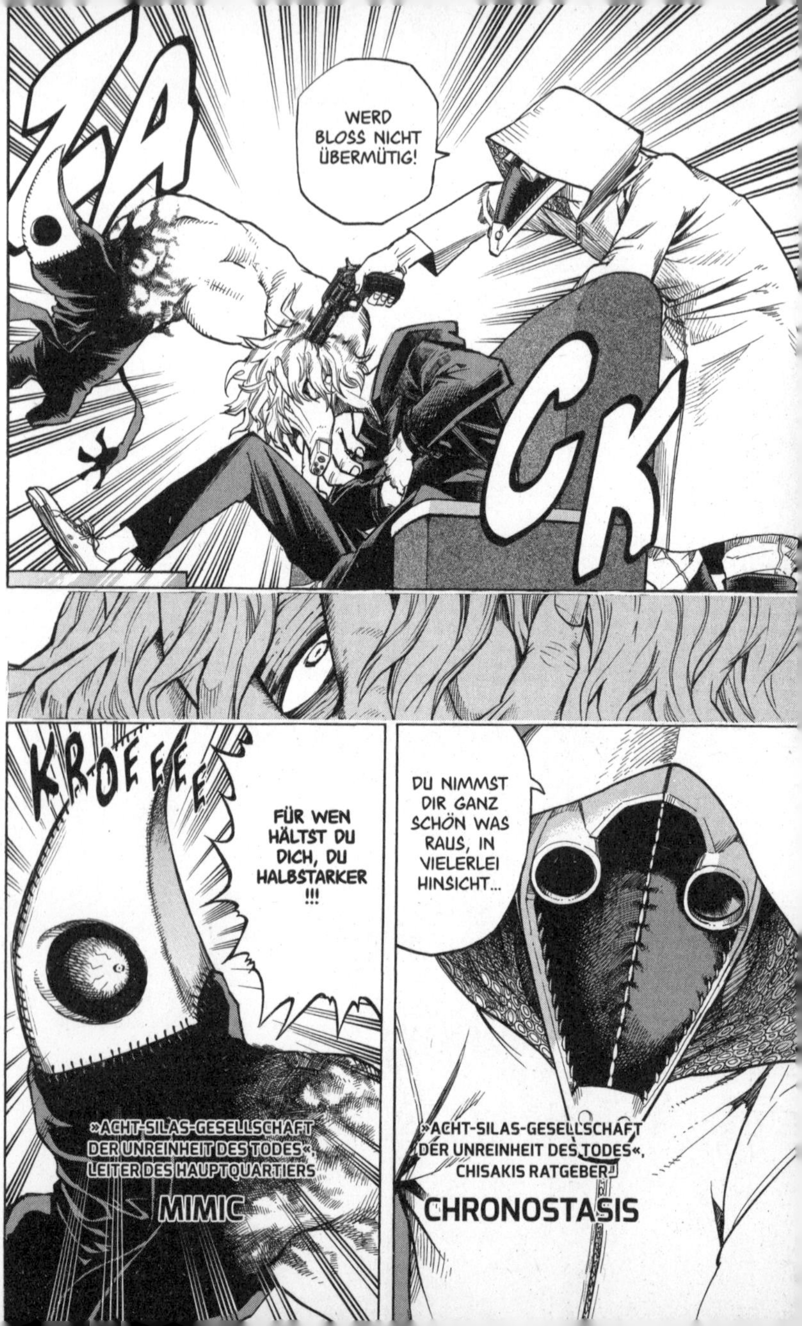
ZA
WERD BLOSS NICHT ÜBERMÜTIG!
CK
DU NIMMST DIR GANZ SCHÖN WAS RAUS, IN VIELERLEI HINSICHT…
»ACHT-SILAS-GESELLSCHAFT DER UNREINHEIT DES TODES«, CHISAKIS RATGEBER
CHRONOSTASIS
KROEEEE
FÜR WEN HÄLTST DU DICH, DU HALBSTARKER!!!
»ACHT-SILAS-GESELLSCHAFT DER UNREINHEIT DES TODES«, LEITER DES HAUPTQUARTIERS
MIMIC

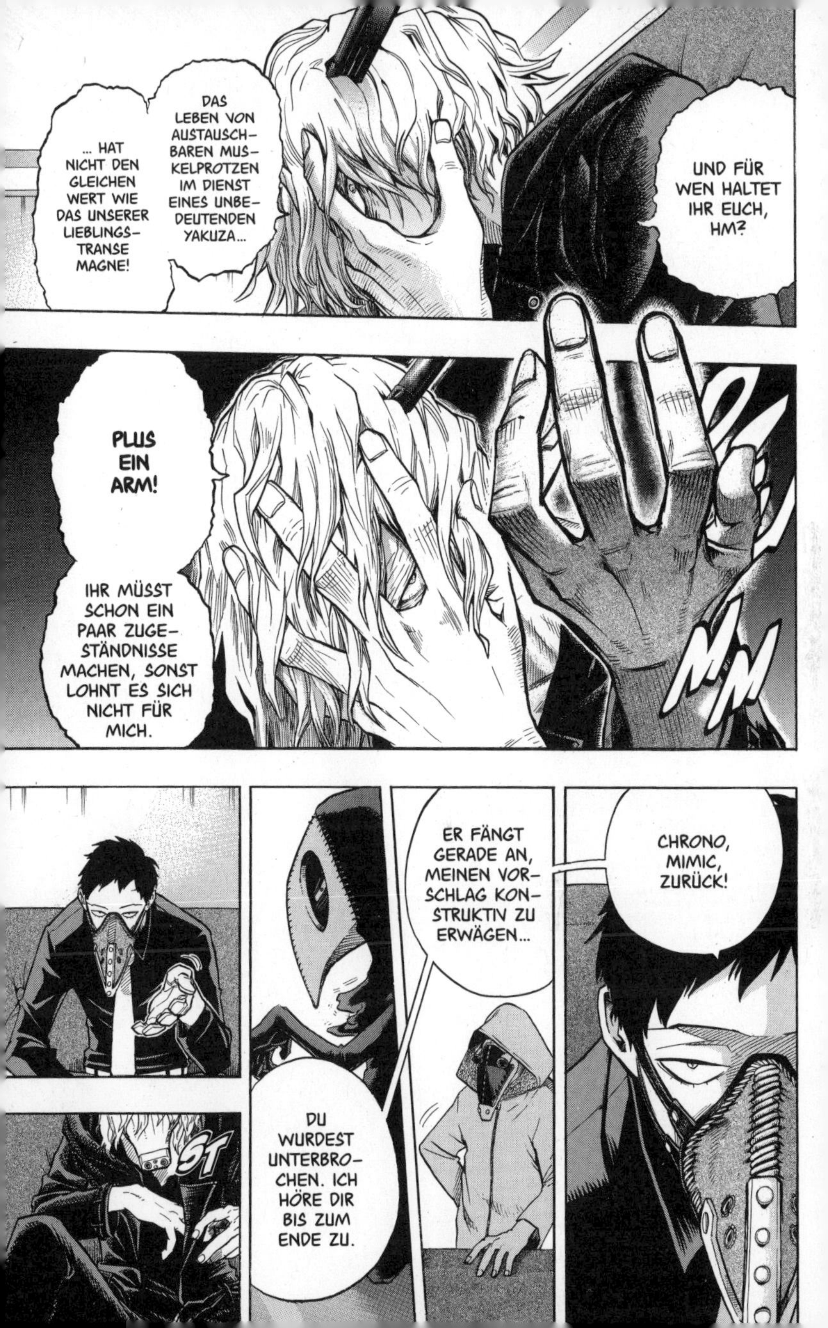
UND FÜR WEN HALTET IHR EUCH, HM?
DAS LEBEN VON AUSTAUSCH-BAREN MUSKELPROTZEN IM DIENST EINES UNBE-DEUTENDEN YAKUZA...
... HAT NICHT DEN GLEICHEN WERT WIE DAS UNSERER LIEBLINGS-TRANSE MAGNE!
PLUS EIN ARM!
IHR MÜSST SCHON EIN PAAR ZUGE-STÄNDNISSE MACHEN, SONST LOHNT ES SICH NICHT FÜR MICH.
CHRONO, MIMIC, ZURÜCK!
ER FÄNGT GERADE AN, MEINEN VOR-SCHLAG KON-STRUKTIV ZU ERWÄGEN...
DU WURDEST UNTERBRO-CHEN. ICH HÖRE DIR BIS ZUM ENDE ZU.

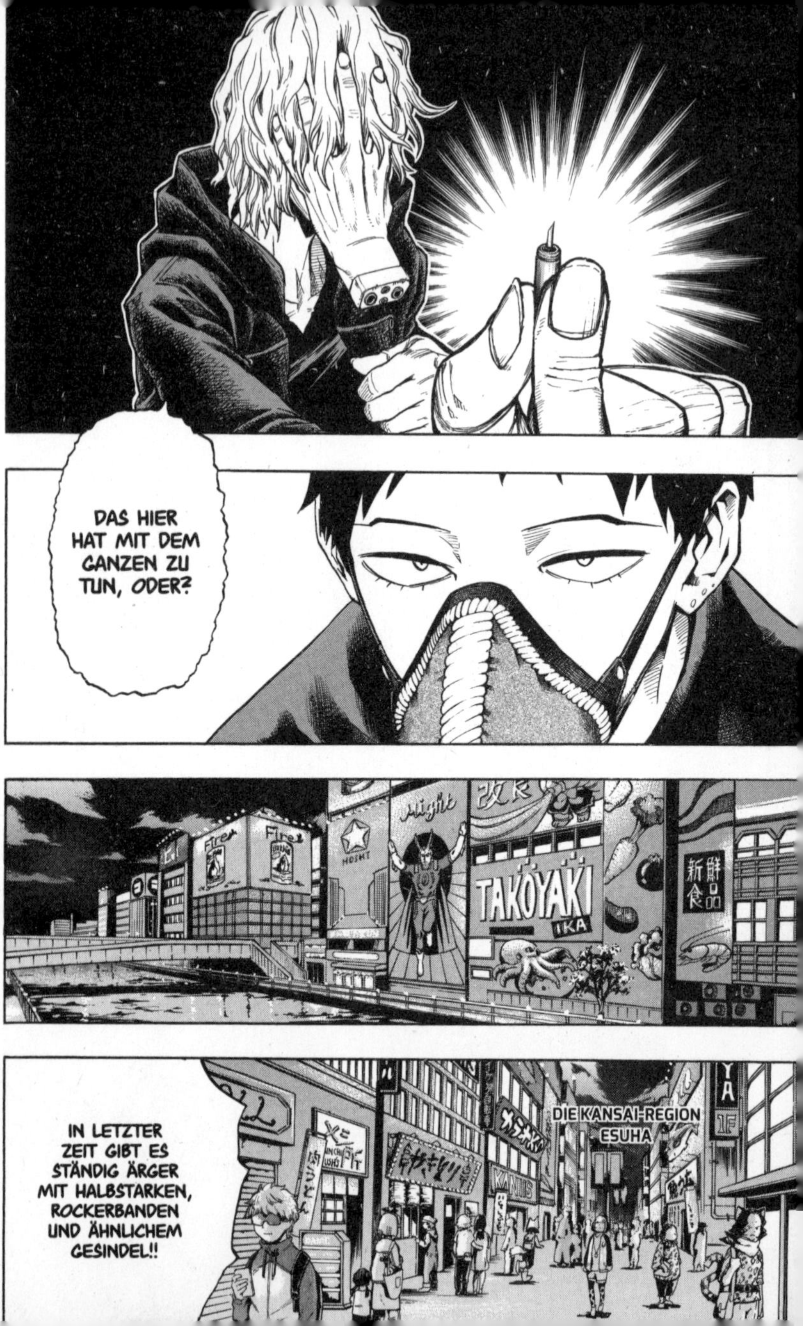
DAS HIER HAT MIT DEM GANZEN ZU TUN, ODER?
TAKOYAKI
IKA
DIE KANSAI-REGION ESUHA
IN LETZTER ZEIT GIBT ES STÄNDIG ÄRGER MIT HALBSTARKEN, ROCKERBANDEN UND ÄHNLICHEM GESINDEL!!

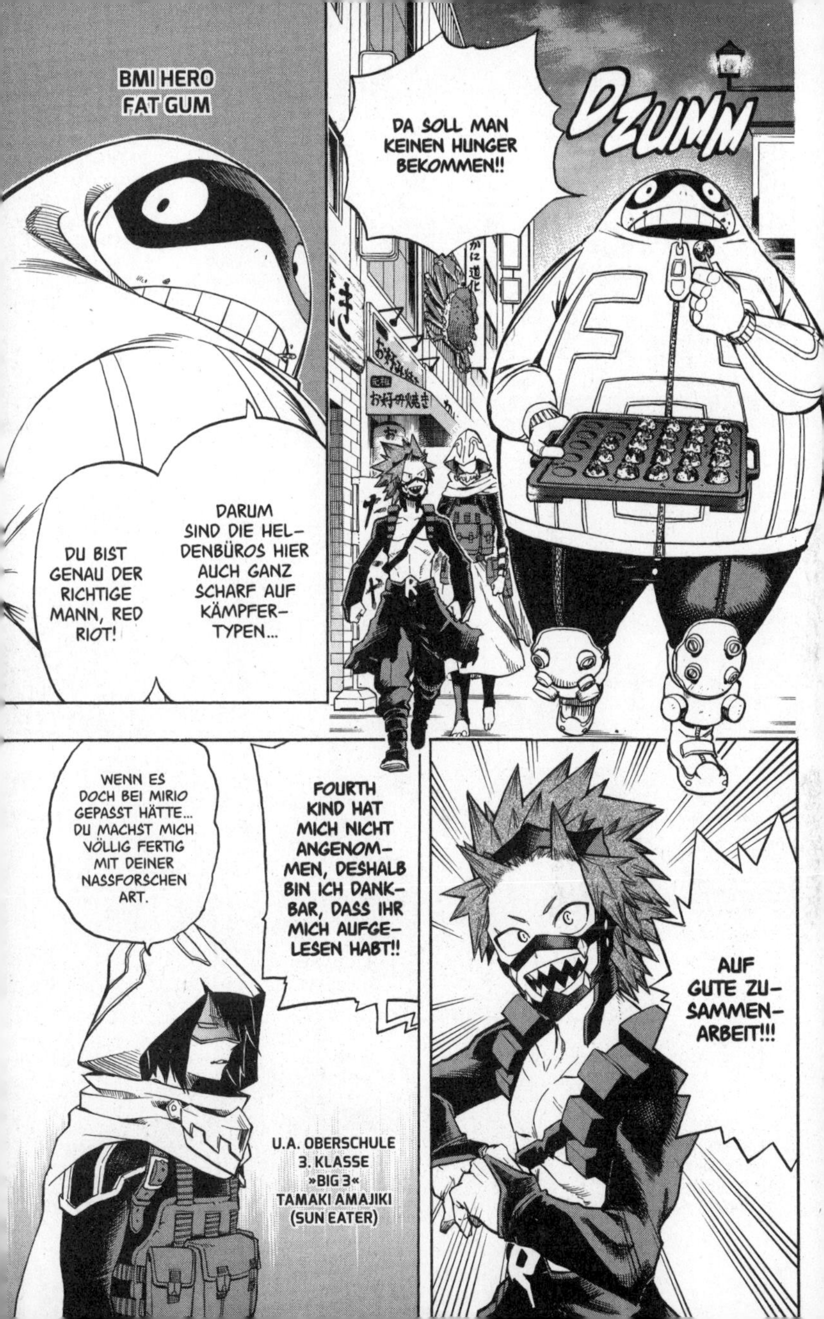
DZUMM
DA SOLL MAN KEINEN HUNGER BEKOMMEN!!
BMI HERO FAT GUM
DARUM SIND DIE HELDENBÜROS HIER AUCH GANZ SCHARF AUF KÄMPFERTYPEN...
DU BIST GENAU DER RICHTIGE MANN, RED RIOT!
お好み焼き
AUF GUTE ZUSAMMENARBEIT!!!
FOURTH KIND HAT MICH NICHT ANGENOMMEN, DESHALB BIN ICH DANKBAR, DASS IHR MICH AUFGELESEN HABT!!
WENN ES DOCH BEI MIRIO GEPASST HÄTTE... DU MACHST MICH VÖLLIG FERTIG MIT DEINER NASSFORSCHEN ART.
U.A. OBERSCHULE 3. KLASSE »BIG 3« TAMAKI AMAJIKI (SUN EATER)

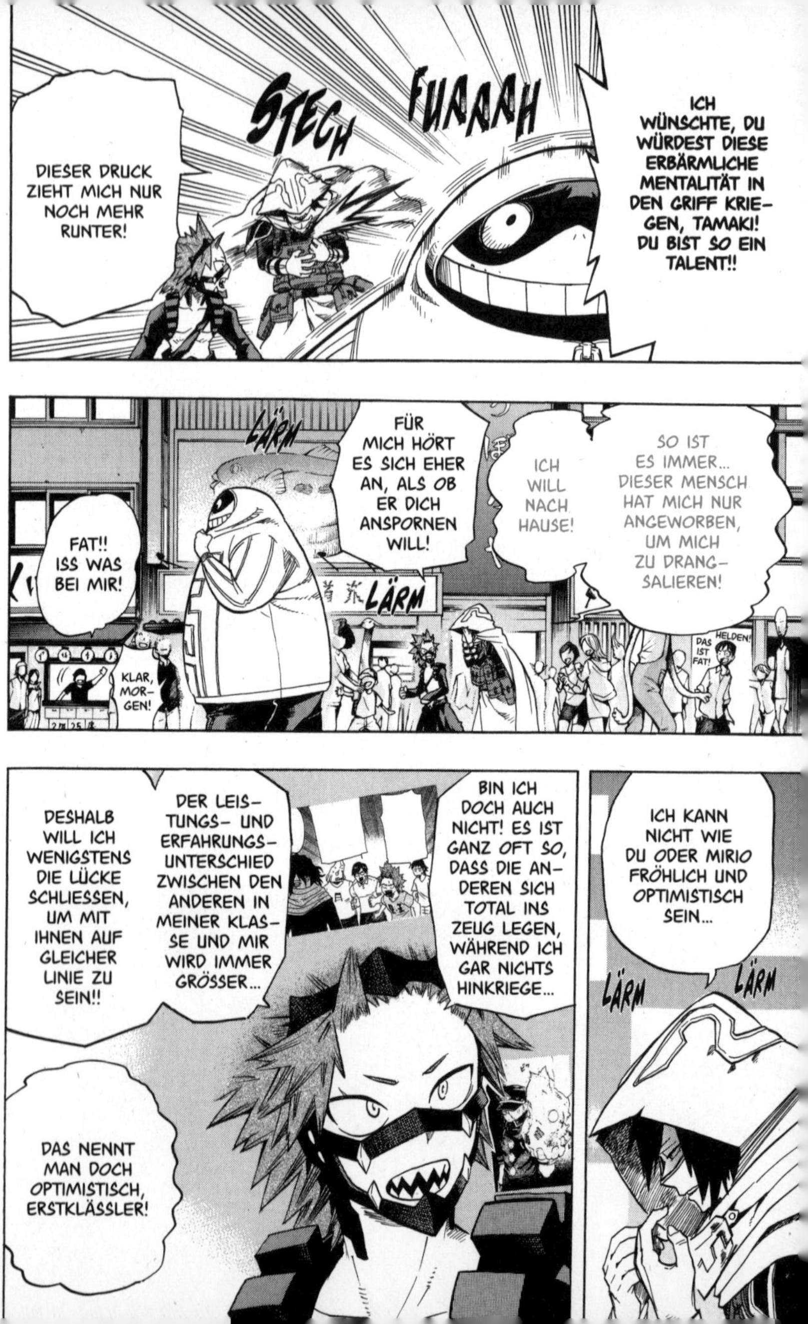
ICH WÜNSCHTE, DU WÜRDEST DIESE ERBÄRMLICHE MENTALITÄT IN DEN GRIFF KRIE-GEN, TAMAKI! DU BIST SO EIN TALENT!!
FURRRH
STECH
DIESER DRUCK ZIEHT MICH NUR NOCH MEHR RUNTER!
SO IST ES IMMER... DIESER MENSCH HAT MICH NUR ANGEWORBEN, UM MICH ZU DRANG-SALIEREN!
ICH WILL NACH HAUSE!
FÜR MICH HÖRT ES SICH EHER AN, ALS OB ER DICH ANSPORNEN WILL!
LÄRM
LÄRM
HELDEN!
DAS IST FAT!
FAT!! ISS WAS BEI MIR!
KLAR, MORGEN!
ICH KANN NICHT WIE DU ODER MIRIO FRÖHLICH UND OPTIMISTISCH SEIN...
LÄRM
LÄRM
BIN ICH DOCH AUCH NICHT! ES IST GANZ OFT SO, DASS DIE AN-DEREN SICH TOTAL INS ZEUG LEGEN, WÄHREND ICH GAR NICHTS HINKRIEGE...
DER LEIS-TUNGS- UND ERFAHRUNGS-UNTERSCHIED ZWISCHEN DEN ANDEREN IN MEINER KLAS-SE UND MIR WIRD IMMER GRÖSSER...
DESHALB WILL ICH WENIGSTENS DIE LÜCKE SCHLIESSEN, UM MIT IHNEN AUF GLEICHER LINIE ZU SEIN!!
DAS NENNT MAN DOCH OPTIMISTISCH, ERSTKLÄSSLER!

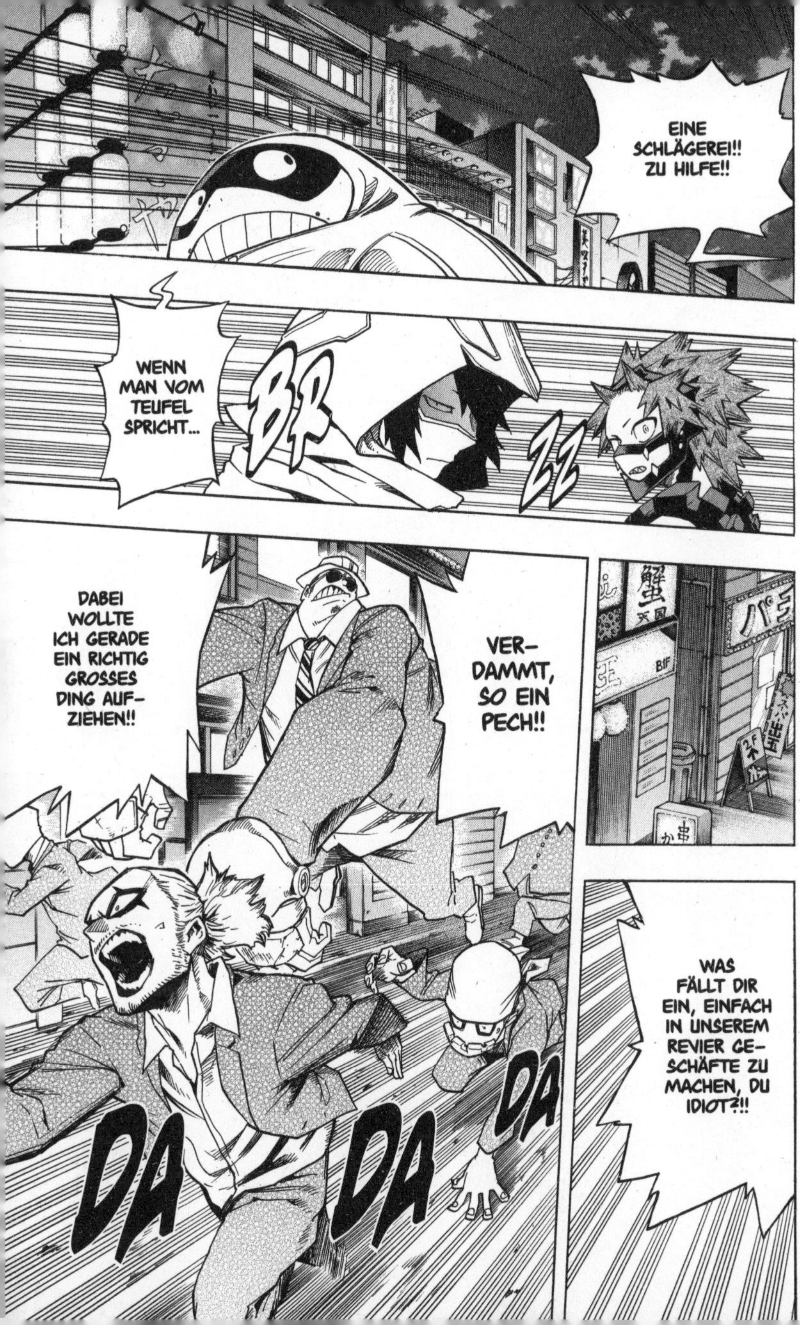
EINE SCHLÄGEREI!! ZU HILFE!!
WENN MAN VOM TEUFEL SPRICHT...
BR
ZZ
VERDAMMT, SO EIN PECH!!
DABEI WOLLTE ICH GERADE EIN RICHTIG GROSSES DING AUFZIEHEN!!
WAS FÄLLT DIR EIN, EINFACH IN UNSEREM REVIER GESCHÄFTE ZU MACHEN, DU IDIOT?!!
DA
DA
DA

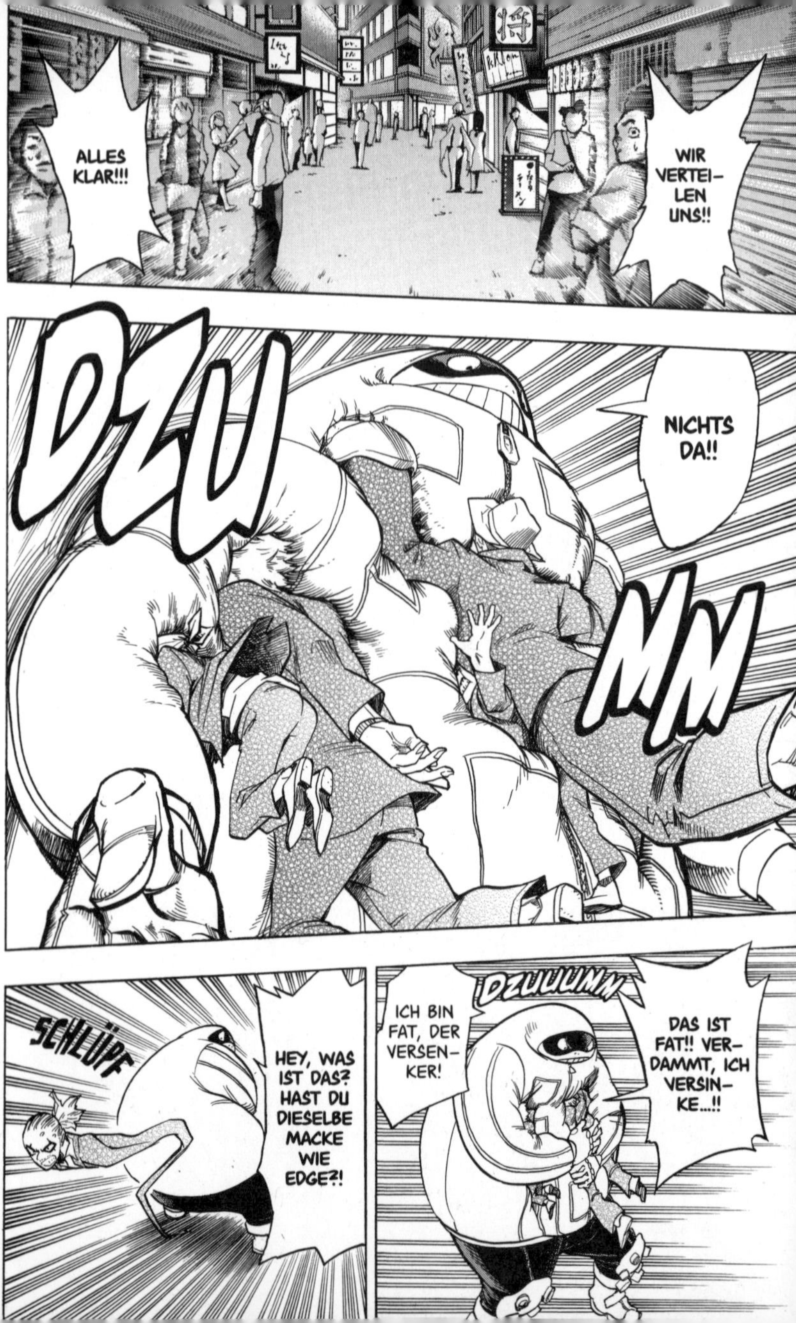
WIR VERTEI-LEN UNS!!
ALLES KLAR!!!
DZU
MM
NICHTS DA!!
DZUUUMN
DAS IST FAT!! VER-DAMMT, ICH VERSIN-KE...!!
ICH BIN FAT, DER VERSEN-KER!
SCHLÜPF
HEY, WAS IST DAS? HAST DU DIESELBE MACKE WIE EDGE?!

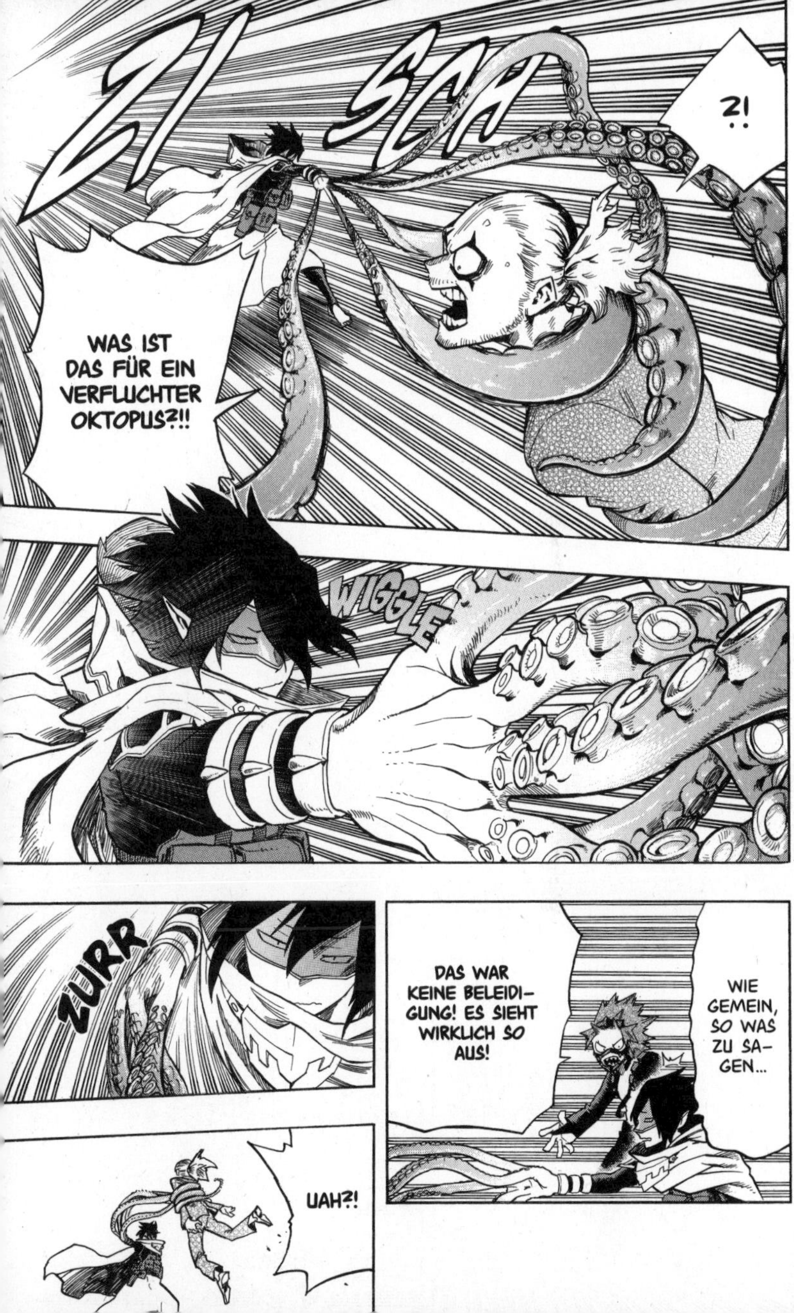
ZISCH
?!
WAS IST DAS FÜR EIN VERFLUCHTER OKTOPUS?!!
WIGGLE
WIE GEMEIN, SO WAS ZU SA-GEN...
DAS WAR KEINE BELEIDI-GUNG! ES SIEHT WIRKLICH SO AUS!
ZURR
UAH?!

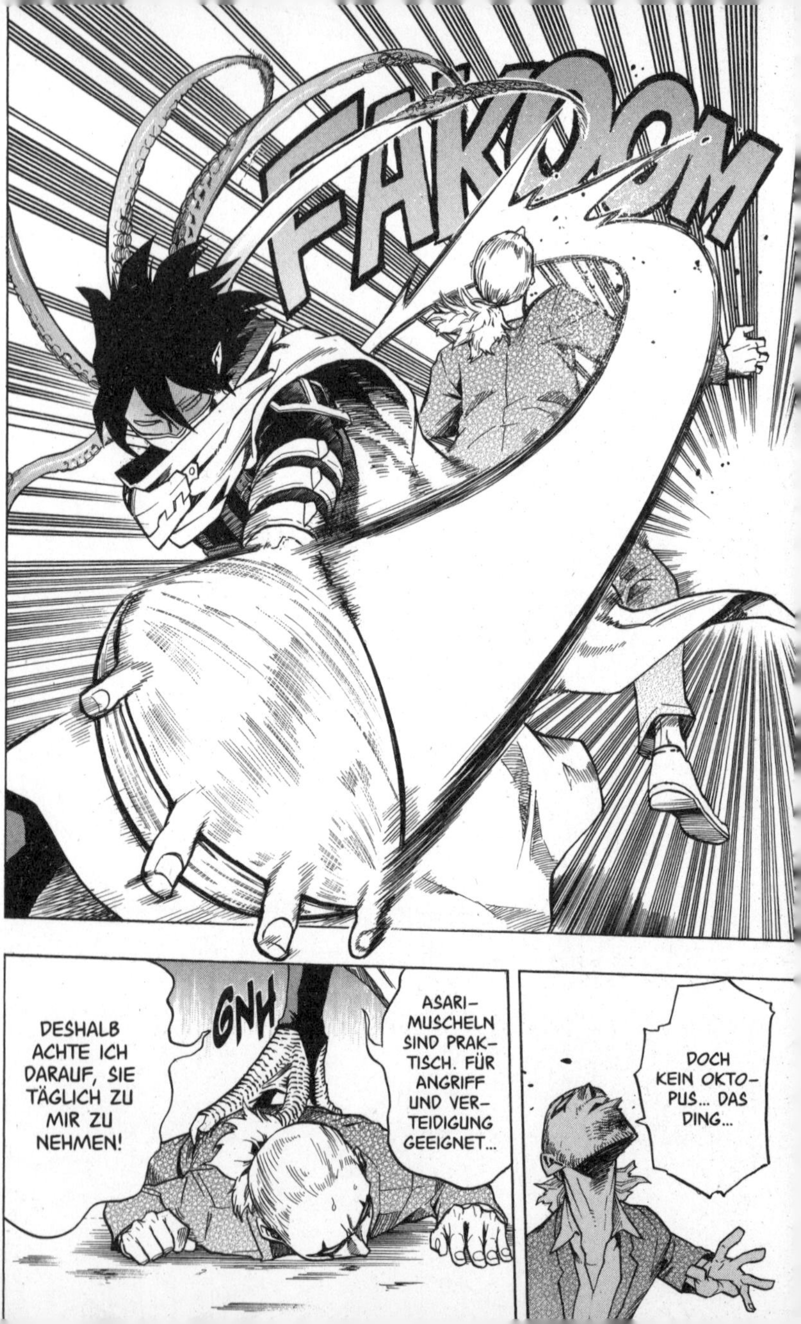
FAKOOM
DOCH KEIN OKTOPUS... DAS DING...
ASARIMUSCHELN SIND PRAKTISCH. FÜR ANGRIFF UND VERTEIDIGUNG GEEIGNET...
GNH
DESHALB ACHTE ICH DARAUF, SIE TÄGLICH ZU MIR ZU NEHMEN!

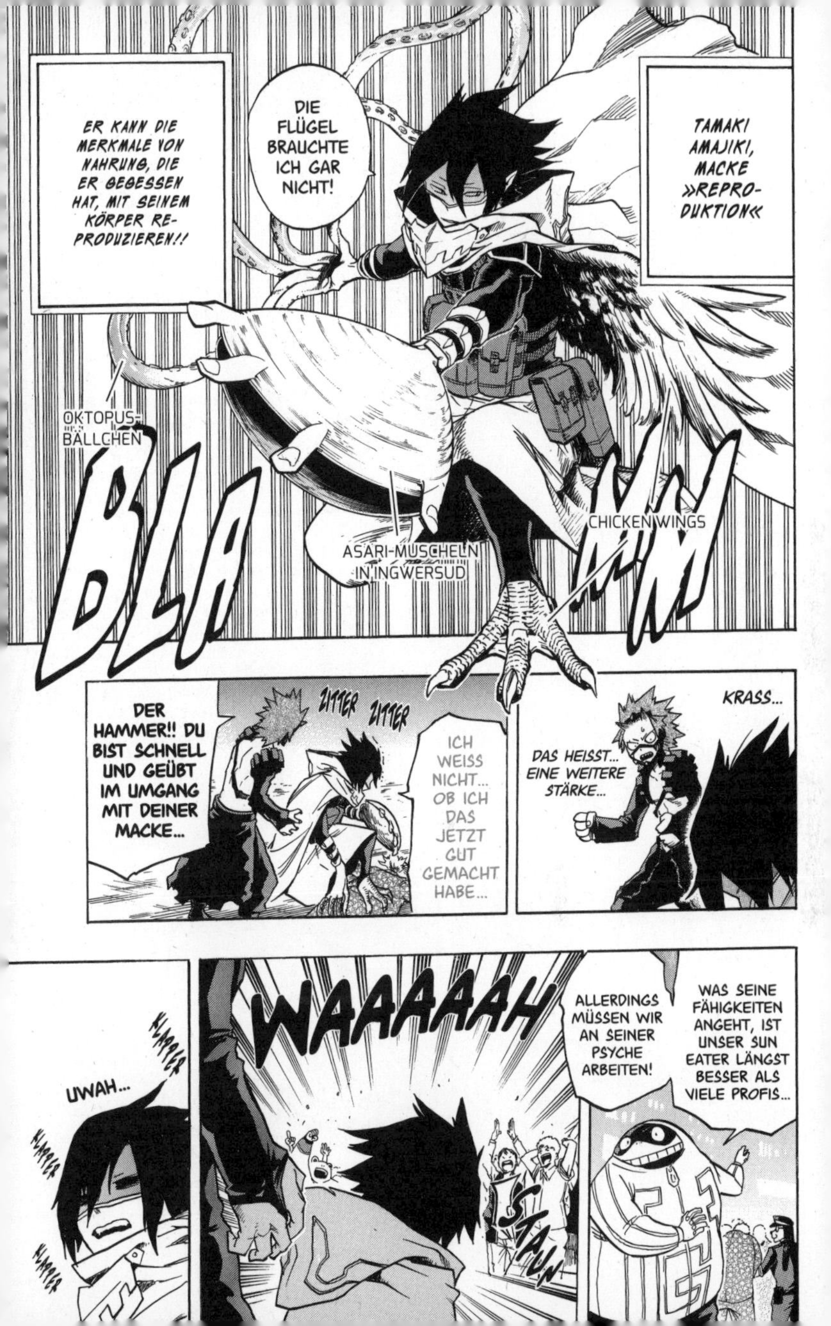
TAMAKI AMAJIKI, MACKE »REPRODUKTION«
DIE FLÜGEL BRAUCHTE ICH GAR NICHT!
ER KANN DIE MERKMALE VON NAHRUNG, DIE ER GEGESSEN HAT, MIT SEINEM KÖRPER REPRODUZIEREN!!
CHICKEN WINGS
ASARI-MUSCHELN IN INGWERSUD
OKTOPUS-BÄLLCHEN
BLAM
KRASS...
DAS HEISST... EINE WEITERE STÄRKE...
ICH WEISS NICHT... OB ICH DAS JETZT GUT GEMACHT HABE...
ZITTER ZITTER
DER HAMMER!! DU BIST SCHNELL UND GEÜBT IM UMGANG MIT DEINER MACKE...
WAS SEINE FÄHIGKEITEN ANGEHT, IST UNSER SUN EATER LÄNGST BESSER ALS VIELE PROFIS...
ALLERDINGS MÜSSEN WIR AN SEINER PSYCHE ARBEITEN!
WAAAAAH
STAUN
UWAH...
KLAPPER
KLAPPER
KLAPPER

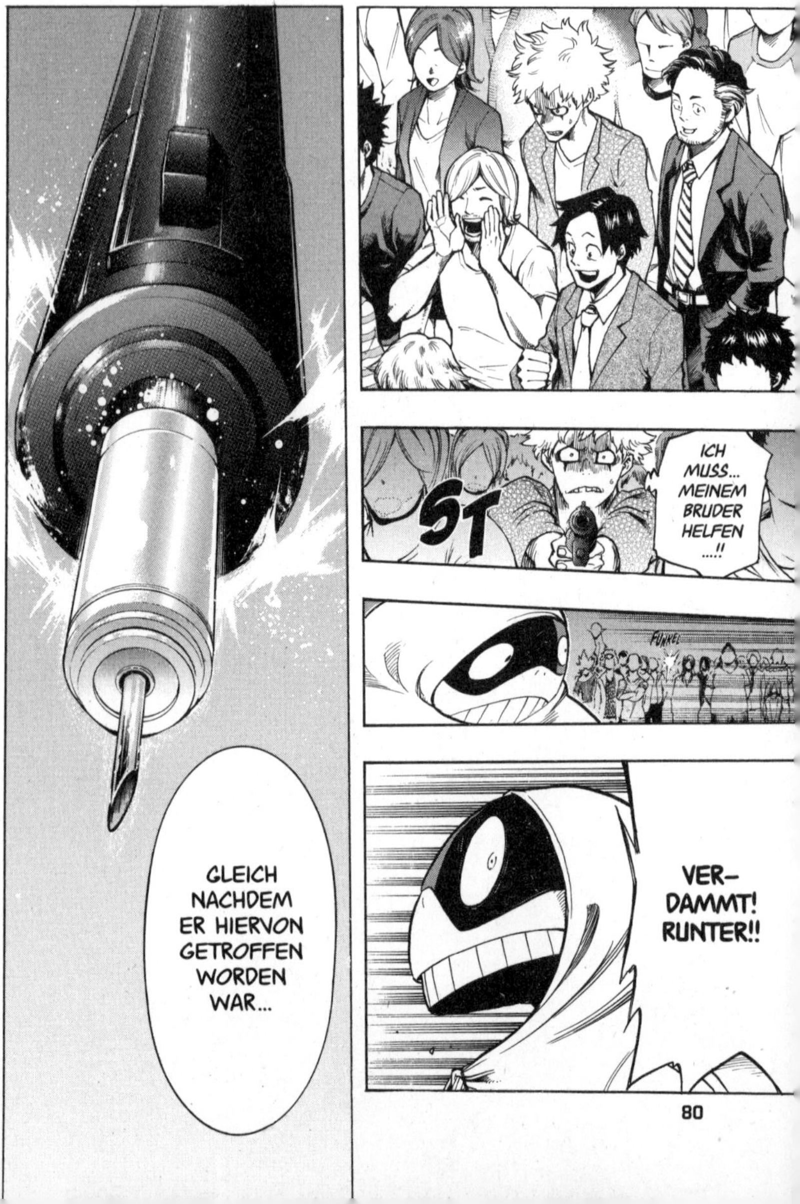

ICH MUSS... MEINEM BRUDER HELFEN ...!!
ST
FUNKEL
VER-DAMMT! RUNTER!!
GLEICH NACHDEM ER HIERVON GETROFFEN WORDEN WAR...

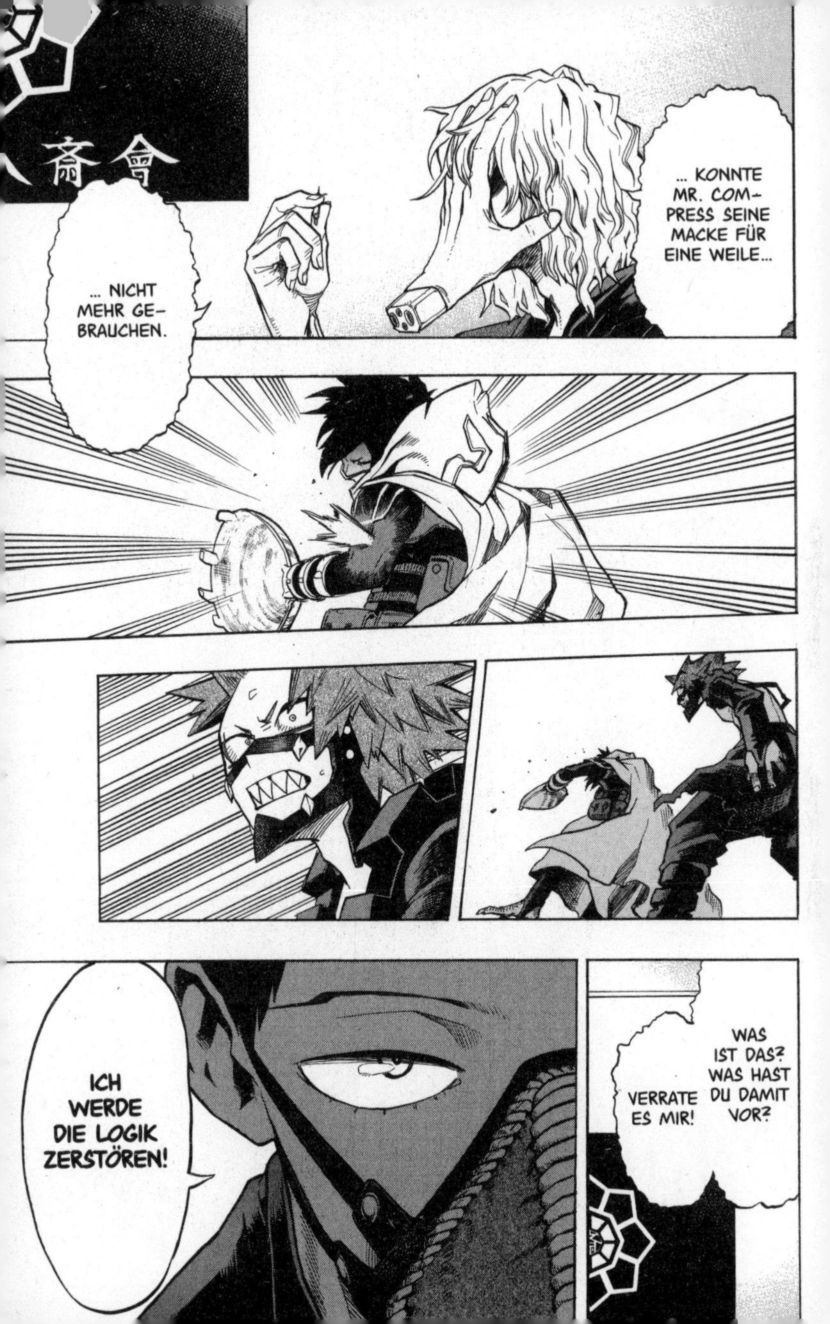

八斎會
... KONNTE MR. COMPRESS SEINE MACKE FÜR EINE WEILE...
... NICHT MEHR GEBRAUCHEN.
WAS IST DAS? WAS HAST DU DAMIT VOR?
VERRATE ES MIR!
ICH WERDE DIE LOGIK ZERSTÖREN!

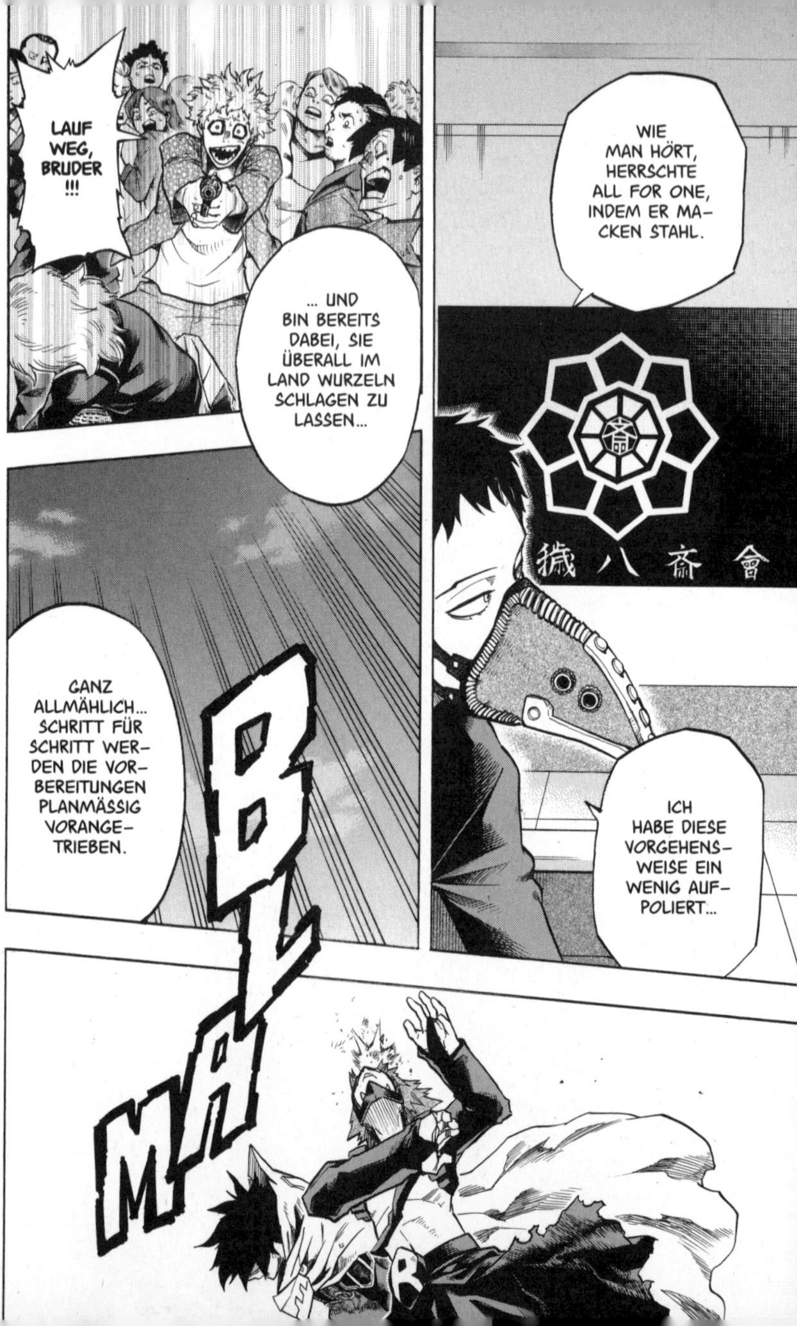
WIE MAN HÖRT, HERRSCHTE ALL FOR ONE, INDEM ER MACKEN STAHL.
ICH HABE DIESE VORGEHENSWEISE EIN WENIG AUFPOLIERT...
LAUF WEG, BRUDER!!!
... UND BIN BEREITS DABEI, SIE ÜBERALL IM LAND WURZELN SCHLAGEN ZU LASSEN...
GANZ ALLMÄHLICH... SCHRITT FÜR SCHRITT WERDEN DIE VORBEREITUNGEN PLANMÄSSIG VORANGETRIEBEN.

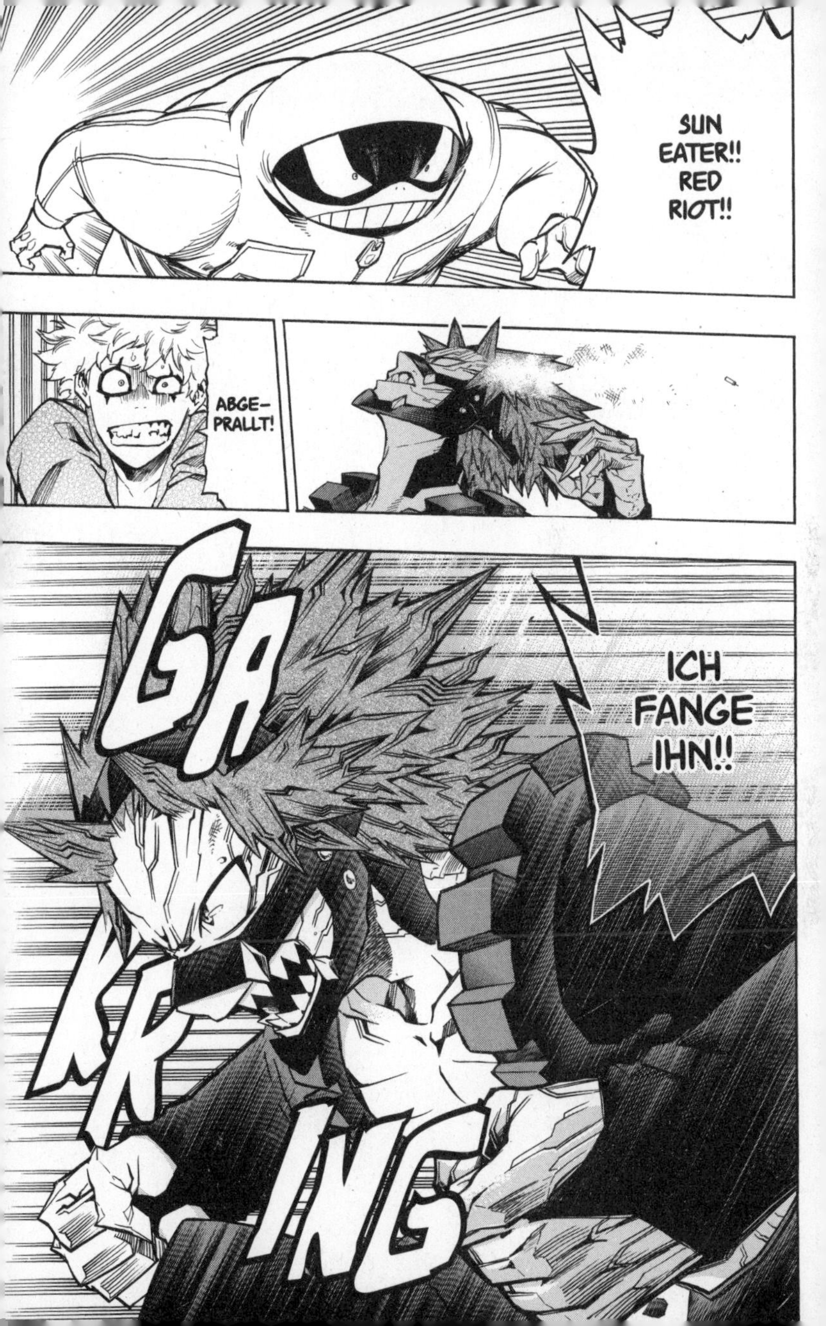
SUN EATER!! RED RIOT!!
ABGE-PRALLT!
ICH FANGE IHN!!
GAKKING

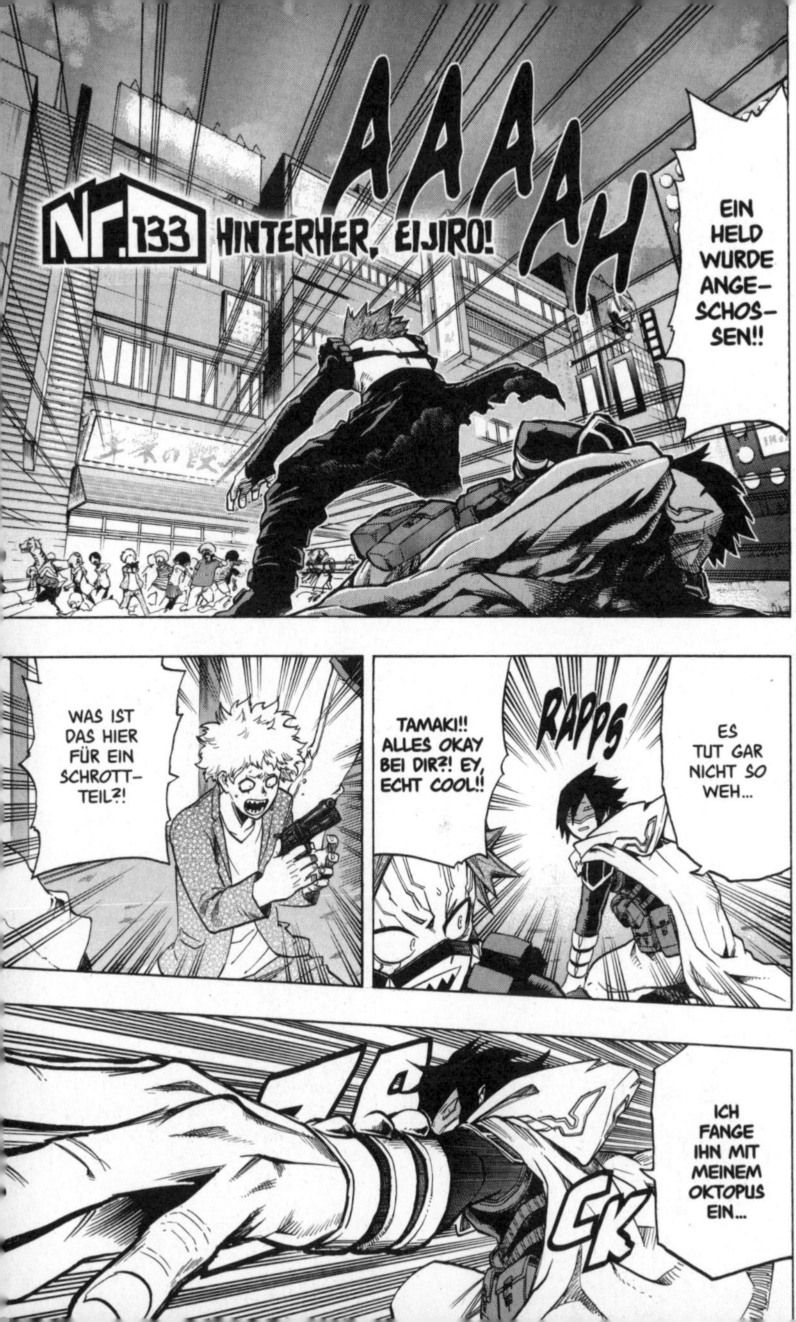
NR. 133 HINTERHER, EIJIRO!
AAAAAH
EIN HELD WURDE ANGE-SCHOS-SEN!!
WAS IST DAS HIER FÜR EIN SCHROTT-TEIL?!
ES TUT GAR NICHT SO WEH...
RAPPS
TAMAKI!! ALLES OKAY BEI DIR?! EY, ECHT COOL!!
ICH FANGE IHN MIT MEINEM OKTOPUS EIN...
CK

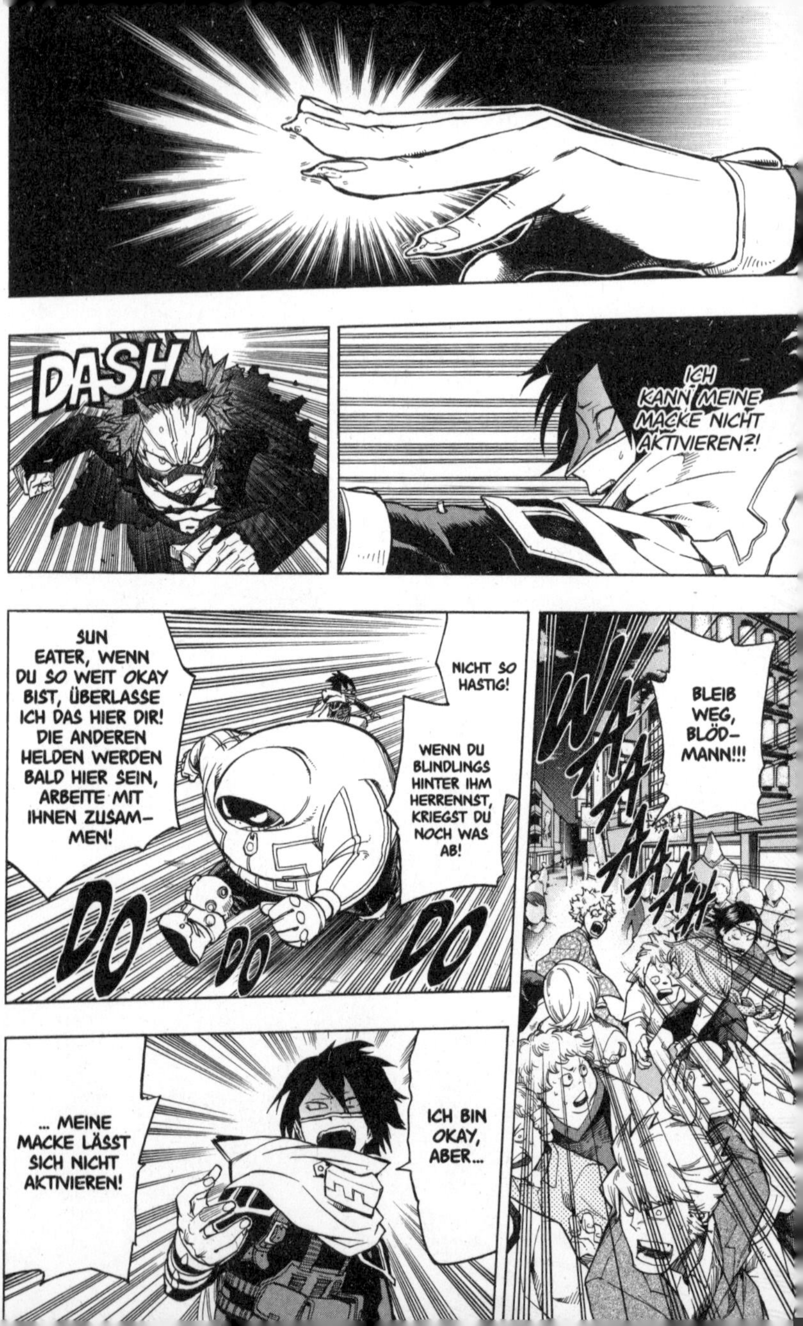
ICH KANN MEINE MACKE NICHT AKTIVIEREN?!
DASH
BLEIB WEG, BLÖDMANN!!!
WAAAAAAH
NICHT SO HASTIG!
WENN DU BLINDLINGS HINTER IHM HERRENNST, KRIEGST DU NOCH WAS AB!
SUN EATER, WENN DU SO WEIT OKAY BIST, ÜBERLASSE ICH DAS HIER DIR! DIE ANDEREN HELDEN WERDEN BALD HIER SEIN, ARBEITE MIT IHNEN ZUSAMMEN!
DO DO DO
ICH BIN OKAY, ABER...
... MEINE MACKE LÄSST SICH NICHT AKTIVIEREN!

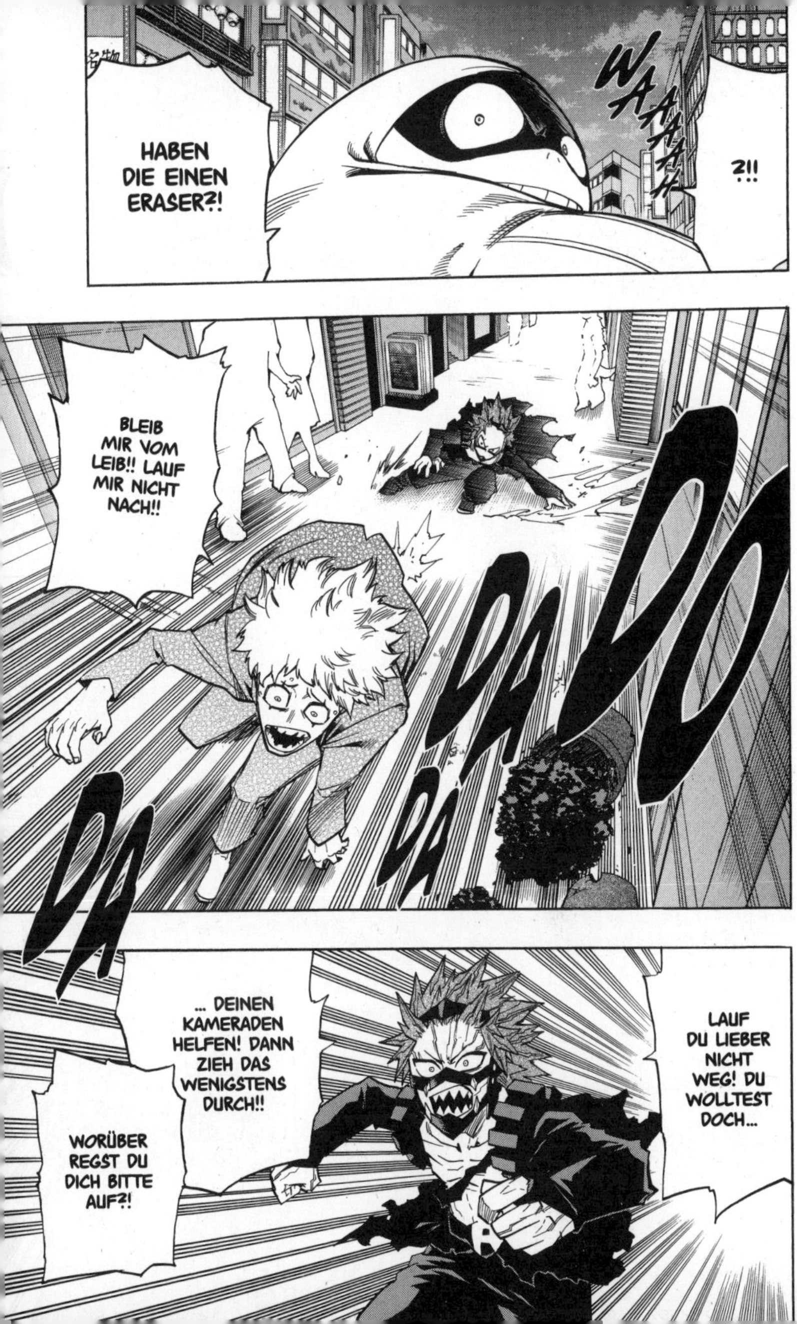

WAAAAH
?!!
HABEN DIE EINEN ERASER?!
BLEIB MIR VOM LEIB!! LAUF MIR NICHT NACH!!
DODO
DADA
DA DA
LAUF DU LIEBER NICHT WEG! DU WOLLTEST DOCH…
… DEINEN KAMERADEN HELFEN! DANN ZIEH DAS WENIGSTENS DURCH!!
WORÜBER REGST DU DICH BITTE AUF?!

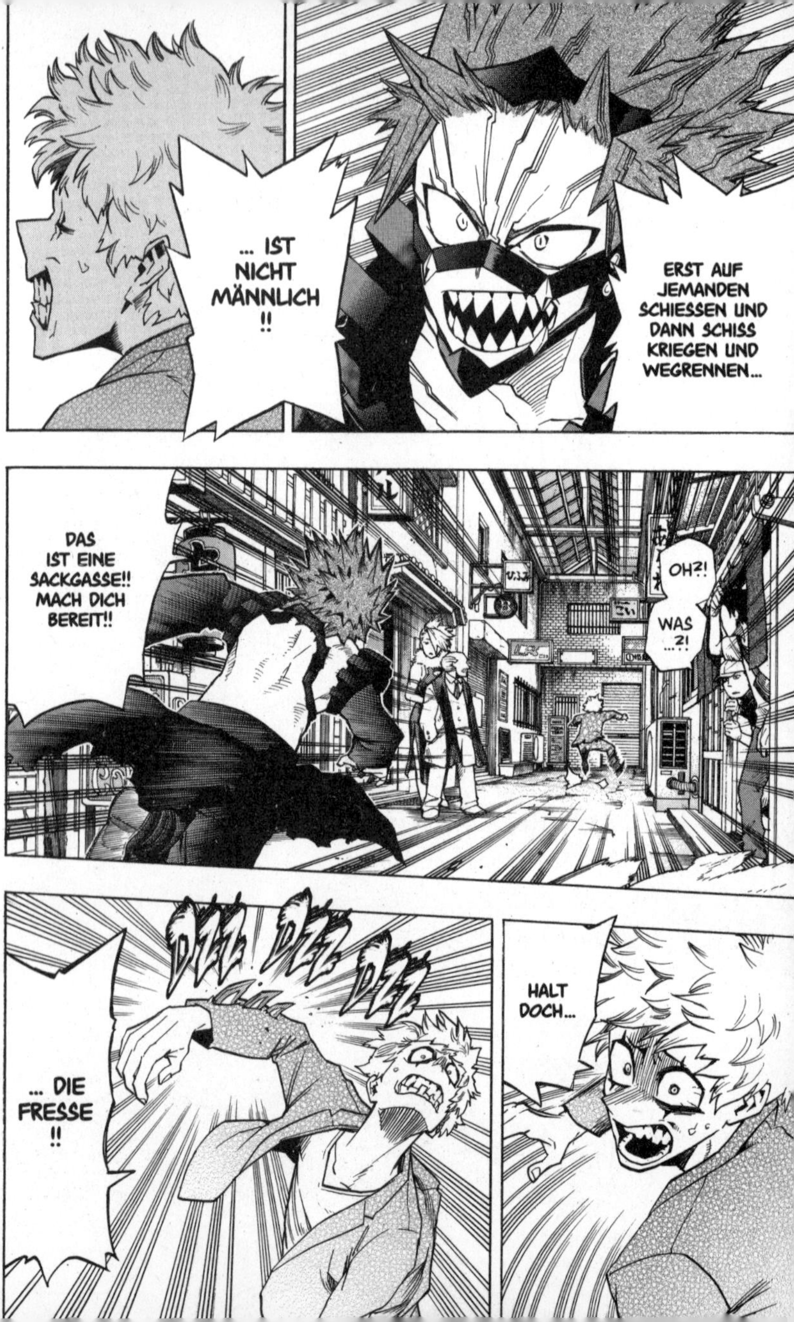
ERST AUF JEMANDEN SCHIESSEN UND DANN SCHISS KRIEGEN UND WEGRENNEN...
... IST NICHT MÄNNLICH !!
OH?!
WAS ...?!
DAS IST EINE SACKGASSE!! MACH DICH BEREIT!!
HALT DOCH...
DZZ
DZZ
DZZ
... DIE FRESSE !!

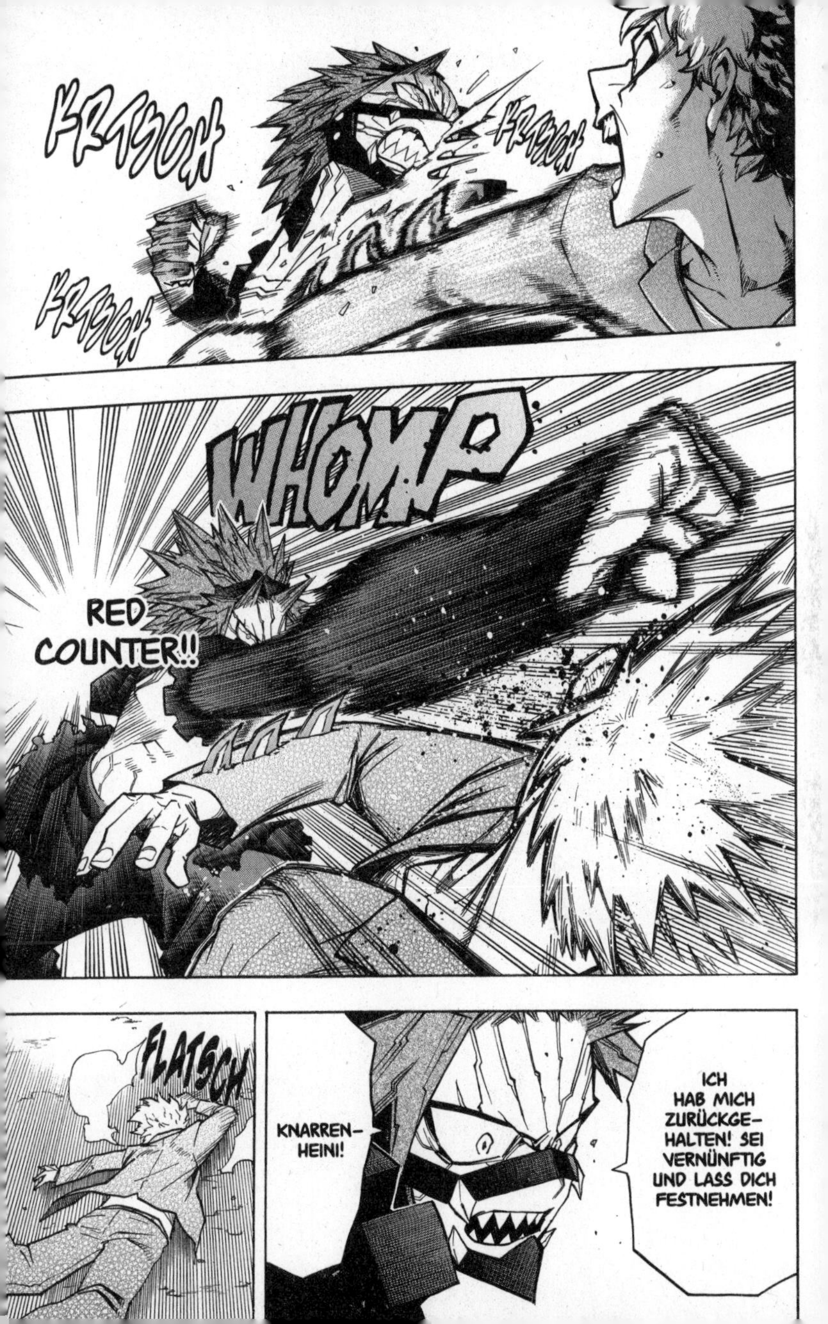
KRATSCH
KRATSCH
KRATSCH
WHOMP
RED COUNTER!!
FLATSCH
ICH HAB MICH ZURÜCKGE-HALTEN! SEI VERNÜNFTIG UND LASS DICH FESTNEHMEN!
KNARREN-HEINI!

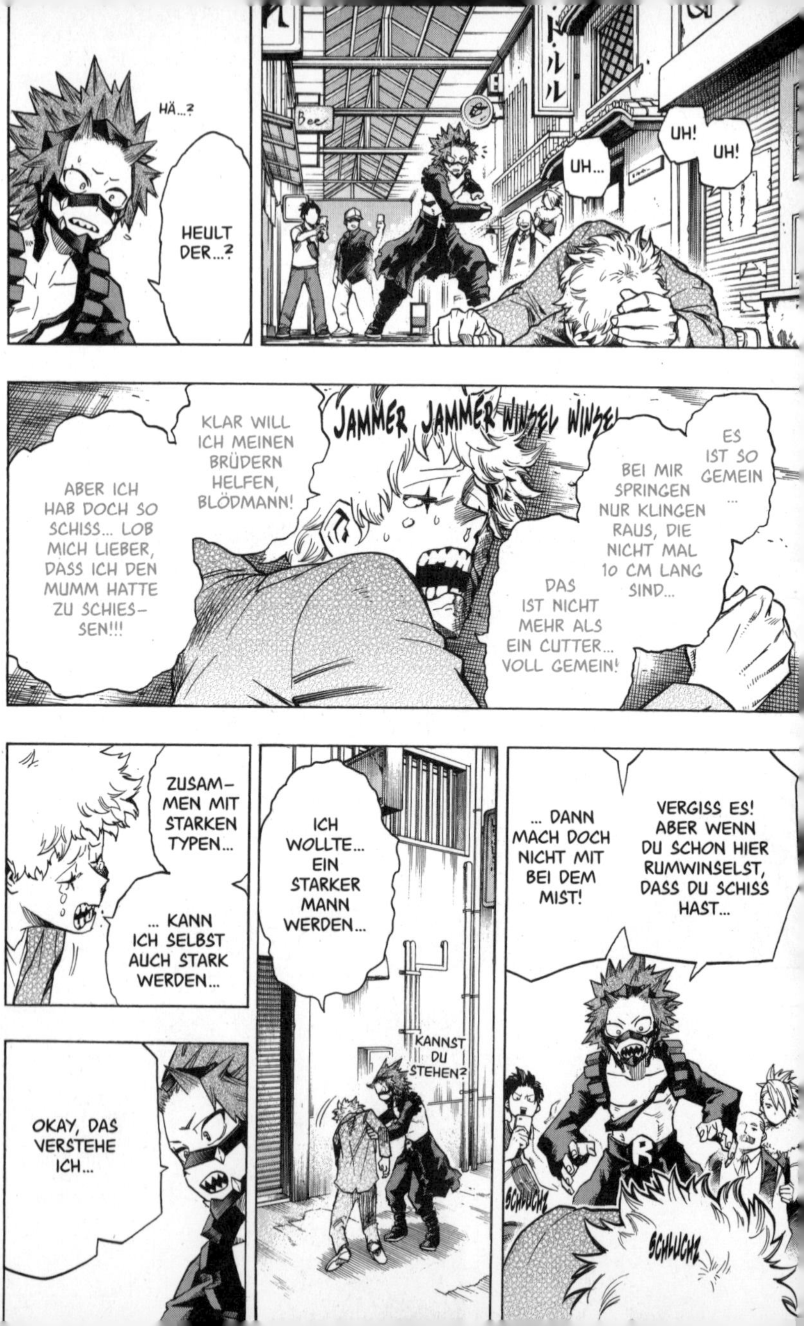
UH!
UH!
UH...
HÄ...?
HEULT DER...?
ES IST SO GEMEIN ...
BEI MIR SPRINGEN NUR KLINGEN RAUS, DIE NICHT MAL 10 CM LANG SIND...
DAS IST NICHT MEHR ALS EIN CUTTER... VOLL GEMEIN!
JAMMER JAMMER WINSEL WINSE
KLAR WILL ICH MEINEN BRÜDERN HELFEN, BLÖDMANN!
ABER ICH HAB DOCH SO SCHISS... LOB MICH LIEBER, DASS ICH DEN MUMM HATTE ZU SCHIES-SEN!!!
VERGISS ES! ABER WENN DU SCHON HIER RUMWINSELST, DASS DU SCHISS HAST...
... DANN MACH DOCH NICHT MIT BEI DEM MIST!
SCHLUCHZ
SCHLUCHZ
ICH WOLLTE... EIN STARKER MANN WERDEN...
KANNST DU STEHEN?
ZUSAM-MEN MIT STARKEN TYPEN...
... KANN ICH SELBST AUCH STARK WERDEN...
OKAY, DAS VERSTEHE ICH...

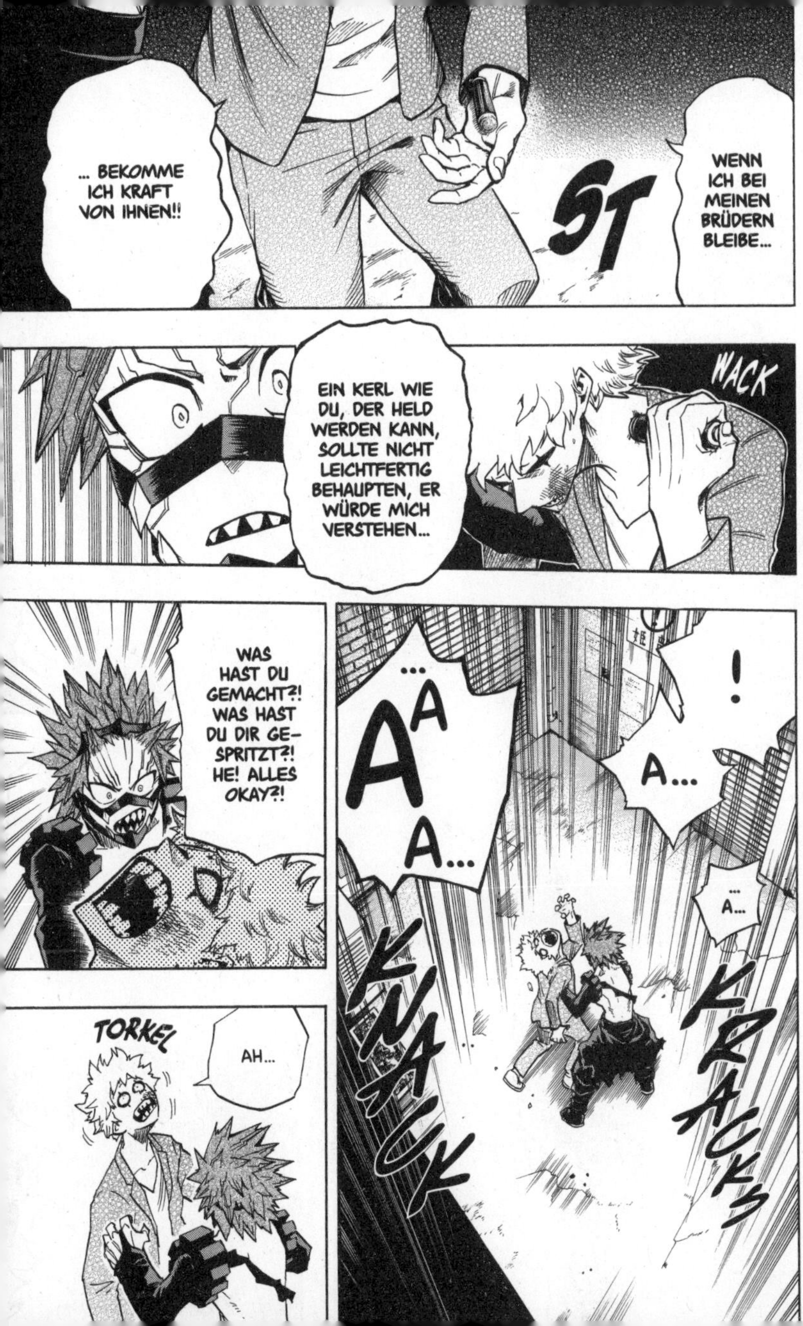
WENN ICH BEI MEINEN BRÜDERN BLEIBE...
ST
... BEKOMME ICH KRAFT VON IHNEN!!
WACK
EIN KERL WIE DU, DER HELD WERDEN KANN, SOLLTE NICHT LEICHTFERTIG BEHAUPTEN, ER WÜRDE MICH VERSTEHEN...
!
A...
... A...
... AAAA...
KRACKS
KNACK
WAS HAST DU GEMACHT?! WAS HAST DU DIR GESPRITZT?! HE! ALLES OKAY?!
TORKEL
AH...

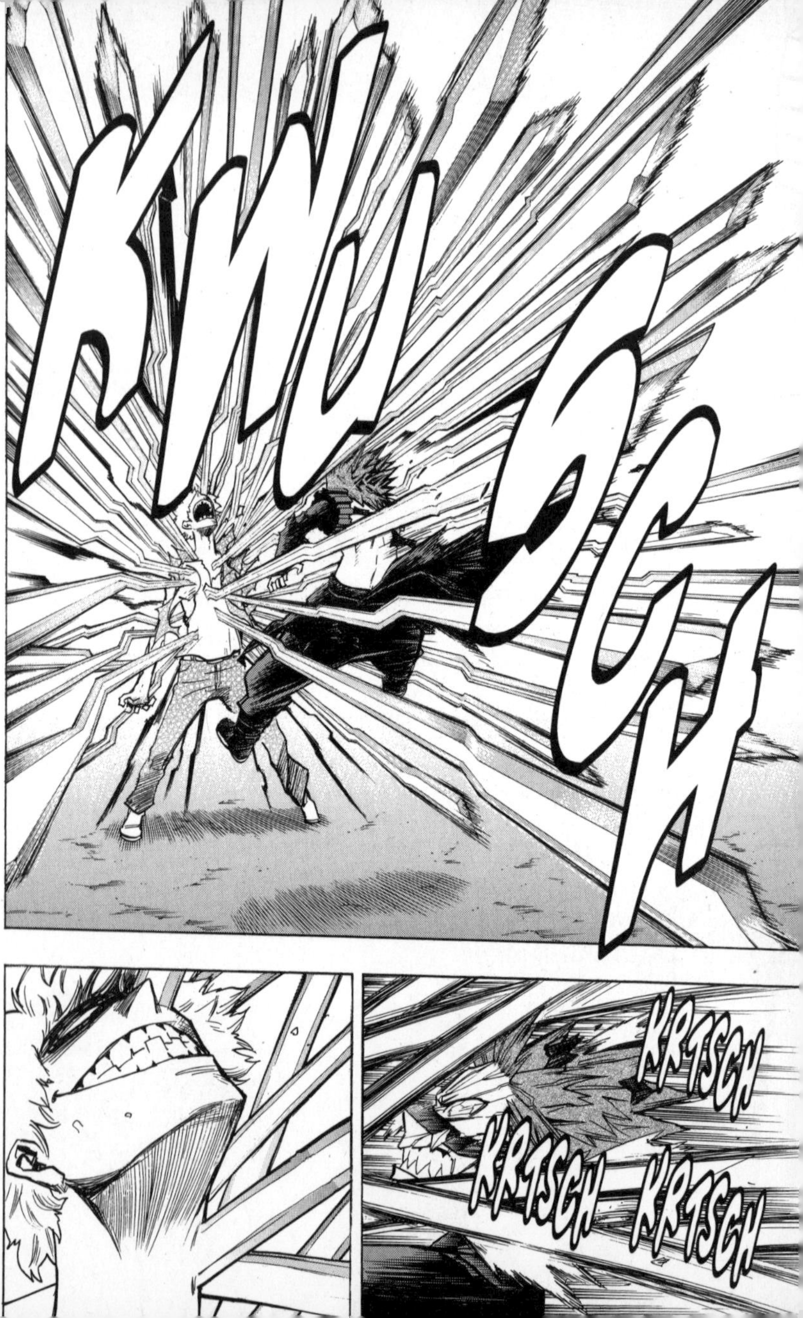
KRTSCH
KRTSCH
KRTSCH
KRTSCH

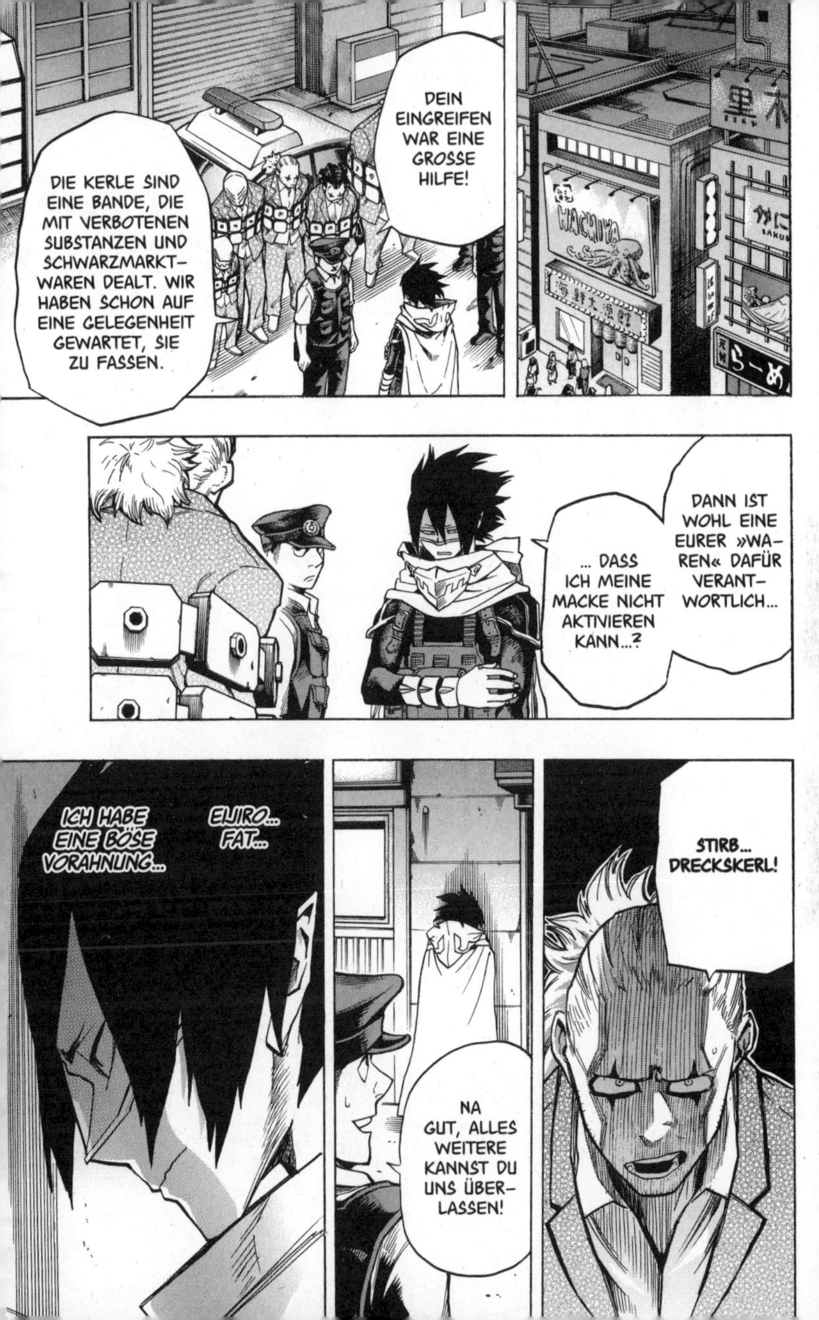
DEIN EINGREIFEN WAR EINE GROSSE HILFE!
DIE KERLE SIND EINE BANDE, DIE MIT VERBOTENEN SUBSTANZEN UND SCHWARZMARKT-WAREN DEALT. WIR HABEN SCHON AUF EINE GELEGENHEIT GEWARTET, SIE ZU FASSEN.
DANN IST WOHL EINE EURER »WAREN« DAFÜR VERANTWORTLICH...
... DASS ICH MEINE MACKE NICHT AKTIVIEREN KANN...?
STIRB... DRECKSKERL!
NA GUT, ALLES WEITERE KANNST DU UNS ÜBERLASSEN!
EIJIRO... FAT...
ICH HABE EINE BÖSE VORAHNUNG...

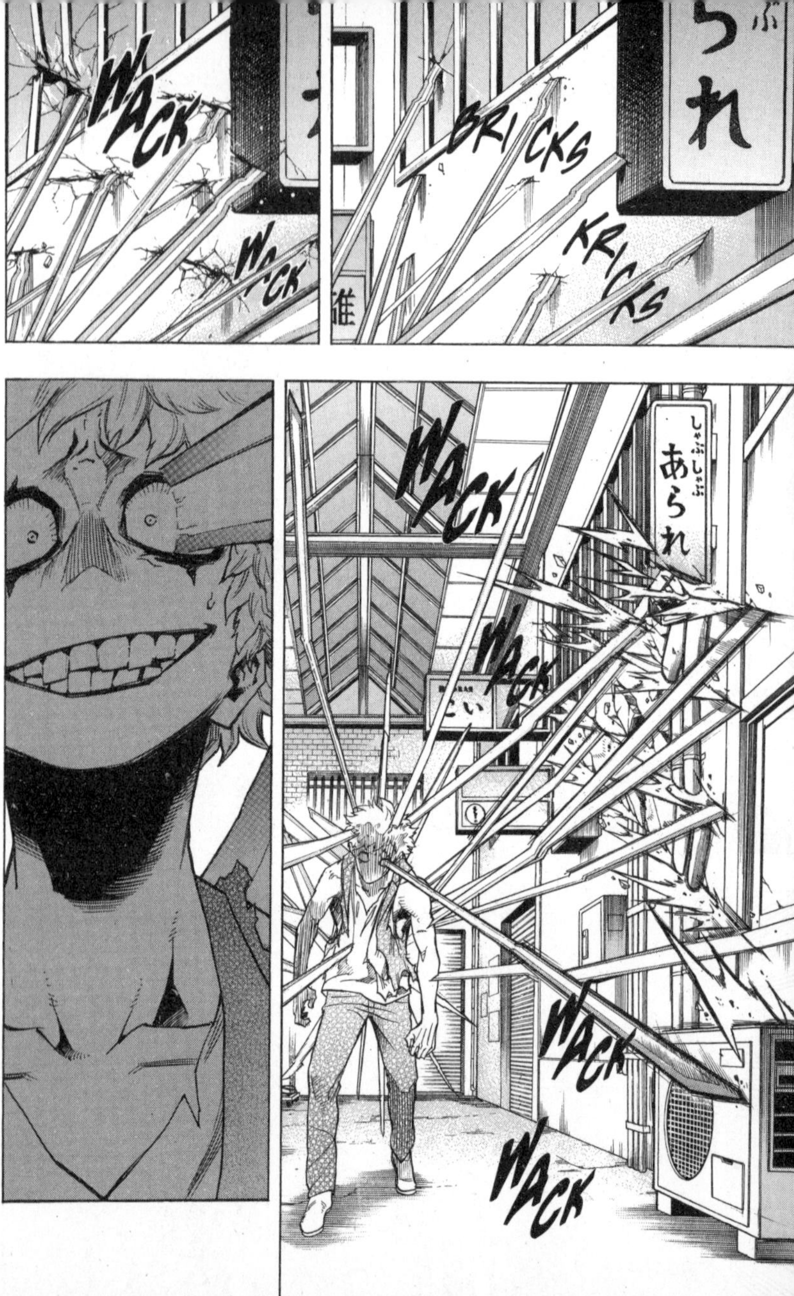
られ
BRICKS
KRICKS
WACK
WACK
しゃぶしゃぶ
あられ
WACK
WACK
WACK
WACK

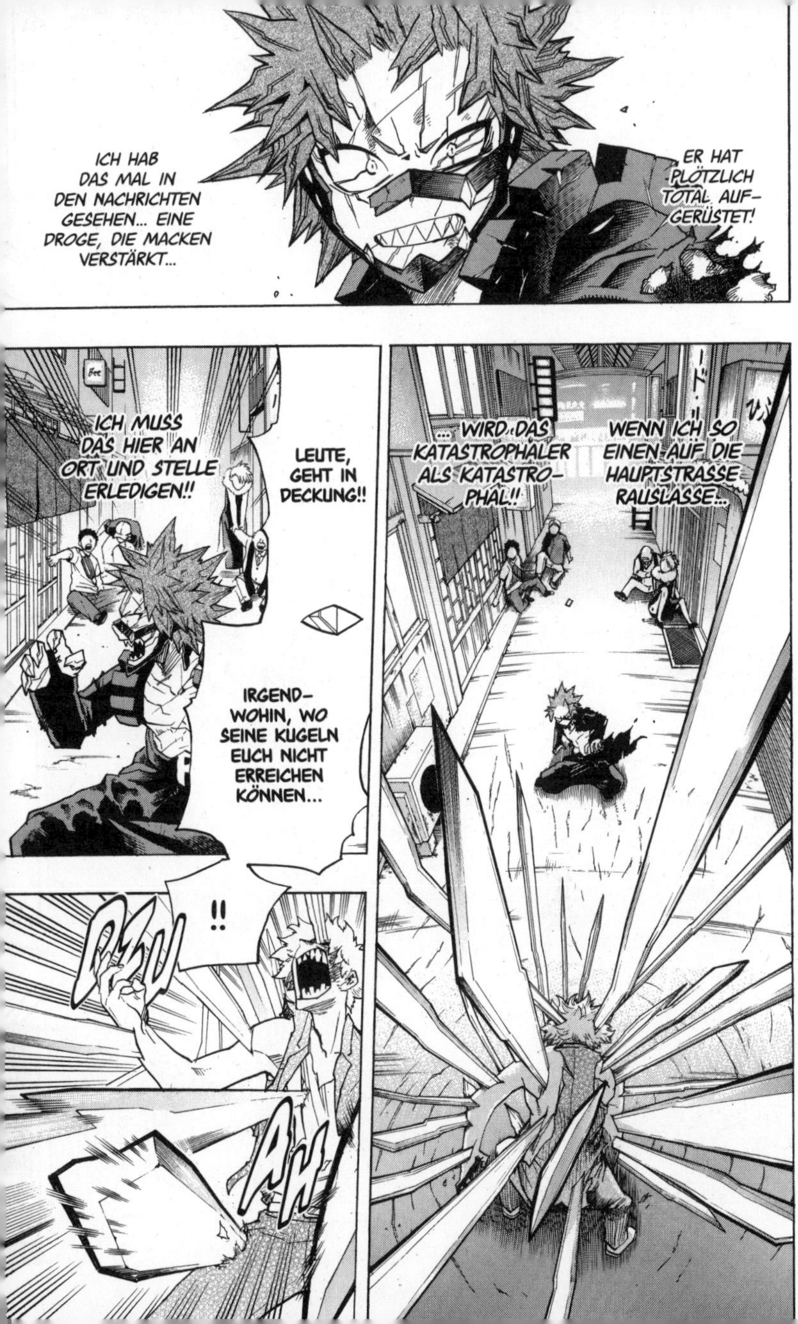
ER HAT PLÖTZLICH TOTAL AUF-GERÜSTET!
ICH HAB DAS MAL IN DEN NACHRICHTEN GESEHEN... EINE DROGE, DIE MACKEN VERSTÄRKT...
WENN ICH SO EINEN AUF DIE HAUPTSTRASSE RAUSLASSE...
... WIRD DAS KATASTROPHALER ALS KATASTRO-PHAL!!
LEUTE, GEHT IN DECKUNG!!
IRGEND-WOHIN, WO SEINE KUGELN EUCH NICHT ERREICHEN KÖNNEN...
ICH MUSS DAS HIER AN ORT UND STELLE ERLEDIGEN!!
!!

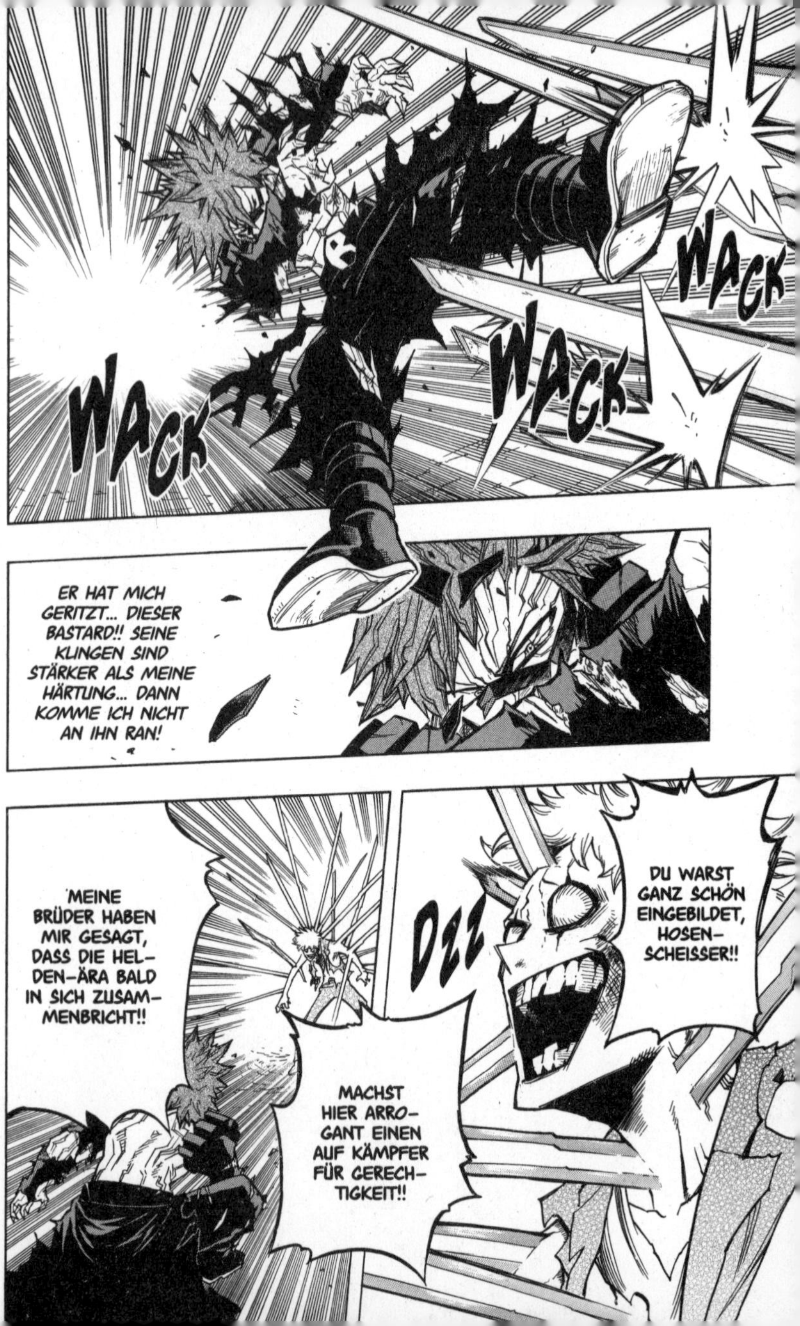
WACK
WACK
WACK
ER HAT MICH GERITZT... DIESER BASTARD!! SEINE KLINGEN SIND STÄRKER ALS MEINE HÄRTUNG... DANN KOMME ICH NICHT AN IHN RAN!
DU WARST GANZ SCHÖN EINGEBILDET, HOSEN-SCHEISSER!!
DZZ
MACHST HIER ARRO-GANT EINEN AUF KÄMPFER FÜR GERECH-TIGKEIT!!
MEINE BRÜDER HABEN MIR GESAGT, DASS DIE HEL-DEN-ÄRA BALD IN SICH ZUSAM-MENBRICHT!!

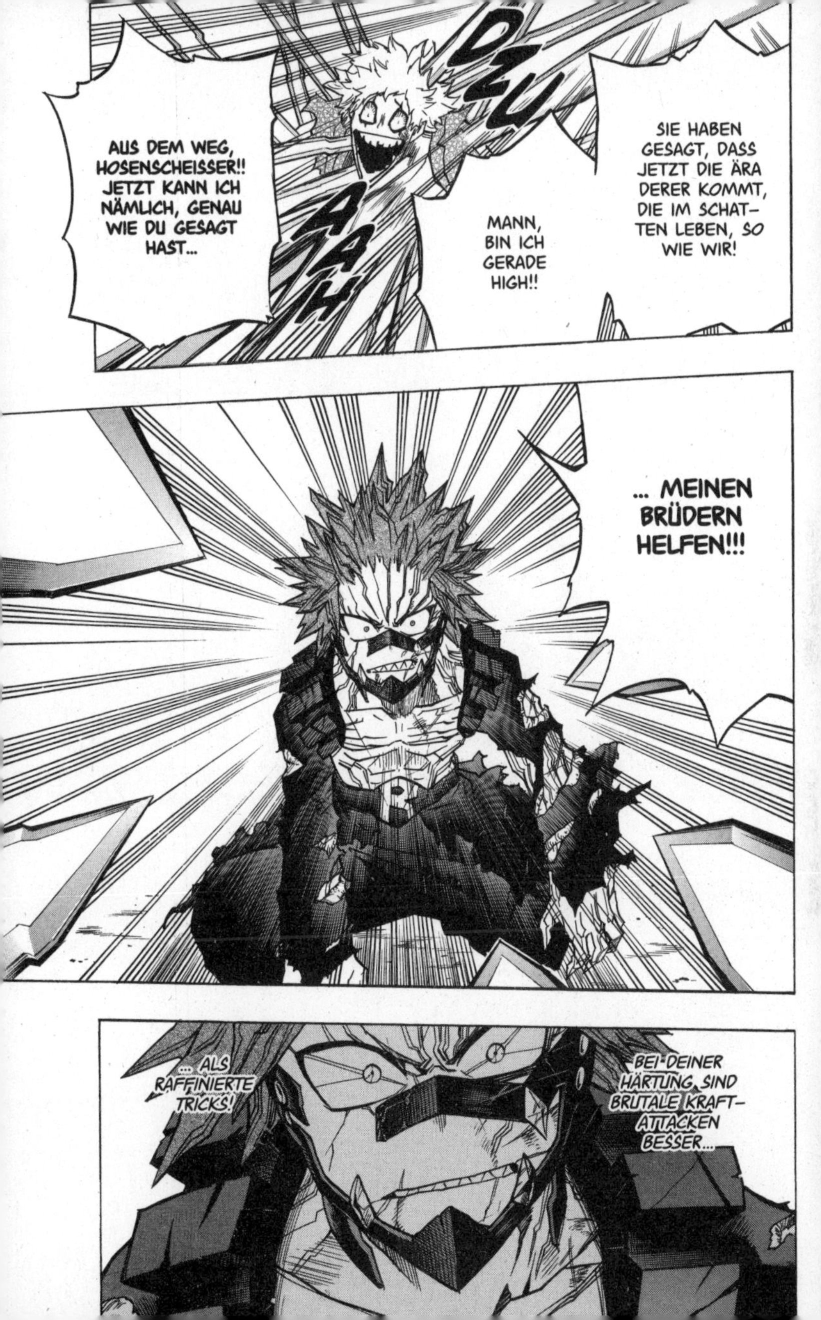
DZUAAAH
SIE HABEN GESAGT, DASS JETZT DIE ÄRA DERER KOMMT, DIE IM SCHATTEN LEBEN, SO WIE WIR!
MANN, BIN ICH GERADE HIGH!!
AUS DEM WEG, HOSENSCHEISSER!! JETZT KANN ICH NÄMLICH, GENAU WIE DU GESAGT HAST...
... MEINEN BRÜDERN HELFEN!!!
BEI DEINER HÄRTUNG SIND BRUTALE KRAFT-ATTACKEN BESSER...
... ALS RAFFINIERTE TRICKS!

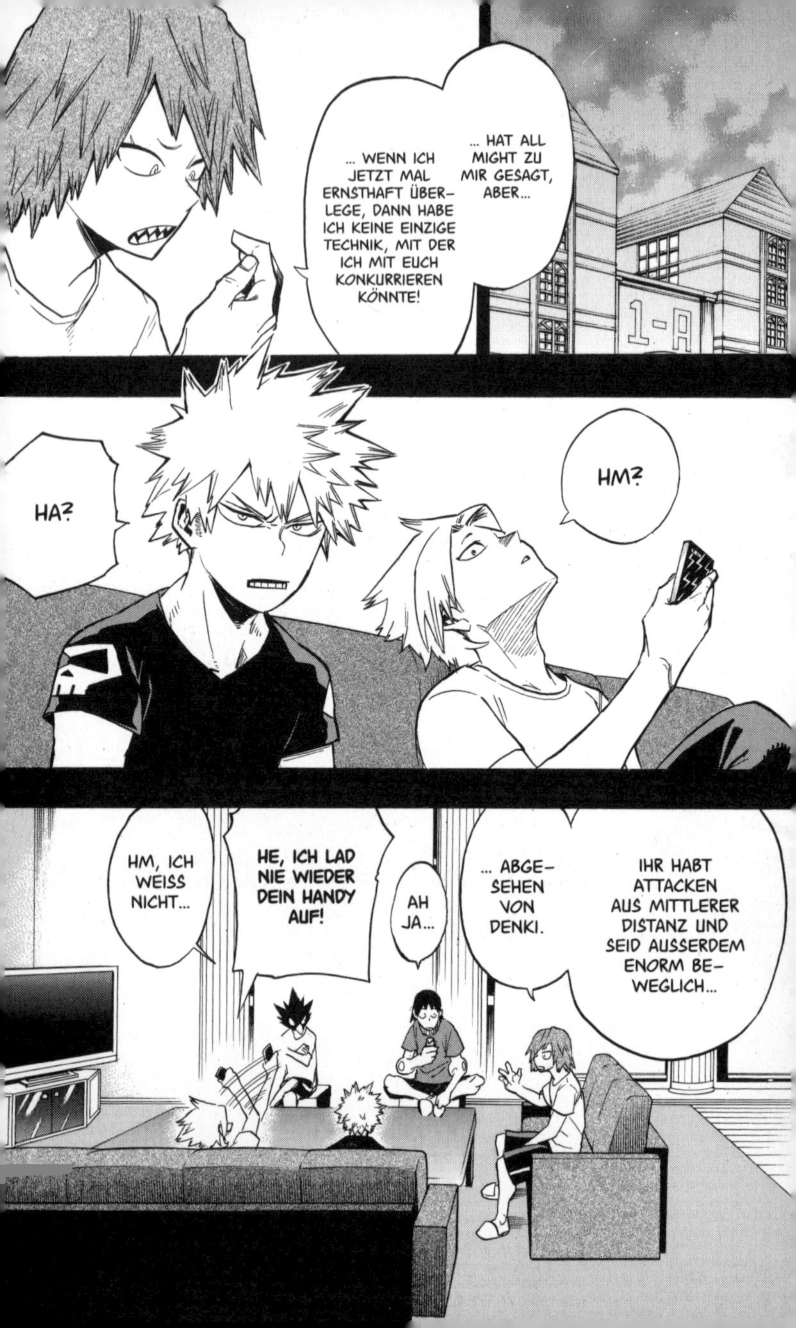
... HAT ALL MIGHT ZU MIR GESAGT, ABER...
... WENN ICH JETZT MAL ERNSTHAFT ÜBERLEGE, DANN HABE ICH KEINE EINZIGE TECHNIK, MIT DER ICH MIT EUCH KONKURRIEREN KÖNNTE!
HM?
HA?
IHR HABT ATTACKEN AUS MITTLERER DISTANZ UND SEID AUSSERDEM ENORM BEWEGLICH...
... ABGESEHEN VON DENKI.
AH JA...
HE, ICH LAD NIE WIEDER DEIN HANDY AUF!
HM, ICH WEISS NICHT...

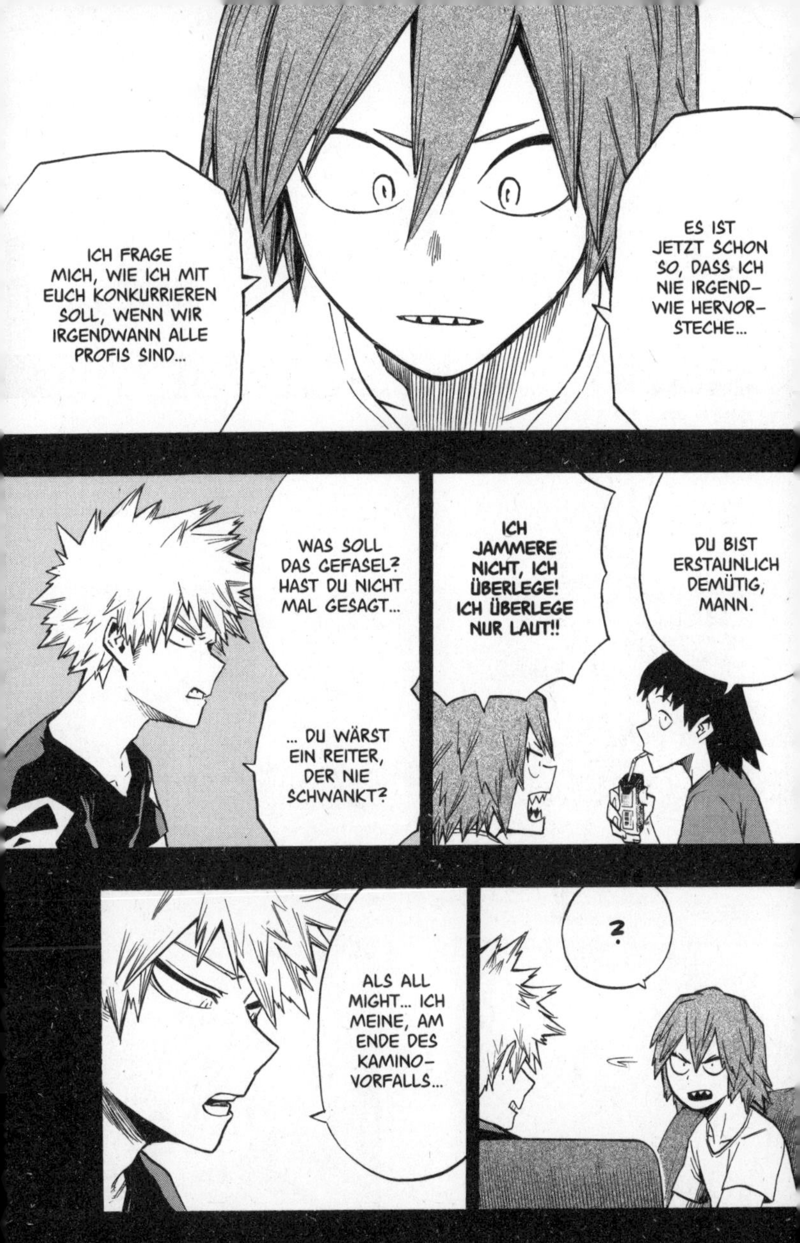
ES IST JETZT SCHON SO, DASS ICH NIE IRGENDWIE HERVORSTECHE...
ICH FRAGE MICH, WIE ICH MIT EUCH KONKURRIEREN SOLL, WENN WIR IRGENDWANN ALLE PROFIS SIND...
DU BIST ERSTAUNLICH DEMÜTIG, MANN.
ICH JAMMERE NICHT, ICH ÜBERLEGE! ICH ÜBERLEGE NUR LAUT!!
WAS SOLL DAS GEFASEL? HAST DU NICHT MAL GESAGT...
... DU WÄRST EIN REITER, DER NIE SCHWANKT?
?
ALS ALL MIGHT... ICH MEINE, AM ENDE DES KAMINO-VORFALLS...

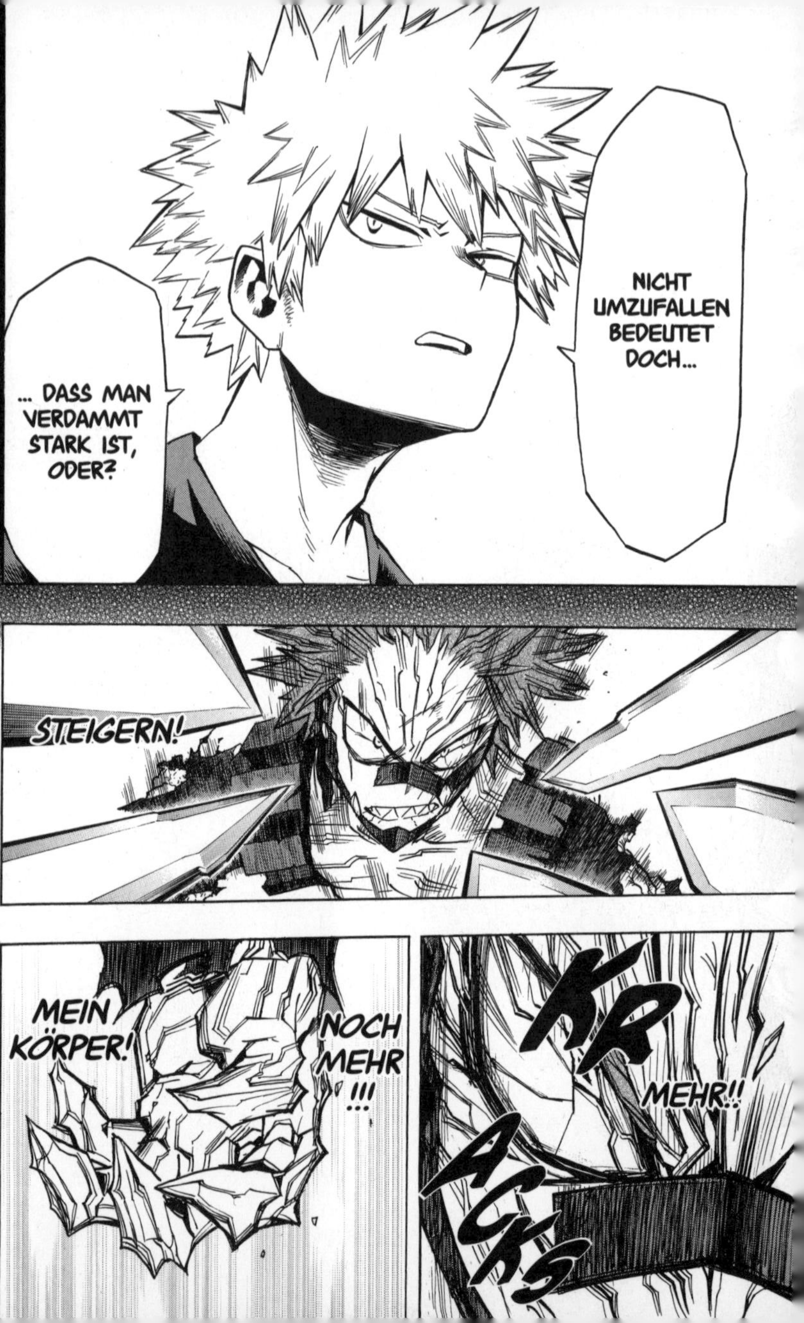
NICHT UMZUFALLEN BEDEUTET DOCH...
... DASS MAN VERDAMMT STARK IST, ODER?
STEIGERN!
KR
MEHR!!
ACKS
NOCH MEHR!!!
MEIN KÖRPER!

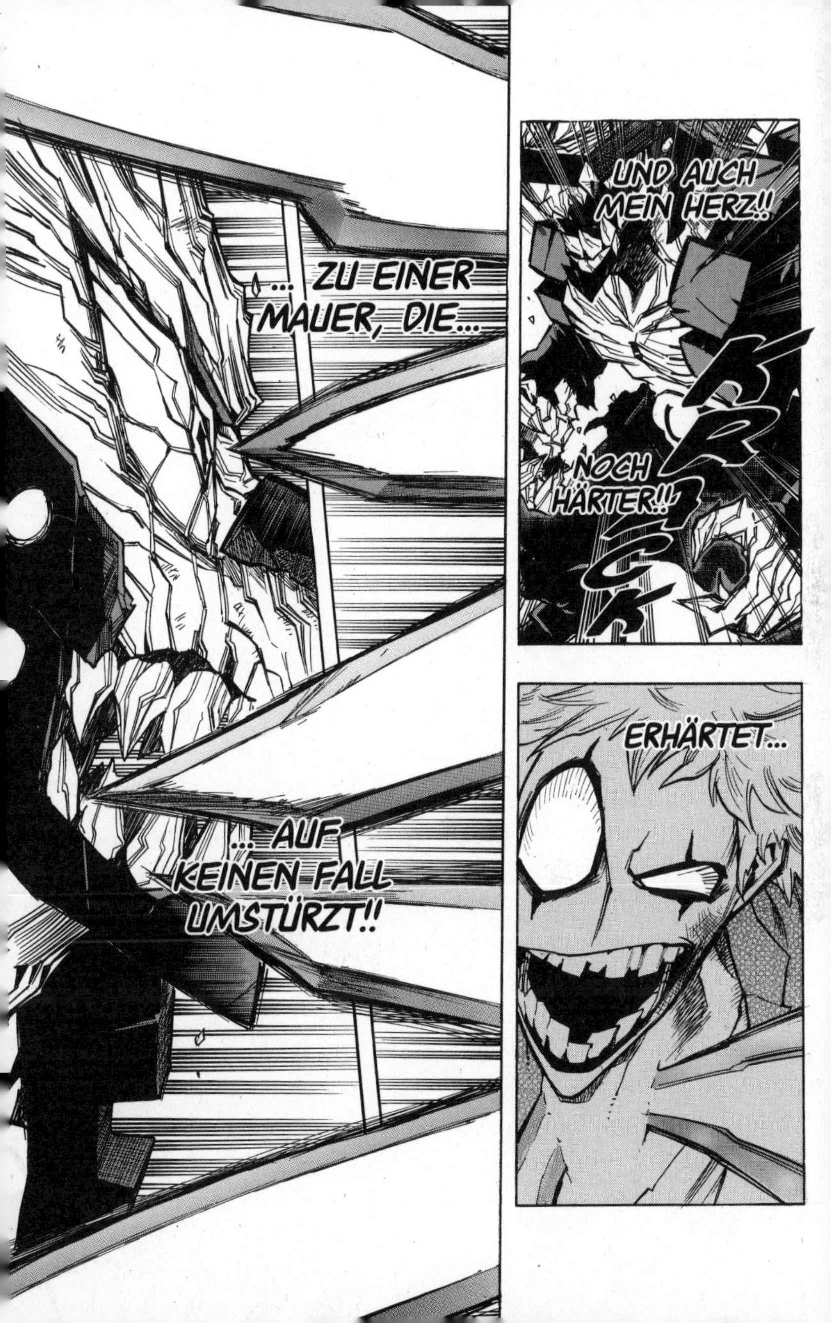
UND AUCH MEIN HERZ!!
NOCH HÄRTER!!
ERHÄRTET...
... ZU EINER MAUER, DIE...
... AUF KEINEN FALL UMSTÜRZT!!

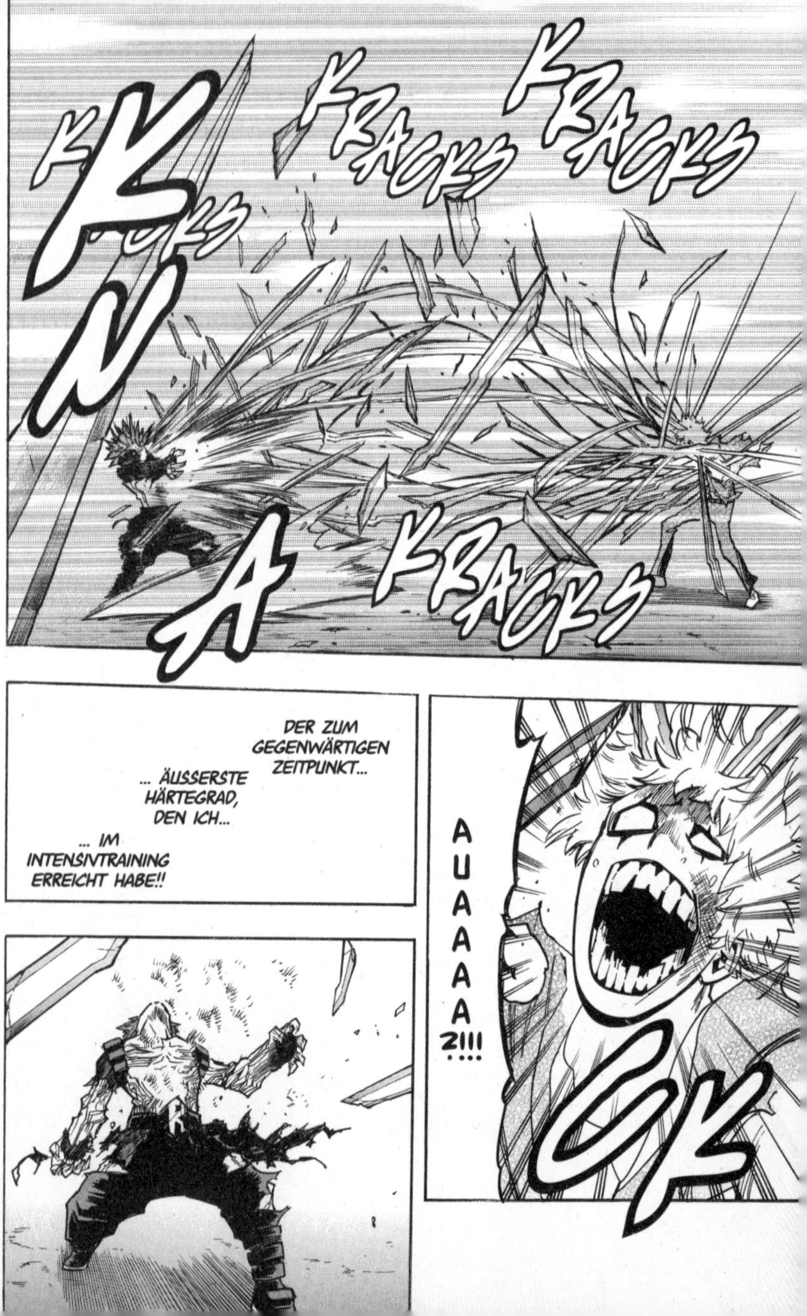

KRACKS
KRACKS
KRACKS
KRACKS
DER ZUM GEGENWÄRTIGEN ZEITPUNKT...
... ÄUSSERSTE HÄRTEGRAD, DEN ICH...
... IM INTENSIVTRAINING ERREICHT HABE!!
AUAAAAAAA?!!!

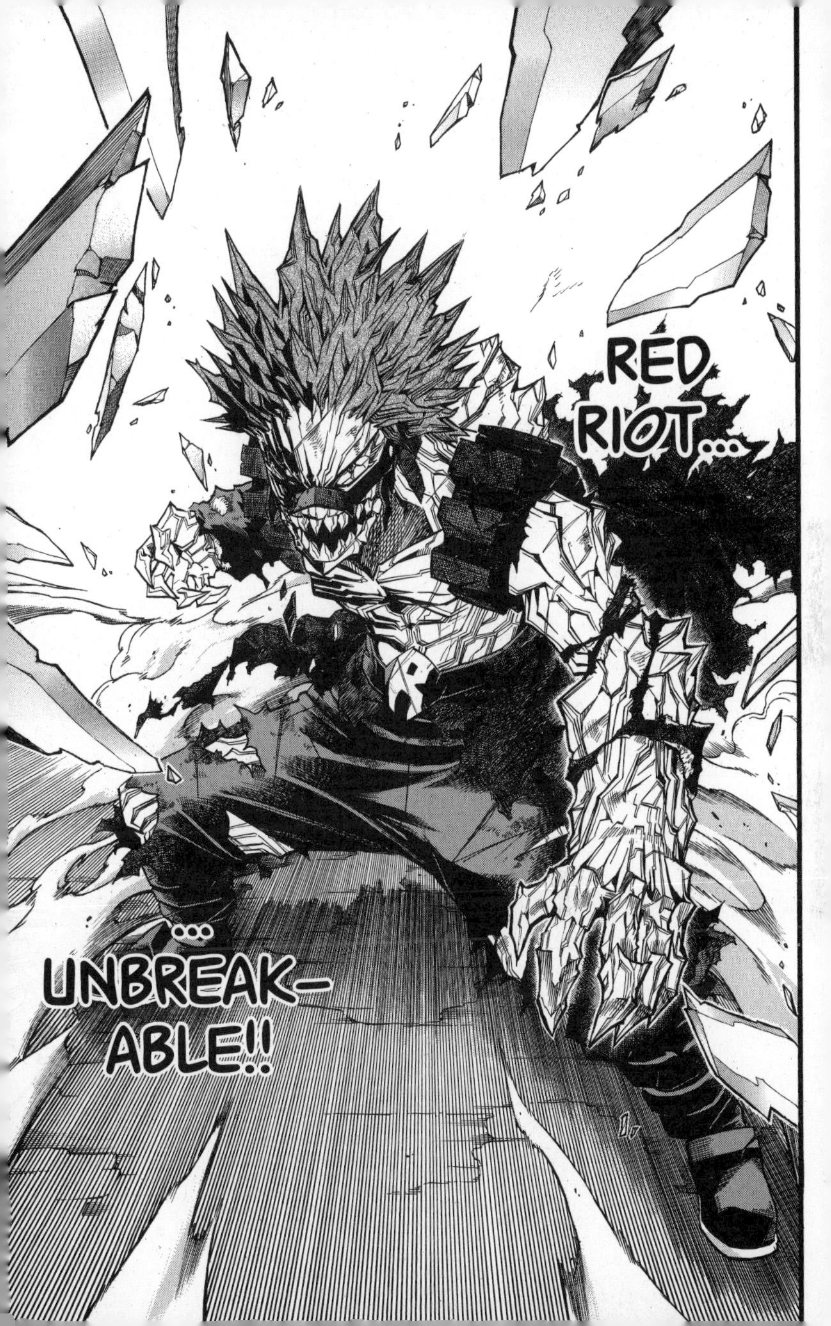
RED RIOT...
...UNBREAK-ABLE!!

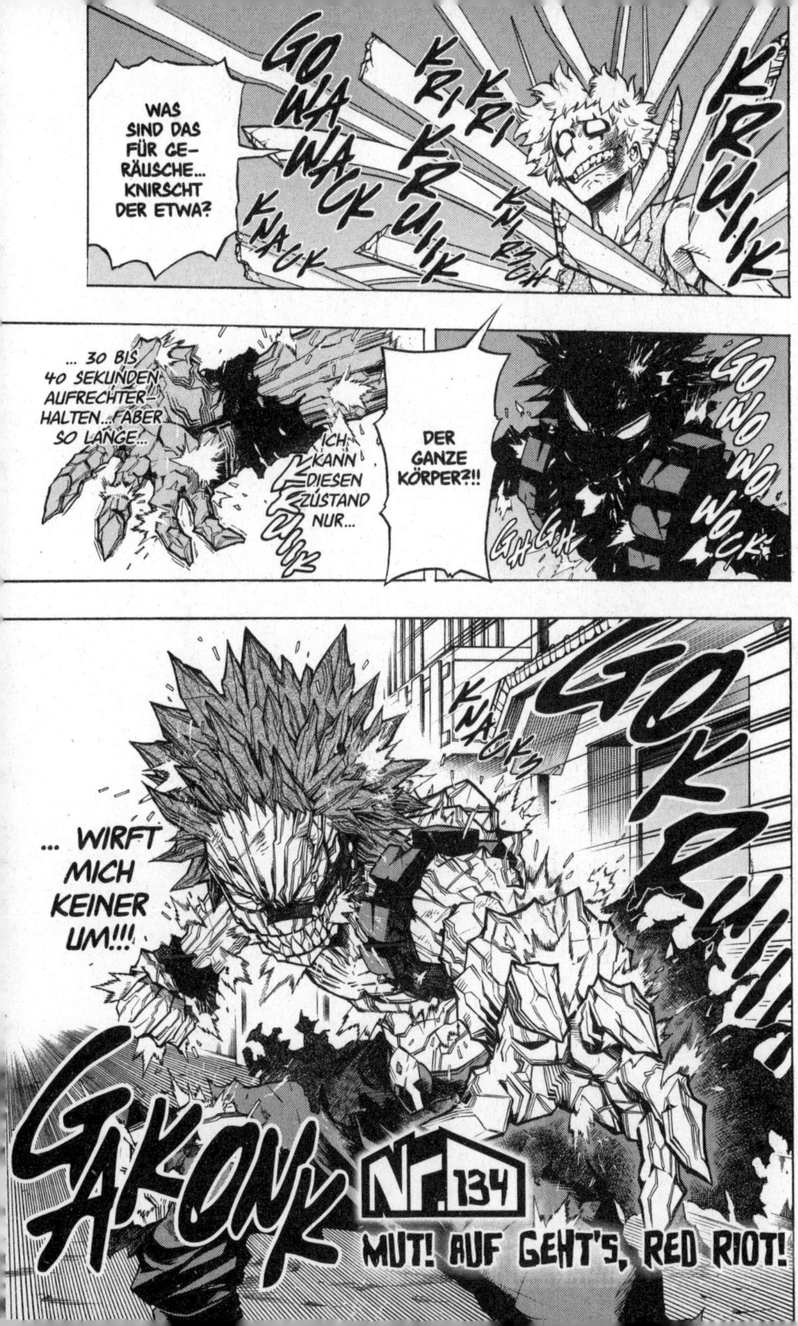
KRUIK
KRIKRI
KRUIK
GOWA
WAWACK
KNACK
KNIRSCH
WAS SIND DAS FÜR GE-RÄUSCHE... KNIRSCHT DER ETWA?
GOWOWOWOWOCK
GHGH
DER GANZE KÖRPER?!!
ICH KANN DIESEN ZUSTAND NUR...
... 30 BIS 40 SEKUNDEN AUFRECHTERHALTEN... ABER SO LANGE...
GOKRUUU
KNACKS
... WIRFT MICH KEINER UM!!!
GAKONK
NR. 134
MUT! AUF GEHT'S, RED RIOT!

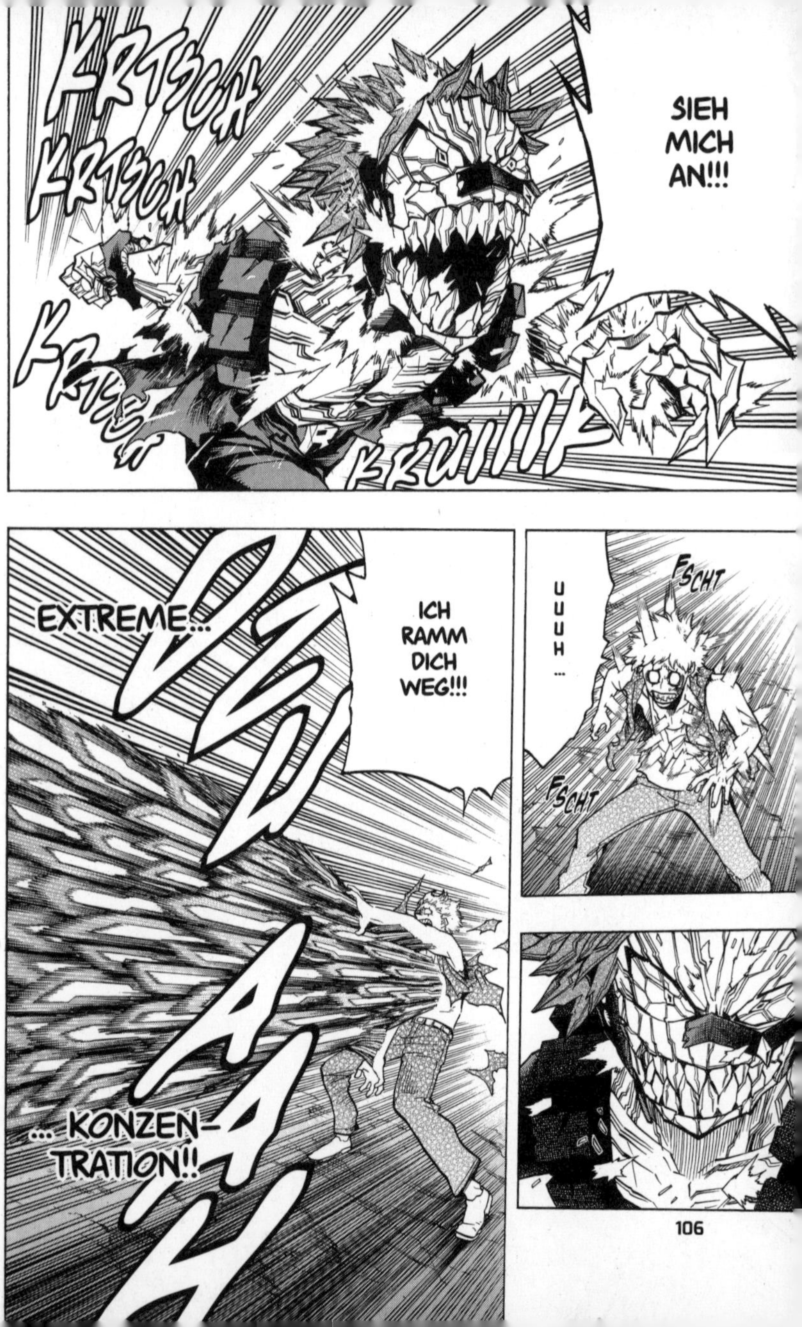
KRTSCH
KRTSCH
SIEH MICH AN!!!
UUUH ...
FSCHT
FSCHT
ICH RAMM DICH WEG!!!
EXTREME...
... KONZENTRATION!!

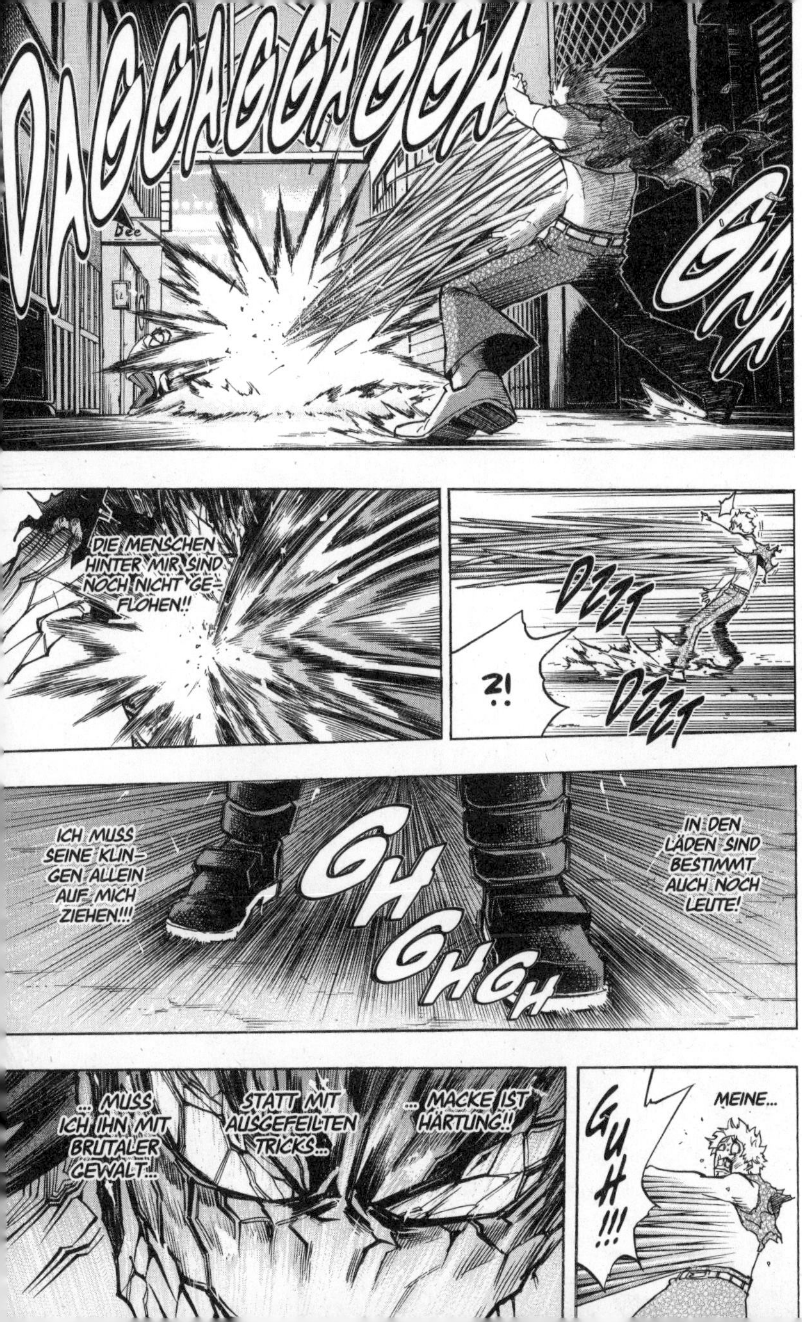
DAGGAGGAGGA
GAR
DIE MENSCHEN HINTER MIR SIND NOCH NICHT GEFLOHEN!!
DZZT
ZI
DZZT
IN DEN LÄDEN SIND BESTIMMT AUCH NOCH LEUTE!
ICH MUSS SEINE KLINGEN ALLEIN AUF MICH ZIEHEN!!!
GH
GHGH
MEINE...
GUH!!!
... MACKE IST HÄRTUNG!!
STATT MIT AUSGEFEILTEN TRICKS...
... MUSS ICH IHN MIT BRUTALER GEWALT...

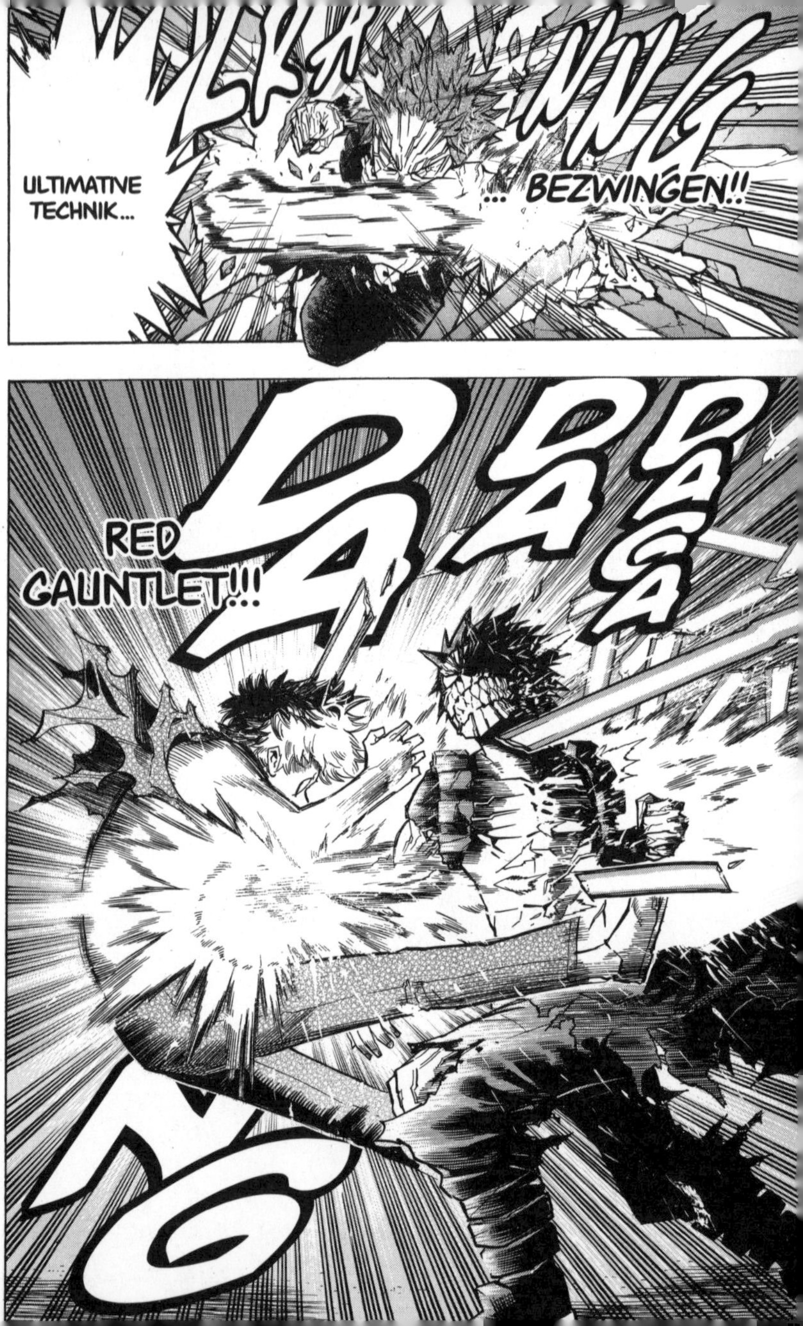
ULTIMATIVE TECHNIK...
... BEZWINGEN!!
RED GAUNTLET!!!

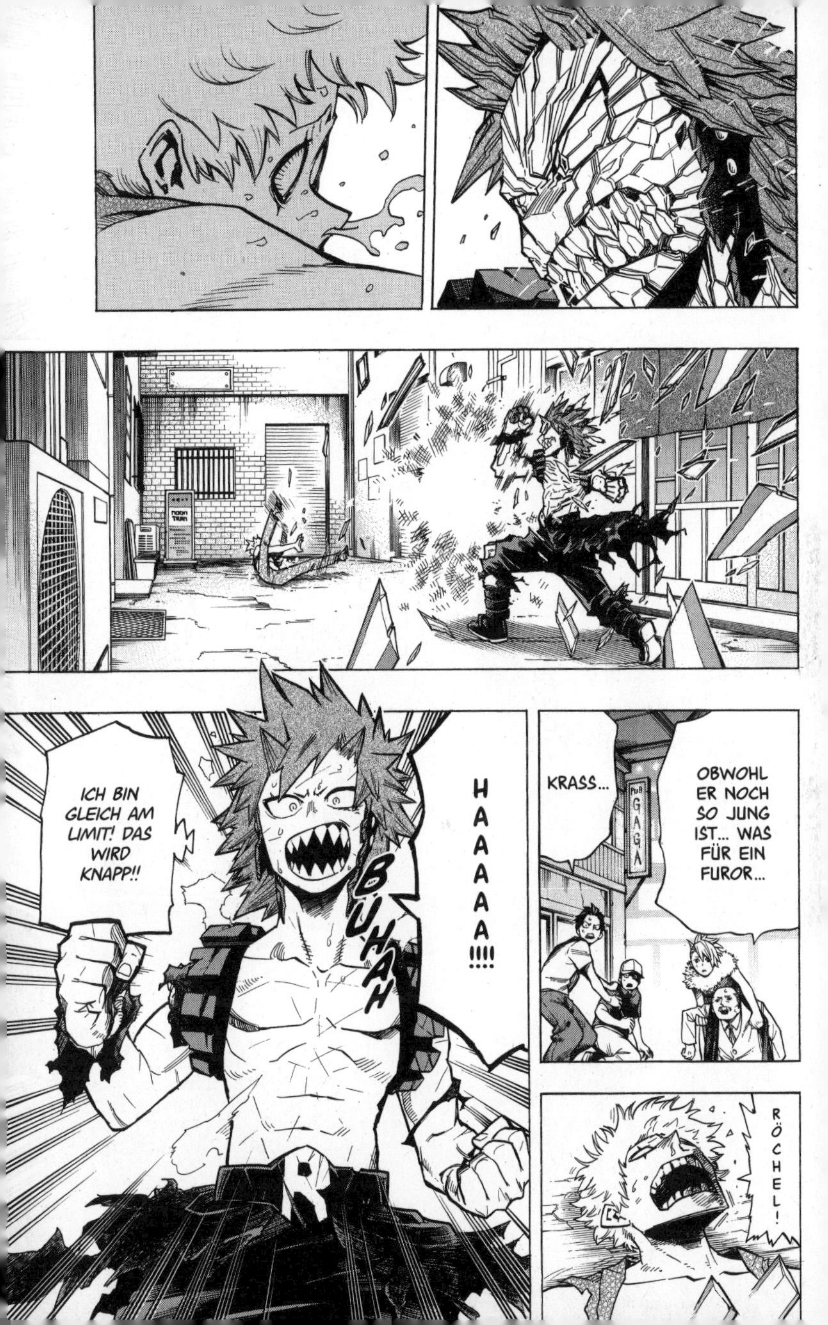

OBWOHL ER NOCH SO JUNG IST... WAS FÜR EIN FUROR...
KRASS...
PUB GAGA
HAAAAAAA!!!!
BUHAH
ICH BIN GLEICH AM LIMIT! DAS WIRD KNAPP!!
RÖCHEL!

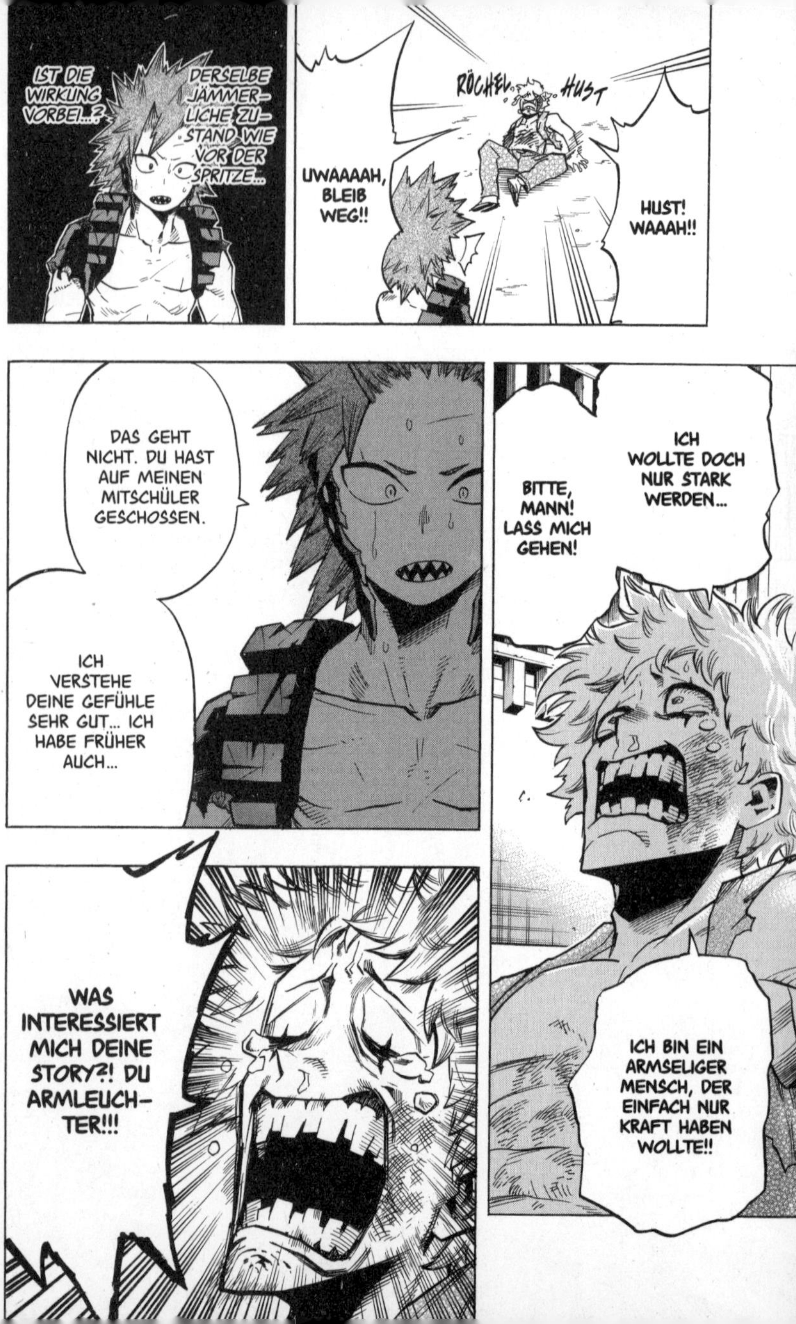
RÖCHEL
HUST
UWAAAAH, BLEIB WEG!!
HUST! WAAAH!!
DERSELBE JÄMMER-LICHE ZU-STAND WIE VOR DER SPRITZE...
IST DIE WIRKUNG VORBEI...?
ICH WOLLTE DOCH NUR STARK WERDEN...
BITTE, MANN! LASS MICH GEHEN!
DAS GEHT NICHT. DU HAST AUF MEINEN MITSCHÜLER GESCHOSSEN.
ICH VERSTEHE DEINE GEFÜHLE SEHR GUT... ICH HABE FRÜHER AUCH...
ICH BIN EIN ARMSELIGER MENSCH, DER EINFACH NUR KRAFT HABEN WOLLTE!!
WAS INTERESSIERT MICH DEINE STORY?! DU ARMLEUCH-TER!!!

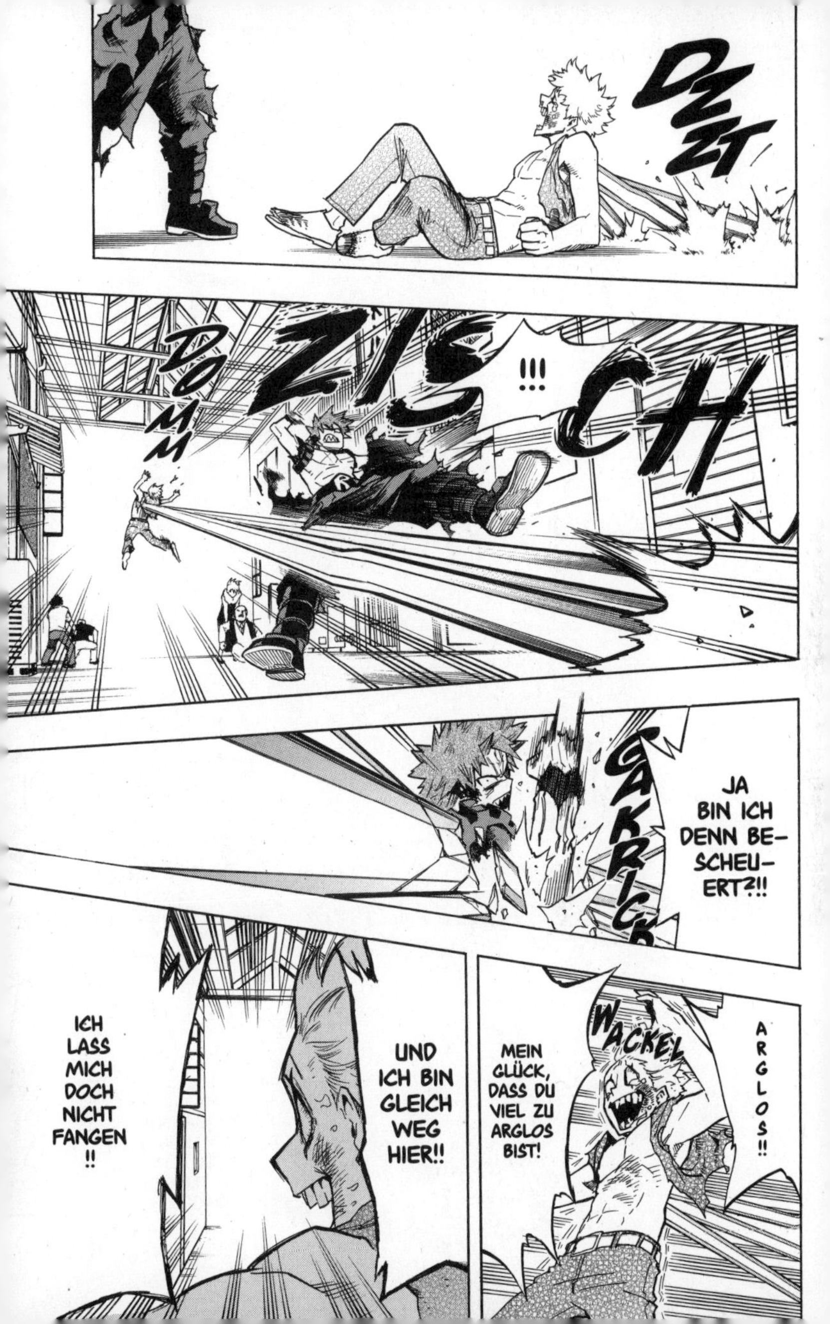
DZZT
ZISCH
!!!
DOMM
GAKRICK
JA BIN ICH DENN BE-SCHEU-ERT?!!
ARGLOS!!
WACKEL
MEIN GLÜCK, DASS DU VIEL ZU ARGLOS BIST!
UND ICH BIN GLEICH WEG HIER!!
ICH LASS MICH DOCH NICHT FANGEN!!

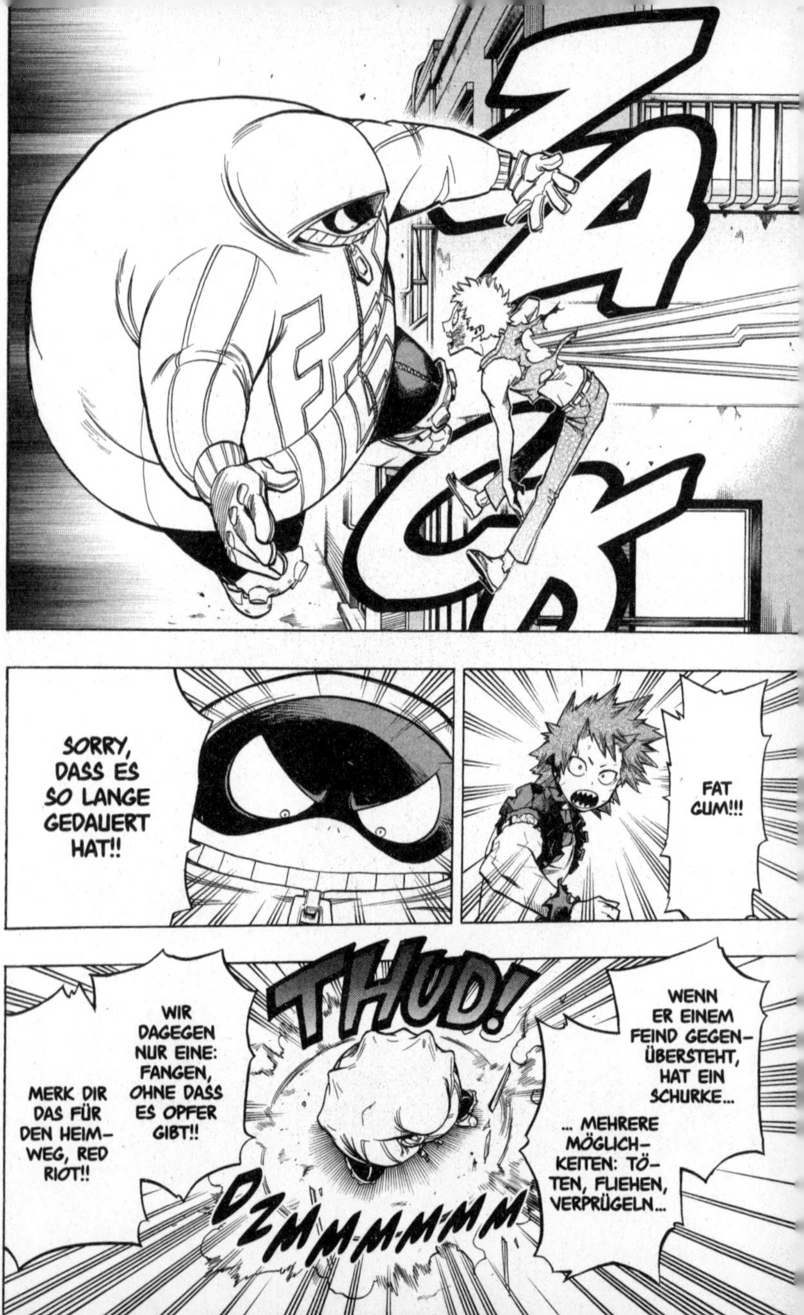
FAT GUM!!!
SORRY, DASS ES SO LANGE GEDAUERT HAT!!
WENN ER EINEM FEIND GEGEN-ÜBERSTEHT, HAT EIN SCHURKE...
... MEHRERE MÖGLICH-KEITEN: TÖ-TEN, FLIEHEN, VERPRÜGELN...
THUD!
WIR DAGEGEN NUR EINE: FANGEN, OHNE DASS ES OPFER GIBT!!
MERK DIR DAS FÜR DEN HEIM-WEG, RED RIOT!!

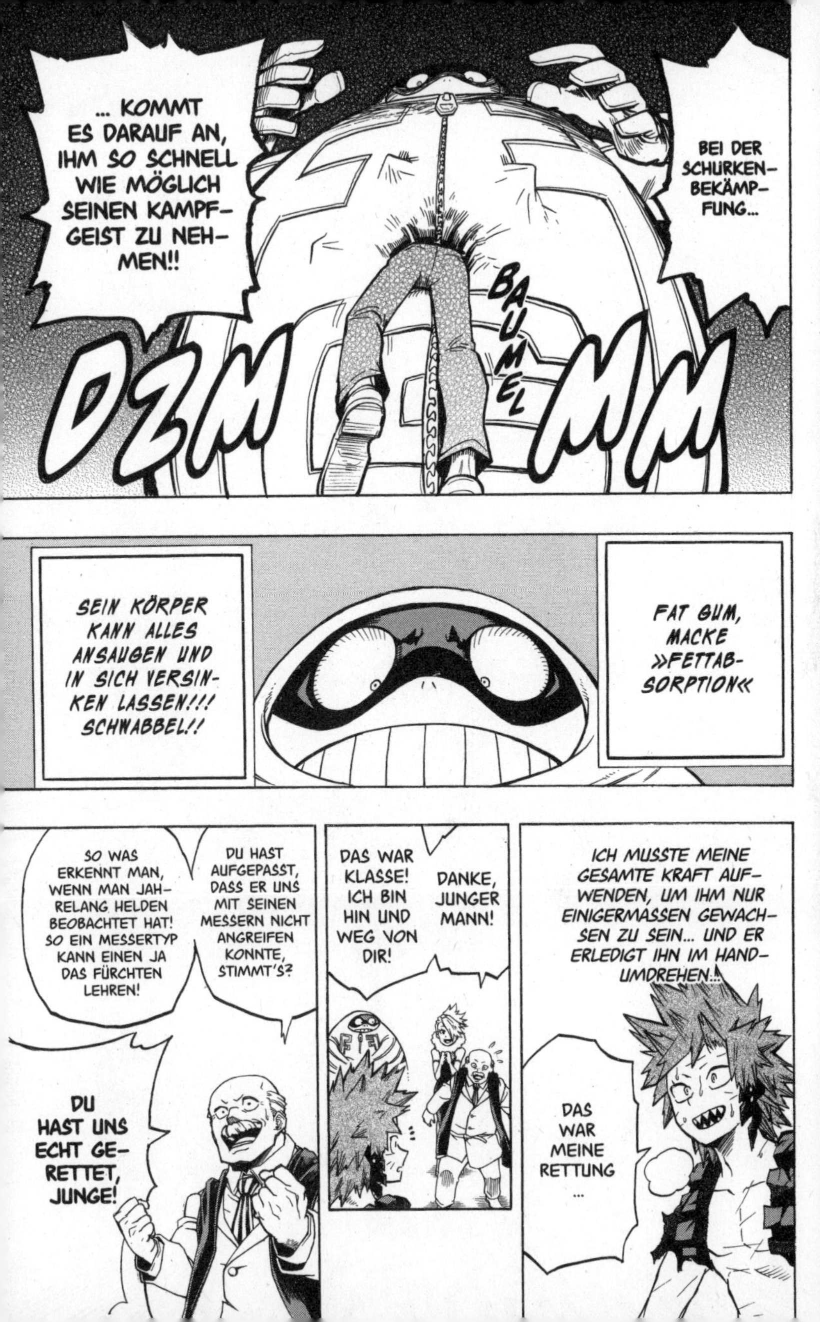

BEI DER SCHURKEN-BEKÄMPFUNG...
... KOMMT ES DARAUF AN, IHM SO SCHNELL WIE MÖGLICH SEINEN KAMPF-GEIST ZU NEH-MEN!!
BAUMEL
DZM MM
FAT GUM, MACKE »FETTAB-SORPTION«
SEIN KÖRPER KANN ALLES ANSAUGEN UND IN SICH VERSIN-KEN LASSEN!!! SCHWABBEL!!
ICH MUSSTE MEINE GESAMTE KRAFT AUF-WENDEN, UM IHM NUR EINIGERMASSEN GEWACH-SEN ZU SEIN... UND ER ERLEDIGT IHN IM HAND-UMDREHEN...
DAS WAR MEINE RETTUNG ...
DAS WAR KLASSE! ICH BIN HIN UND WEG VON DIR!
DANKE, JUNGER MANN!
DU HAST AUFGEPASST, DASS ER UNS MIT SEINEN MESSERN NICHT ANGREIFEN KONNTE, STIMMT'S?
SO WAS ERKENNT MAN, WENN MAN JAH-RELANG HELDEN BEOBACHTET HAT! SO EIN MESSERTYP KANN EINEN JA DAS FÜRCHTEN LEHREN!
DU HAST UNS ECHT GE-RETTET, JUNGE!

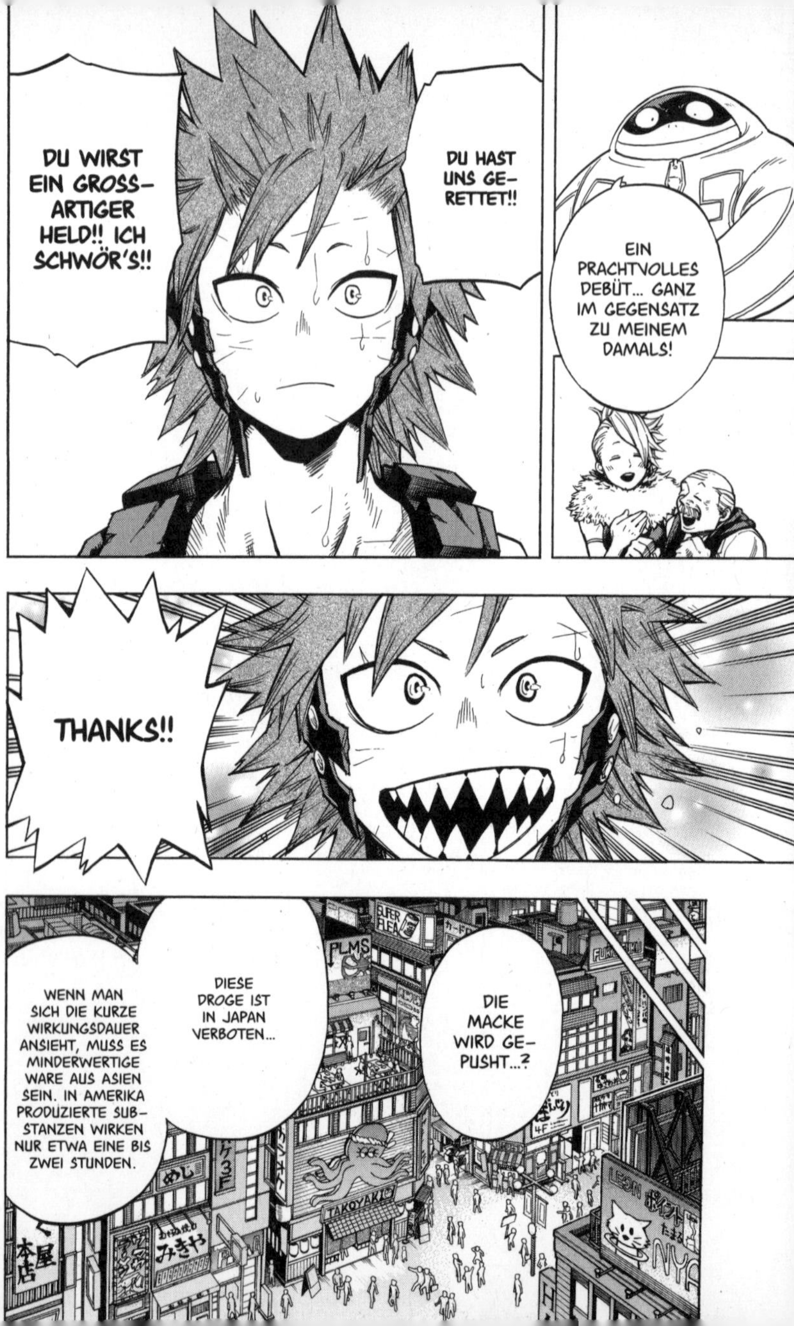
EIN PRACHTVOLLES DEBÜT... GANZ IM GEGENSATZ ZU MEINEM DAMALS!
DU HAST UNS GERETTET!!
DU WIRST EIN GROSSARTIGER HELD!! ICH SCHWÖR'S!!
THANKS!!
DIE MACKE WIRD GEPUSHT...?
DIESE DROGE IST IN JAPAN VERBOTEN...
WENN MAN SICH DIE KURZE WIRKUNGSDAUER ANSIEHT, MUSS ES MINDERWERTIGE WARE AUS ASIEN SEIN. IN AMERIKA PRODUZIERTE SUBSTANZEN WIRKEN NUR ETWA EINE BIS ZWEI STUNDEN.
SUPER FLEA
PLMS
TAKOYAKI
LEON
NYA

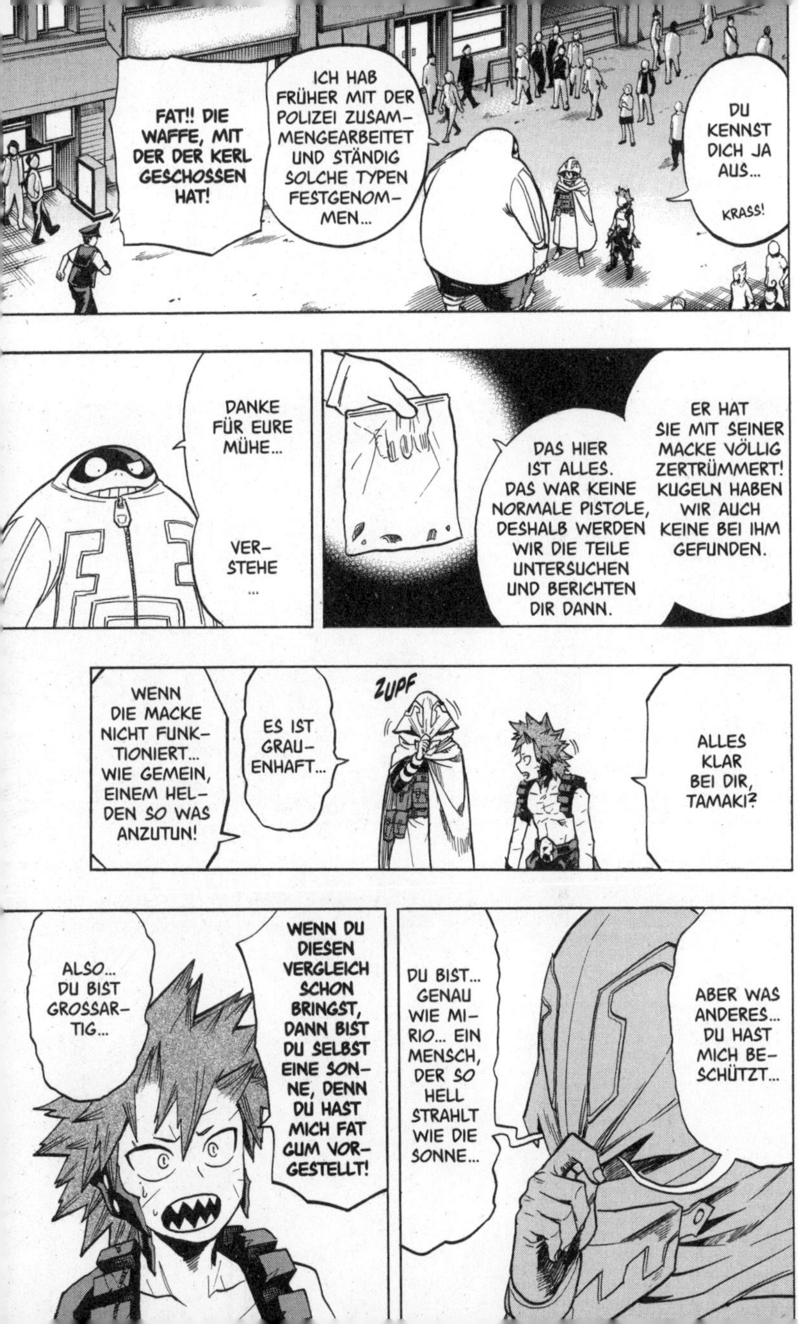
DU KENNST DICH JA AUS...
KRASS!
ICH HAB FRÜHER MIT DER POLIZEI ZUSAMMENGEARBEITET UND STÄNDIG SOLCHE TYPEN FESTGENOMMEN...
FAT!! DIE WAFFE, MIT DER DER KERL GESCHOSSEN HAT!
ER HAT SIE MIT SEINER MACKE VÖLLIG ZERTRÜMMERT! KUGELN HABEN WIR AUCH KEINE BEI IHM GEFUNDEN.
DAS HIER IST ALLES. DAS WAR KEINE NORMALE PISTOLE, DESHALB WERDEN WIR DIE TEILE UNTERSUCHEN UND BERICHTEN DIR DANN.
DANKE FÜR EURE MÜHE...
VERSTEHE ...
ALLES KLAR BEI DIR, TAMAKI?
ZUPF
ES IST GRAUENHAFT...
WENN DIE MACKE NICHT FUNKTIONIERT... WIE GEMEIN, EINEM HELDEN SO WAS ANZUTUN!
ABER WAS ANDERES... DU HAST MICH BESCHÜTZT...
DU BIST... GENAU WIE MIRIO... EIN MENSCH, DER SO HELL STRAHLT WIE DIE SONNE...
WENN DU DIESEN VERGLEICH SCHON BRINGST, DANN BIST DU SELBST EINE SONNE, DENN DU HAST MICH FAT ZUM VORGESTELLT!
ALSO... DU BIST GROSSARTIG...

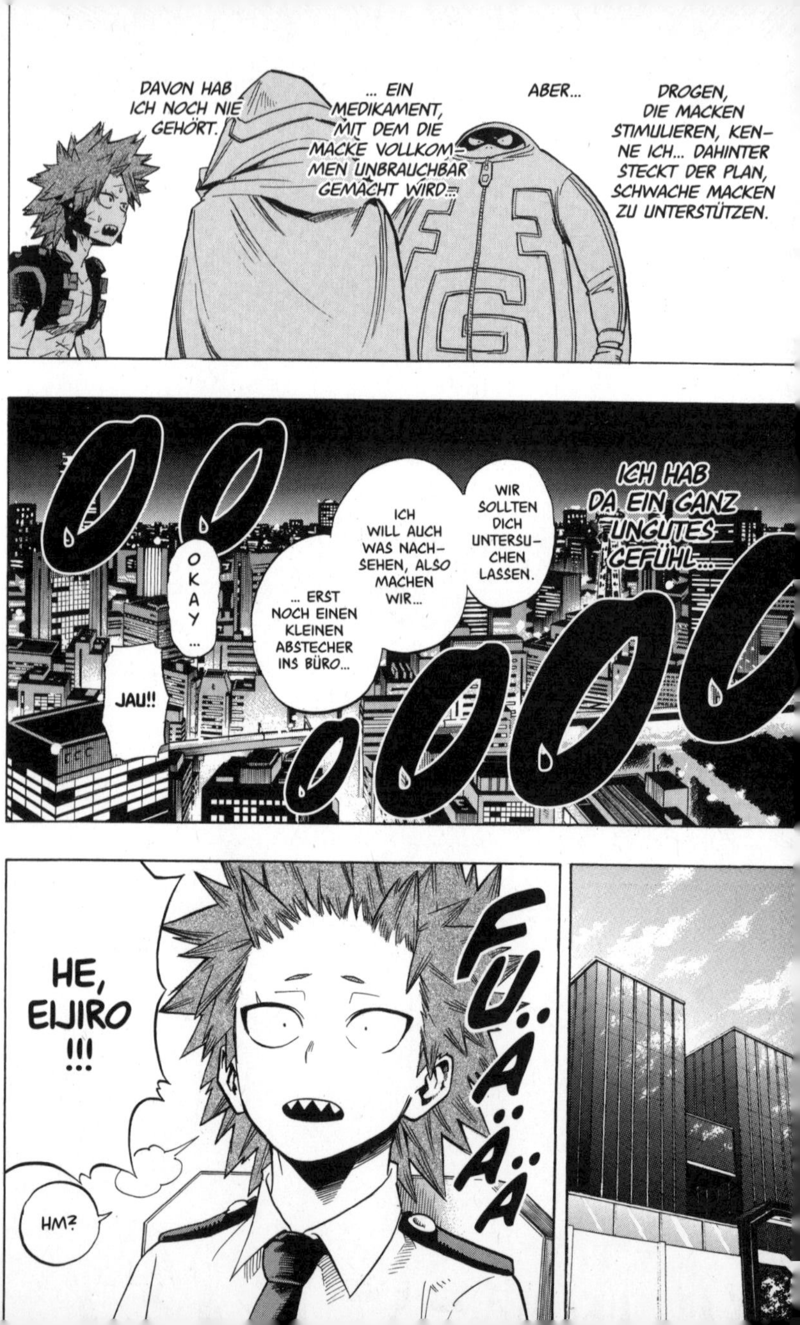
DROGEN, DIE MACKEN STIMULIEREN, KENNE ICH... DAHINTER STECKT DER PLAN, SCHWACHE MACKEN ZU UNTERSTÜTZEN.
ABER...
... EIN MEDIKAMENT, MIT DEM DIE MACKE VOLLKOMMEN UNBRAUCHBAR GEMACHT WIRD...
DAVON HAB ICH NOCH NIE GEHÖRT.
ICH HAB DA EIN GANZ UNGUTES GEFÜHL...
WIR SOLLTEN DICH UNTERSUCHEN LASSEN.
ICH WILL AUCH WAS NACHSEHEN, ALSO MACHEN WIR...
... ERST NOCH EINEN KLEINEN ABSTECHER INS BÜRO...
OKAY...
JAU!!
FUÄÄÄÄ
HE, EIJIRO!!!
HM?

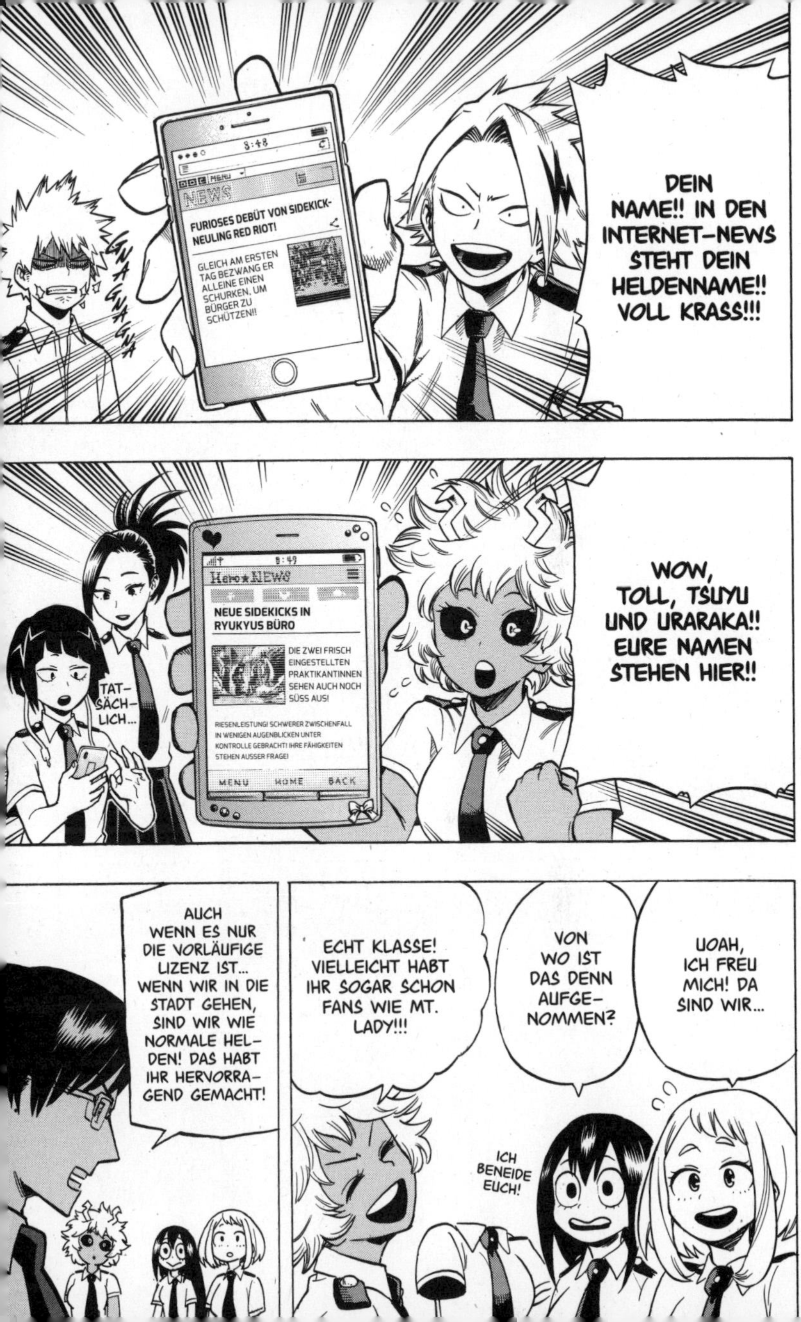
DEIN NAME!! IN DEN INTERNET-NEWS STEHT DEIN HELDENNAME!! VOLL KRASS!!!
8:48
NEWS
FURIOSES DEBÜT VON SIDEKICK-NEULING RED RIOT!
GLEICH AM ERSTEN TAG BEZWANG ER ALLEINE EINEN SCHURKEN, UM BÜRGER ZU SCHÜTZEN!!
WOW, TOLL, TSUYU UND URARAKA!! EURE NAMEN STEHEN HIER!!
8:49
Hero★NEWS
NEUE SIDEKICKS IN RYUKYUS BÜRO
DIE ZWEI FRISCH EINGESTELLTEN PRAKTIKANTINNEN SEHEN AUCH NOCH SÜSS AUS!
RIESENLEISTUNG! SCHWERER ZWISCHENFALL IN WENIGEN AUGENBLICKEN UNTER KONTROLLE GEBRACHT! IHRE FÄHIGKEITEN STEHEN AUSSER FRAGE!
MENU HOME BACK
TATSÄCHLICH...
UOAH, ICH FREU MICH! DA SIND WIR...
VON WO IST DAS DENN AUFGENOMMEN?
ECHT KLASSE! VIELLEICHT HABT IHR SOGAR SCHON FANS WIE MT. LADY!!!
ICH BENEIDE EUCH!
AUCH WENN ES NUR DIE VORLÄUFIGE LIZENZ IST... WENN WIR IN DIE STADT GEHEN, SIND WIR WIE NORMALE HELDEN! DAS HABT IHR HERVORRAGEND GEMACHT!

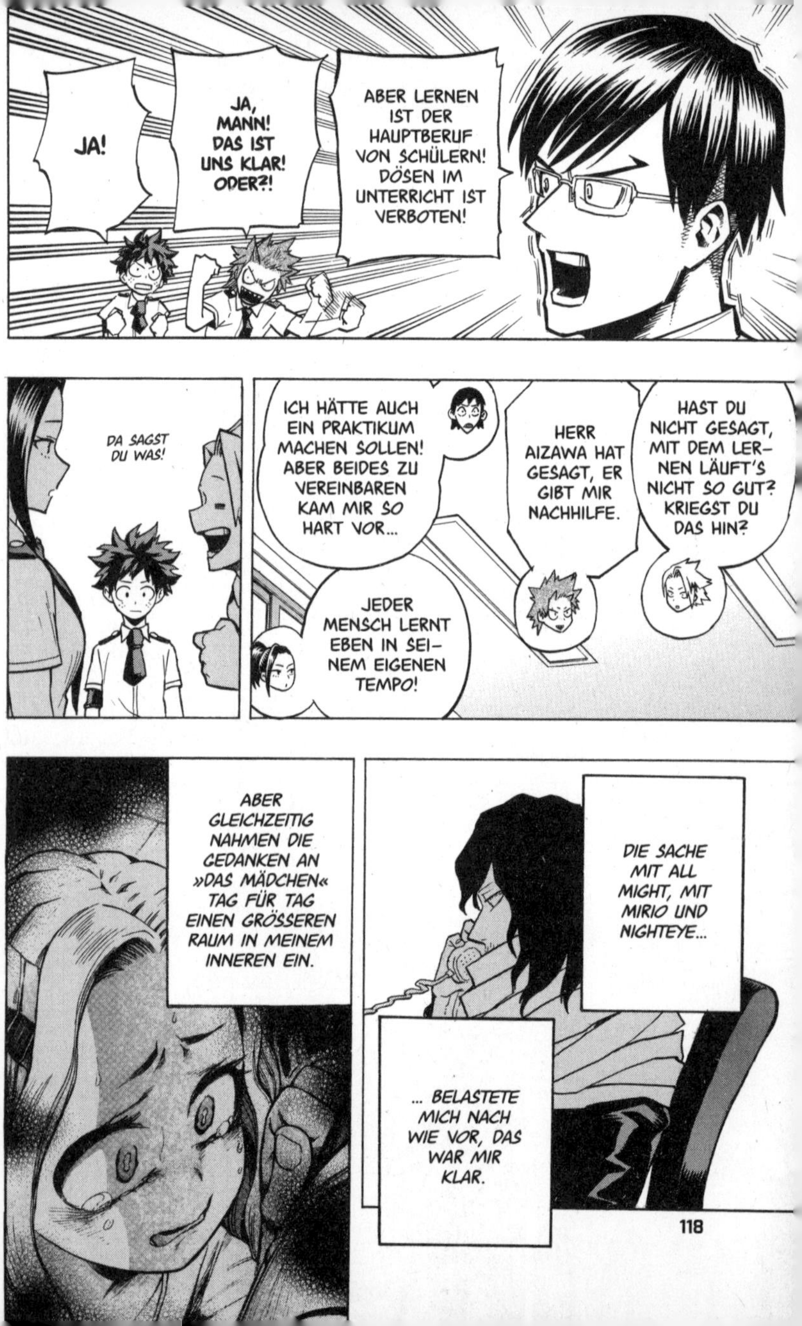
ABER LERNEN IST DER HAUPTBERUF VON SCHÜLERN! DÖSEN IM UNTERRICHT IST VERBOTEN!
JA, MANN! DAS IST UNS KLAR! ODER?!
JA!
HAST DU NICHT GESAGT, MIT DEM LERNEN LÄUFT'S NICHT SO GUT? KRIEGST DU DAS HIN?
HERR AIZAWA HAT GESAGT, ER GIBT MIR NACHHILFE.
ICH HÄTTE AUCH EIN PRAKTIKUM MACHEN SOLLEN! ABER BEIDES ZU VEREINBAREN KAM MIR SO HART VOR...
JEDER MENSCH LERNT EBEN IN SEINEM EIGENEN TEMPO!
DA SAGST DU WAS!
DIE SACHE MIT ALL MIGHT, MIT MIRIO UND NIGHTEYE...
... BELASTETE MICH NACH WIE VOR, DAS WAR MIR KLAR.
ABER GLEICHZEITIG NAHMEN DIE GEDANKEN AN »DAS MÄDCHEN« TAG FÜR TAG EINEN GRÖSSEREN RAUM IN MEINEM INNEREN EIN.

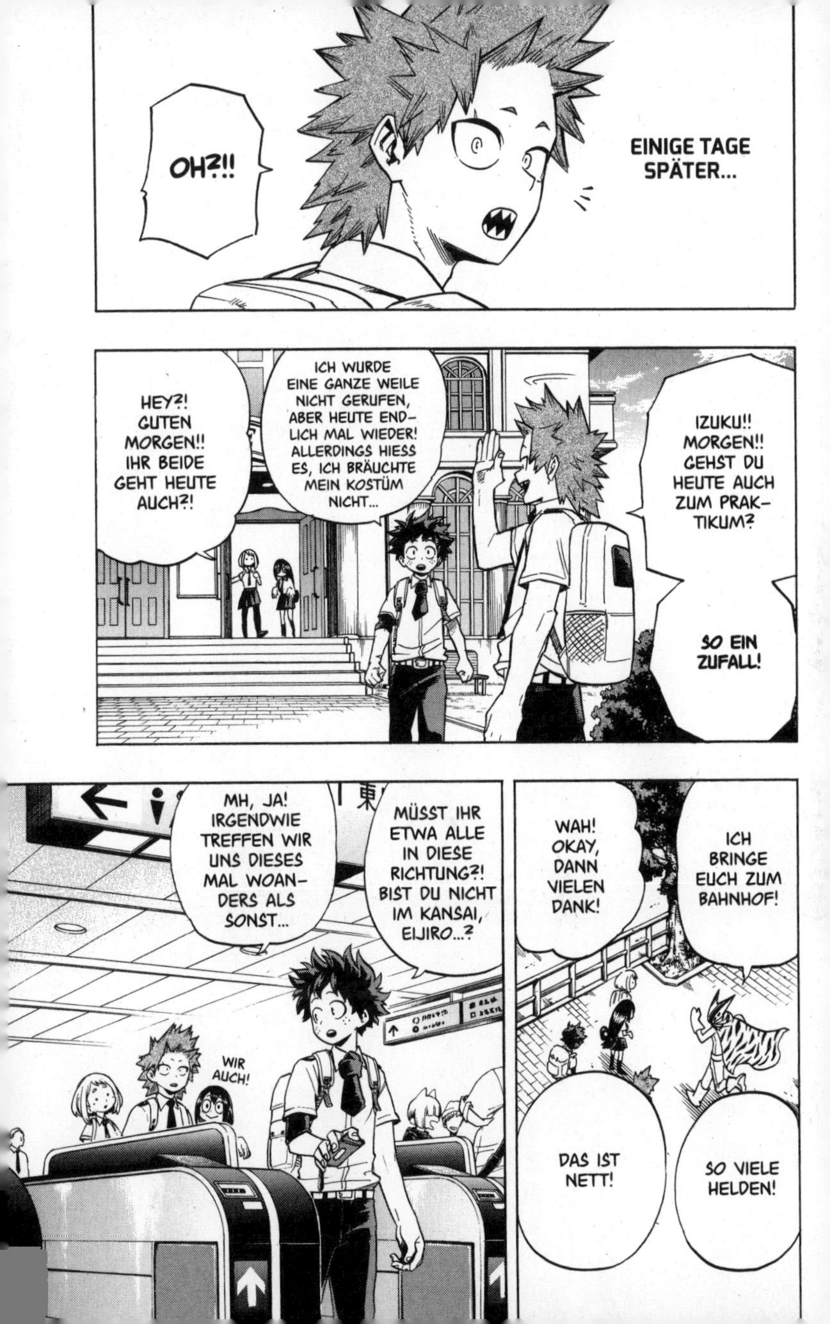
EINIGE TAGE SPÄTER...
OH?!!
IZUKU!! MORGEN!! GEHST DU HEUTE AUCH ZUM PRAKTIKUM?
SO EIN ZUFALL!
ICH WURDE EINE GANZE WEILE NICHT GERUFEN, ABER HEUTE ENDLICH MAL WIEDER! ALLERDINGS HIESS ES, ICH BRÄUCHTE MEIN KOSTÜM NICHT...
HEY?! GUTEN MORGEN!! IHR BEIDE GEHT HEUTE AUCH?!
ICH BRINGE EUCH ZUM BAHNHOF!
WAH! OKAY, DANN VIELEN DANK!
SO VIELE HELDEN!
DAS IST NETT!
MÜSST IHR ETWA ALLE IN DIESE RICHTUNG?! BIST DU NICHT IM KANSAI, EIJIRO...?
MH, JA! IRGENDWIE TREFFEN WIR UNS DIESES MAL WOANDERS ALS SONST...
WIR AUCH!

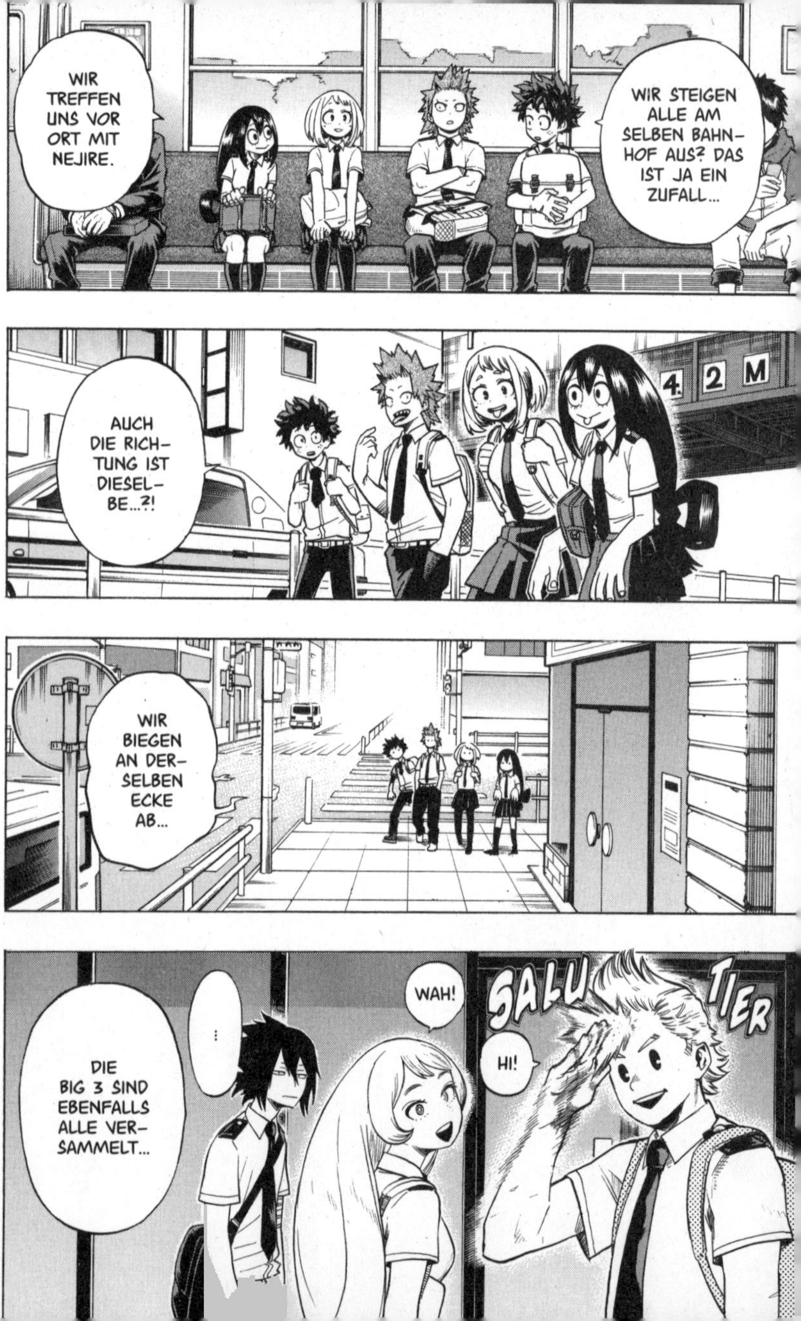
WIR STEIGEN ALLE AM SELBEN BAHNHOF AUS? DAS IST JA EIN ZUFALL...
WIR TREFFEN UNS VOR ORT MIT NEJIRE.
4 2 M
AUCH DIE RICHTUNG IST DIESELBE...?!
WIR BIEGEN AN DERSELBEN ECKE AB...
SALU TIER
WAH!
HI!
...
DIE BIG 3 SIND EBENFALLS ALLE VERSAMMELT...

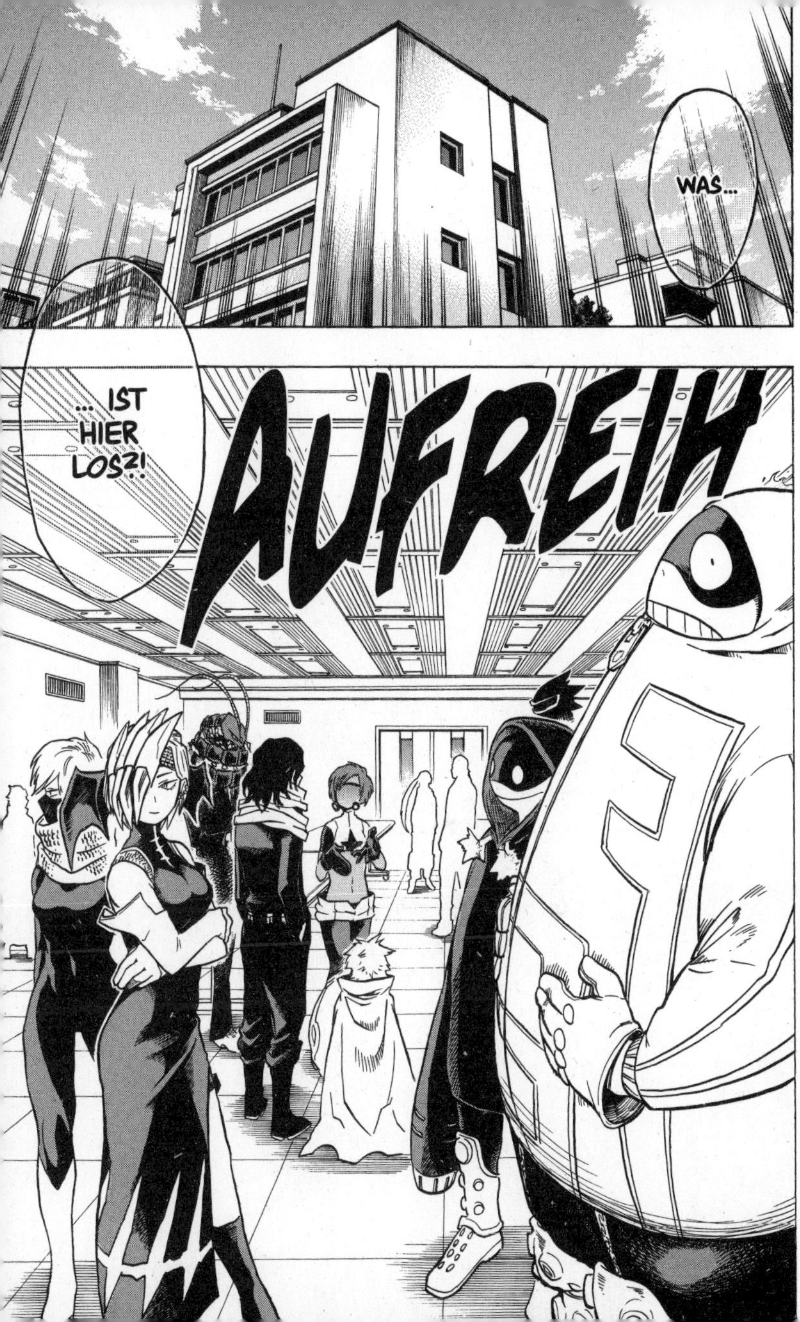
WAS...
... IST HIER LOS?!
AUFREIH

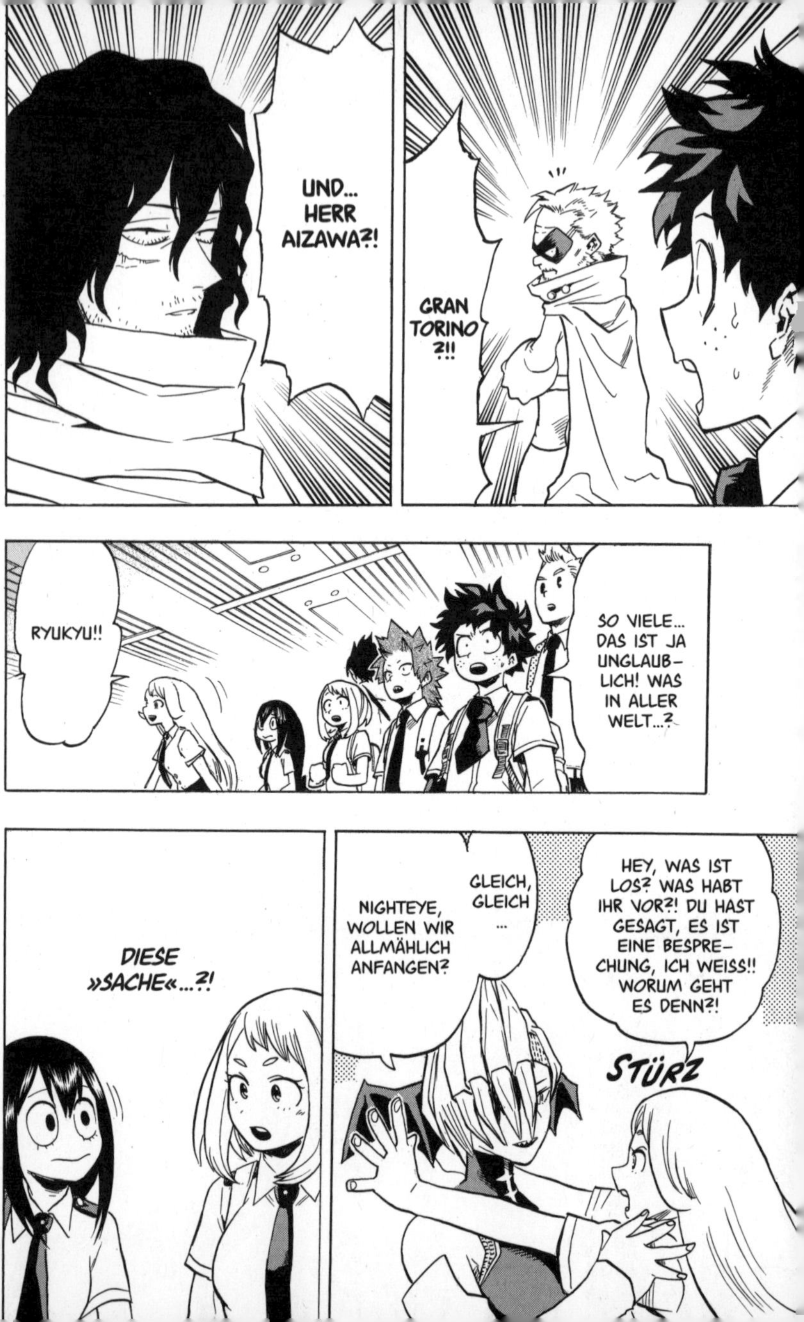
GRAN TORINO ?!!
UND... HERR AIZAWA?!
SO VIELE... DAS IST JA UNGLAUBLICH! WAS IN ALLER WELT...?
RYUKYU!!
HEY, WAS IST LOS? WAS HABT IHR VOR?! DU HAST GESAGT, ES IST EINE BESPRECHUNG, ICH WEISS!! WORUM GEHT ES DENN?!
STÜRZ
GLEICH, GLEICH ...
NIGHTEYE, WOLLEN WIR ALLMÄHLICH ANFANGEN?
DIESE »SACHE«...?!

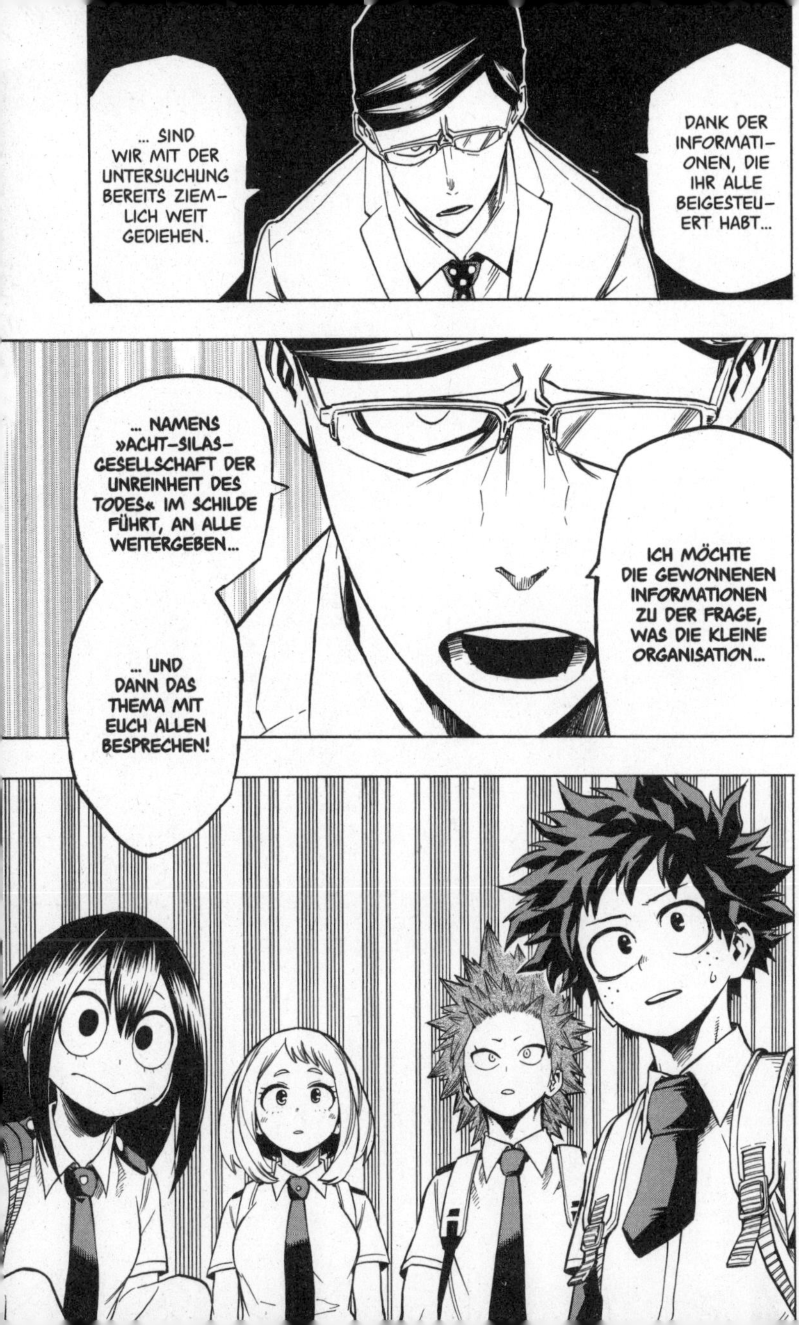
DANK DER INFORMATIONEN, DIE IHR ALLE BEIGESTEUERT HABT...
... SIND WIR MIT DER UNTERSUCHUNG BEREITS ZIEMLICH WEIT GEDIEHEN.
ICH MÖCHTE DIE GEWONNENEN INFORMATIONEN ZU DER FRAGE, WAS DIE KLEINE ORGANISATION...
... NAMENS »ACHT-SILAS-GESELLSCHAFT DER UNREINHEIT DES TODES« IM SCHILDE FÜHRT, AN ALLE WEITERGEBEN...
... UND DANN DAS THEMA MIT EUCH ALLEN BESPRECHEN!

Nr. 135 EIN UNANGENEHMES GESPRÄCH

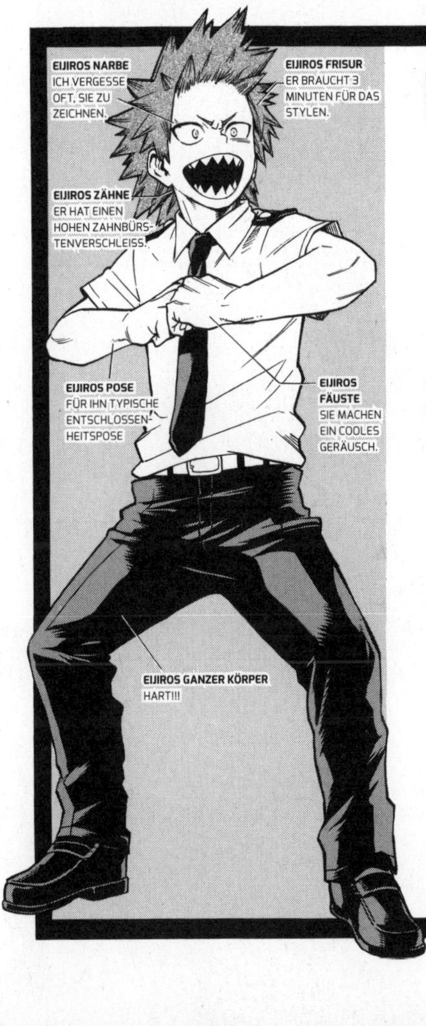

U.A. FILE.12
CLASS No.08
EIJIRO KIRISHIMA

○ MACKE »HÄRTUNG«

● Sein Körper wird hart, wenn er sich mit großer Willenskraft anspannt!! Die große Schwierigkeit besteht darin, seinen Körper zu bewegen, während er gleichzeitig die Härtung aufrechterhält! Den normalen Härtungszustand des ganzen Körpers – natürlich erst recht eines Körperteils - kann er für etwa 10 Minuten, den vorhin erstmals präsentierten »Unbreakable«-Zustand etwa 30-40 Sekunden aufrechterhalten. Wenn der Zustand aufgehoben wird, muss Eijiro einmal tief einatmen. Wenn man ihn also besiegen will, dann im Moment dieses Atemzugs! Ziel auf sein Kinn!!

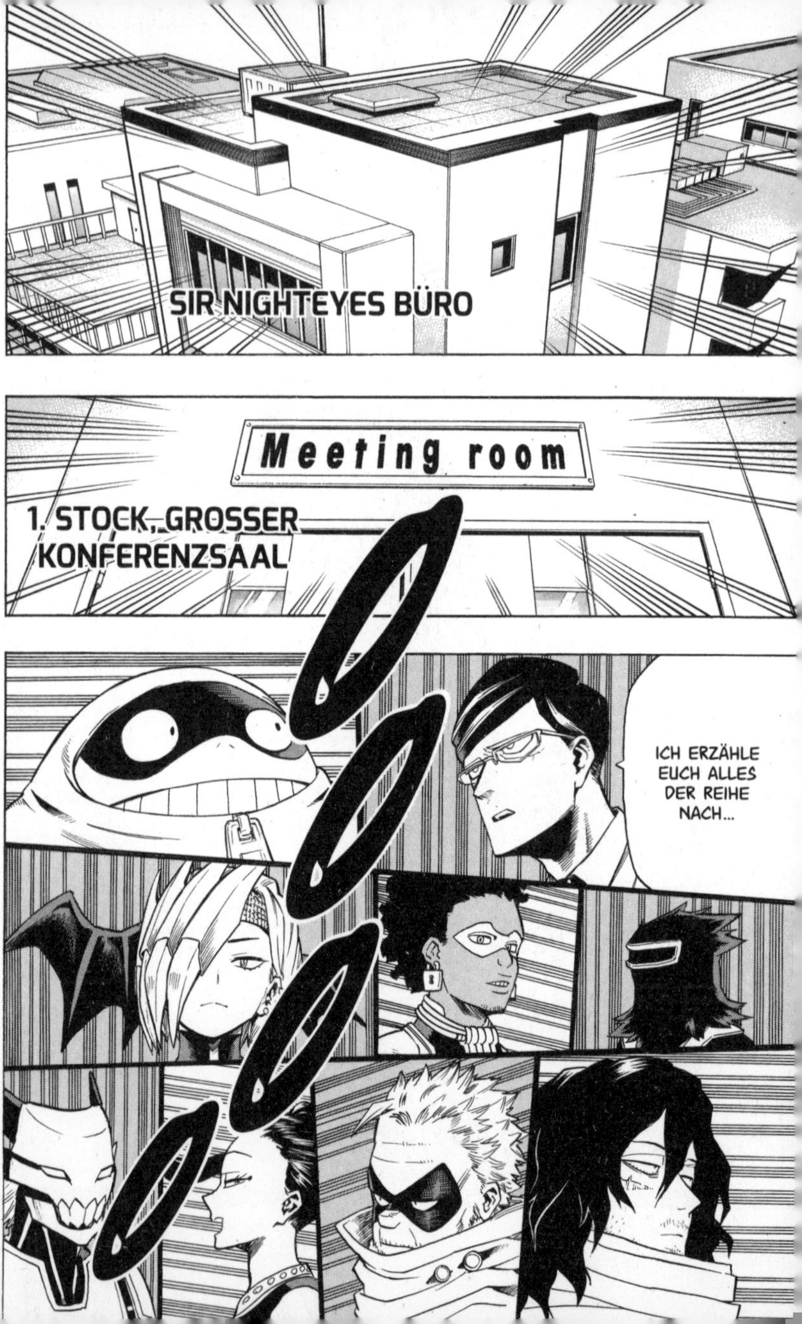
SIR NIGHTEYES BÜRO
Meeting room
1. STOCK, GROSSER KONFERENZSAAL
ICH ERZÄHLE EUCH ALLES DER REIHE NACH...

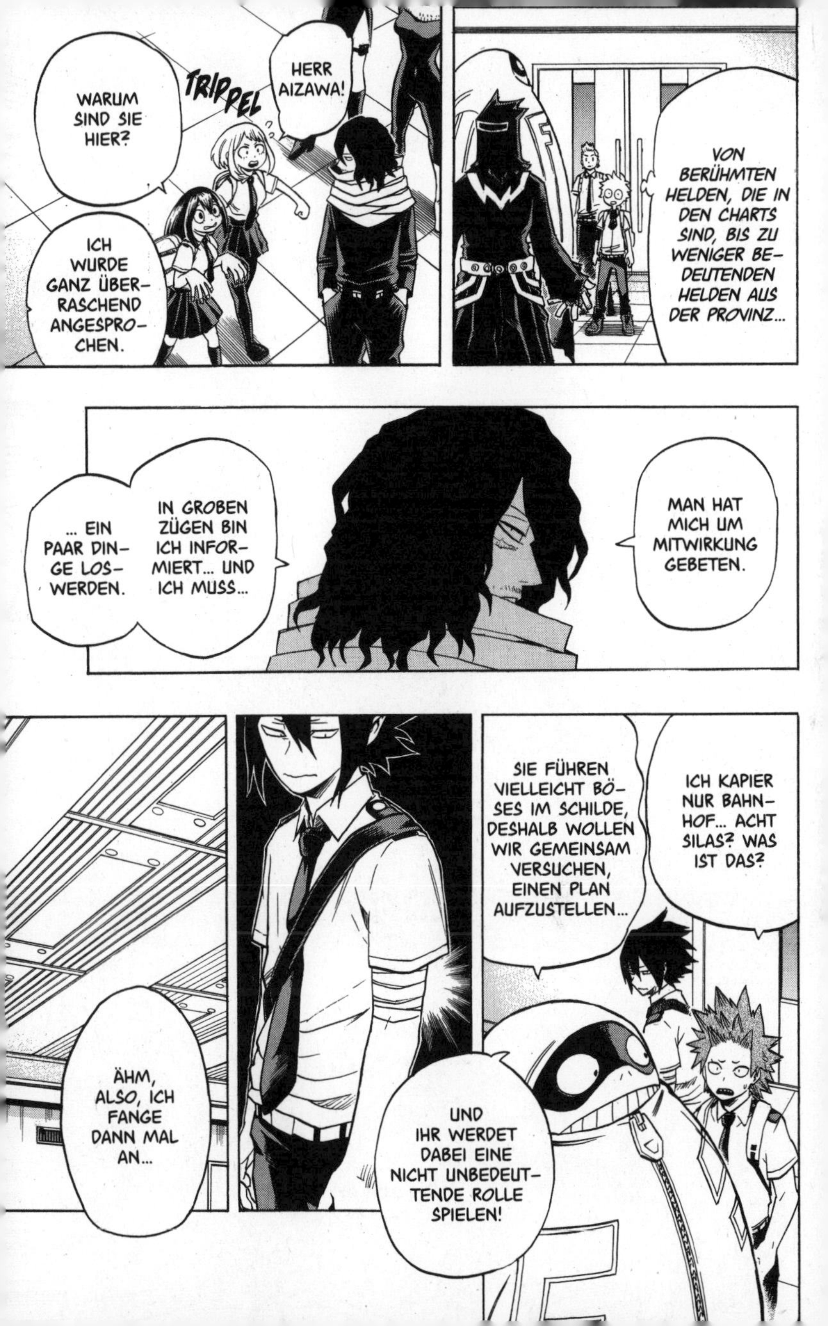
VON BERÜHMTEN HELDEN, DIE IN DEN CHARTS SIND, BIS ZU WENIGER BEDEUTENDEN HELDEN AUS DER PROVINZ...
HERR AIZAWA!
TRIPPEL
WARUM SIND SIE HIER?
ICH WURDE GANZ ÜBERRASCHEND ANGESPROCHEN.
MAN HAT MICH UM MITWIRKUNG GEBETEN.
IN GROBEN ZÜGEN BIN ICH INFORMIERT... UND ICH MUSS...
... EIN PAAR DINGE LOSWERDEN.
ICH KAPIER NUR BAHNHOF... ACHT SILAS? WAS IST DAS?
SIE FÜHREN VIELLEICHT BÖSES IM SCHILDE, DESHALB WOLLEN WIR GEMEINSAM VERSUCHEN, EINEN PLAN AUFZUSTELLEN...
UND IHR WERDET DABEI EINE NICHT UNBEDEUTENDE ROLLE SPIELEN!
ÄHM, ALSO, ICH FANGE DANN MAL AN...

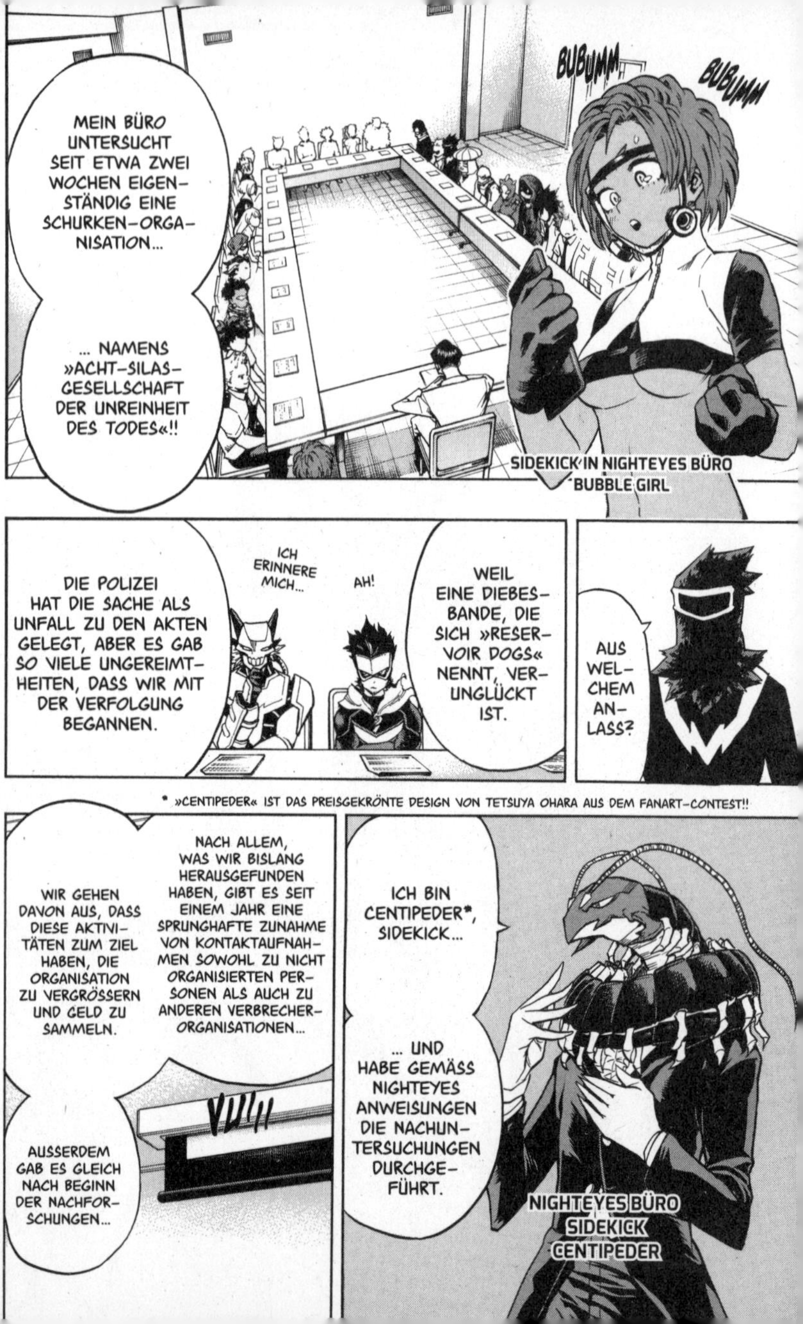
BUBUMM
BUBUMM
MEIN BÜRO UNTERSUCHT SEIT ETWA ZWEI WOCHEN EIGENSTÄNDIG EINE SCHURKEN-ORGANISATION...
... NAMENS »ACHT-SILAS-GESELLSCHAFT DER UNREINHEIT DES TODES«!!
SIDEKICK IN NIGHTEYES BÜRO BUBBLE GIRL
AUS WELCHEM ANLASS?
WEIL EINE DIEBESBANDE, DIE SICH »RESERVOIR DOGS« NENNT, VERUNGLÜCKT IST.
AH!
ICH ERINNERE MICH...
DIE POLIZEI HAT DIE SACHE ALS UNFALL ZU DEN AKTEN GELEGT, ABER ES GAB SO VIELE UNGEREIMTHEITEN, DASS WIR MIT DER VERFOLGUNG BEGANNEN.
* »CENTIPEDER« IST DAS PREISGEKRÖNTE DESIGN VON TETSUYA OHARA AUS DEM FANART-CONTEST!!
ICH BIN CENTIPEDER*, SIDEKICK...
... UND HABE GEMÄSS NIGHTEYES ANWEISUNGEN DIE NACHUNTERSUCHUNGEN DURCHGEFÜHRT.
NIGHTEYES BÜRO SIDEKICK CENTIPEDER
NACH ALLEM, WAS WIR BISLANG HERAUSGEFUNDEN HABEN, GIBT ES SEIT EINEM JAHR EINE SPRUNGHAFTE ZUNAHME VON KONTAKTAUFNAHMEN SOWOHL ZU NICHT ORGANISIERTEN PERSONEN ALS AUCH ZU ANDEREN VERBRECHERORGANISATIONEN...
WIR GEHEN DAVON AUS, DASS DIESE AKTIVITÄTEN ZUM ZIEL HABEN, DIE ORGANISATION ZU VERGRÖSSERN UND GELD ZU SAMMELN.
VU'I
AUSSERDEM GAB ES GLEICH NACH BEGINN DER NACHFORSCHUNGEN...

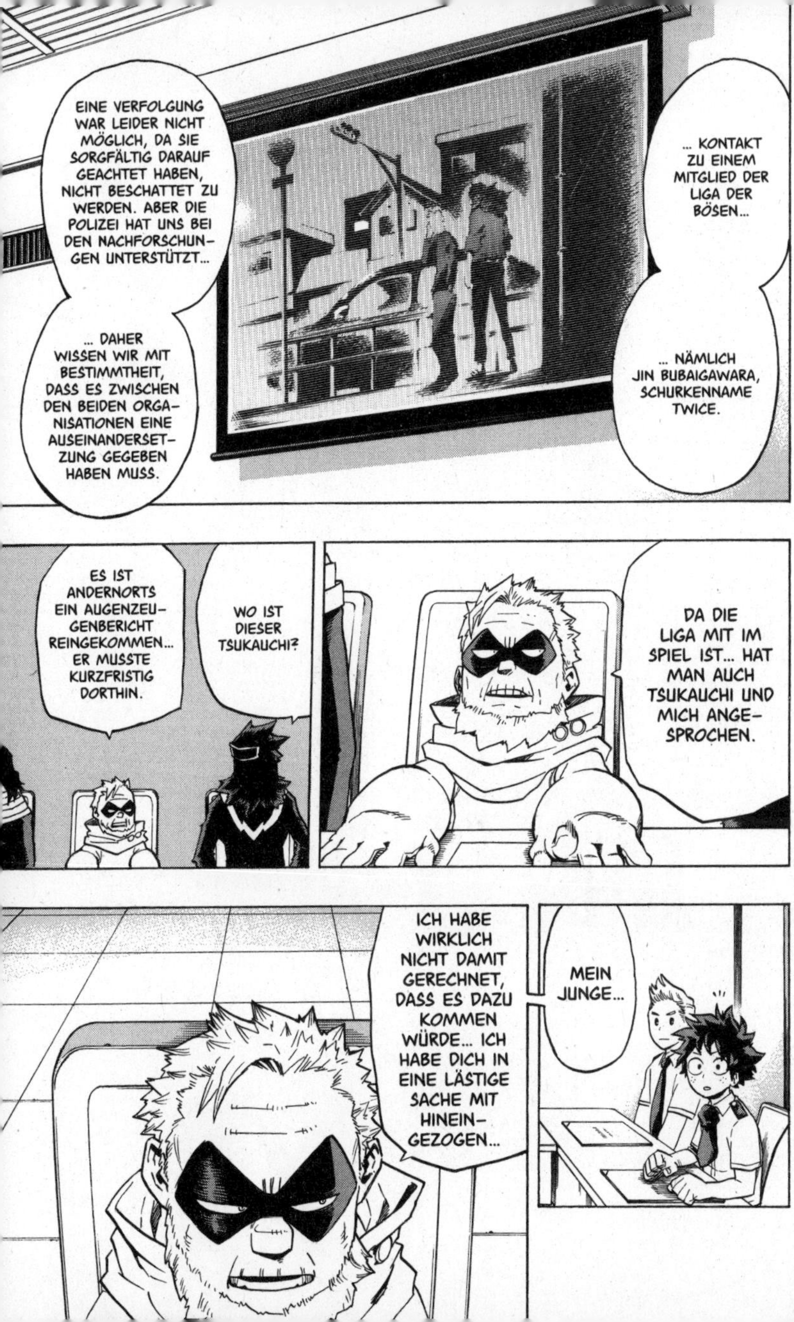
... KONTAKT ZU EINEM MITGLIED DER LIGA DER BÖSEN...
... NÄMLICH JIN BUBAIGAWARA, SCHURKENNAME TWICE.
EINE VERFOLGUNG WAR LEIDER NICHT MÖGLICH, DA SIE SORGFÄLTIG DARAUF GEACHTET HABEN, NICHT BESCHATTET ZU WERDEN. ABER DIE POLIZEI HAT UNS BEI DEN NACHFORSCHUNGEN UNTERSTÜTZT...
... DAHER WISSEN WIR MIT BESTIMMTHEIT, DASS ES ZWISCHEN DEN BEIDEN ORGANISATIONEN EINE AUSEINANDERSETZUNG GEGEBEN HABEN MUSS.
DA DIE LIGA MIT IM SPIEL IST... HAT MAN AUCH TSUKAUCHI UND MICH ANGESPROCHEN.
WO IST DIESER TSUKAUCHI?
ES IST ANDERNORTS EIN AUGENZEUGENBERICHT REINGEKOMMEN... ER MUSSTE KURZFRISTIG DORTHIN.
MEIN JUNGE...
ICH HABE WIRKLICH NICHT DAMIT GERECHNET, DASS ES DAZU KOMMEN WÜRDE... ICH HABE DICH IN EINE LÄSTIGE SACHE MIT HINEINGEZOGEN...

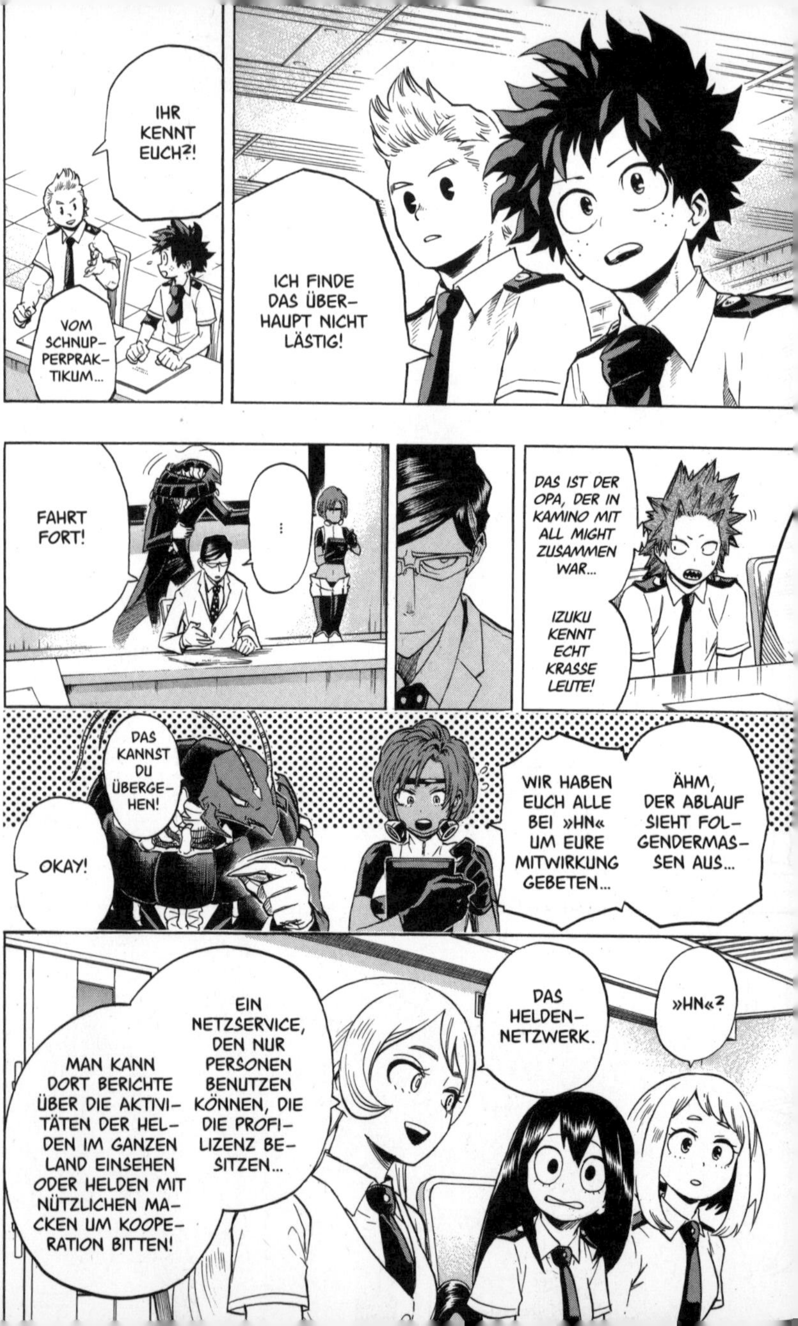

ICH FINDE DAS ÜBERHAUPT NICHT LÄSTIG!
IHR KENNT EUCH?!
VOM SCHNUPPERPRAKTIKUM...
DAS IST DER OPA, DER IN KAMINO MIT ALL MIGHT ZUSAMMEN WAR...
IZUKU KENNT ECHT KRASSE LEUTE!
...
FAHRT FORT!
ÄHM, DER ABLAUF SIEHT FOLGENDERMASSEN AUS...
WIR HABEN EUCH ALLE BEI »HN« UM EURE MITWIRKUNG GEBETEN...
DAS KANNST DU ÜBERGEHEN!
OKAY!
»HN«?
DAS HELDENNETZWERK.
EIN NETZSERVICE, DEN NUR PERSONEN BENUTZEN KÖNNEN, DIE DIE PROFILIZENZ BESITZEN...
MAN KANN DORT BERICHTE ÜBER DIE AKTIVITÄTEN DER HELDEN IM GANZEN LAND EINSEHEN ODER HELDEN MIT NÜTZLICHEN MACKEN UM KOOPERATION BITTEN!

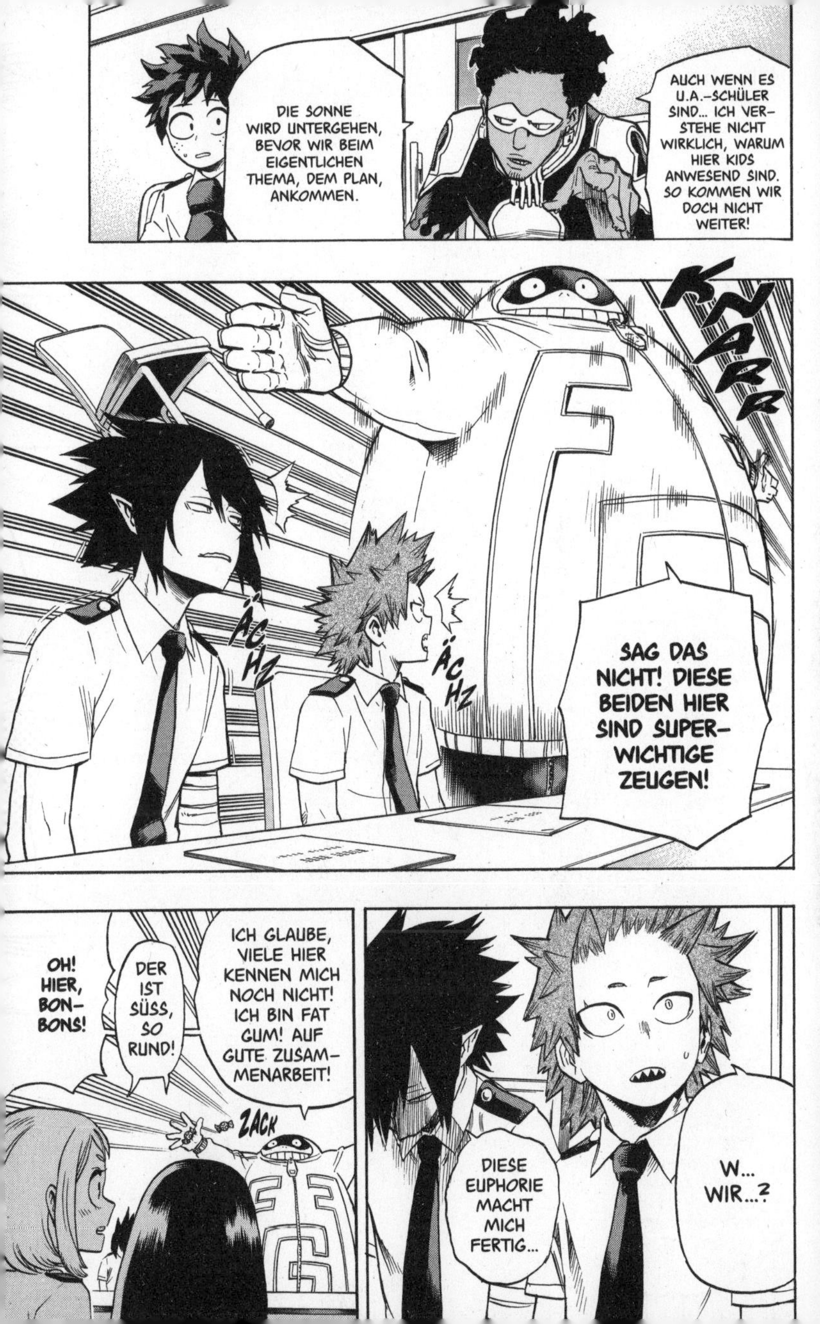
AUCH WENN ES U.A.-SCHÜLER SIND... ICH VERSTEHE NICHT WIRKLICH, WARUM HIER KIDS ANWESEND SIND. SO KOMMEN WIR DOCH NICHT WEITER!
DIE SONNE WIRD UNTERGEHEN, BEVOR WIR BEIM EIGENTLICHEN THEMA, DEM PLAN, ANKOMMEN.
KNARR
SAG DAS NICHT! DIESE BEIDEN HIER SIND SUPERWICHTIGE ZEUGEN!
ÄCHZ
ÄCHZ
W... WIR...?
DIESE EUPHORIE MACHT MICH FERTIG...
ICH GLAUBE, VIELE HIER KENNEN MICH NOCH NICHT! ICH BIN FAT GUM! AUF GUTE ZUSAMMENARBEIT!
ZACK
DER IST SÜSS, SO RUND!
OH! HIER, BONBONS!

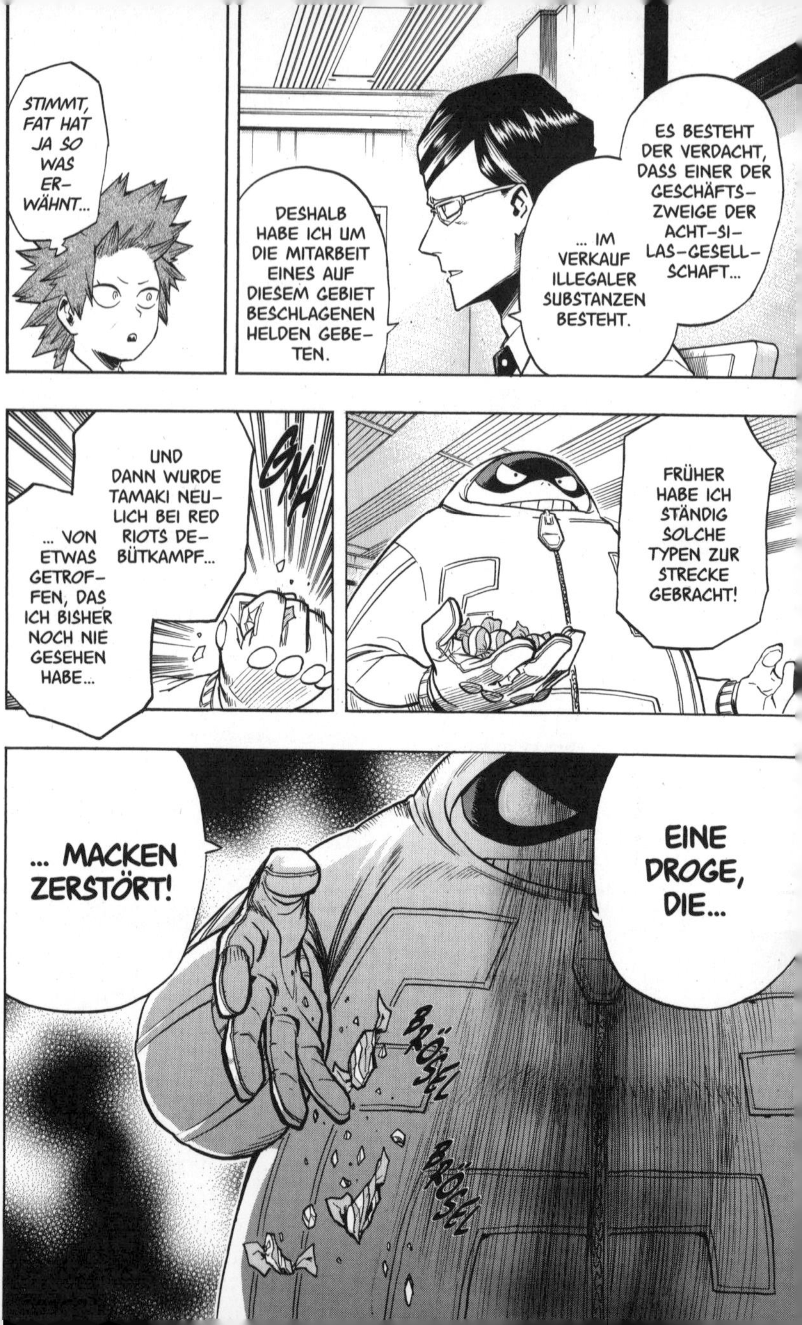
ES BESTEHT DER VERDACHT, DASS EINER DER GESCHÄFTS-ZWEIGE DER ACHT-SI-LAS-GESELL-SCHAFT...
... IM VERKAUF ILLEGALER SUBSTANZEN BESTEHT.
DESHALB HABE ICH UM DIE MITARBEIT EINES AUF DIESEM GEBIET BESCHLAGENEN HELDEN GEBE-TEN.
STIMMT, FAT HAT JA SO WAS ER-WÄHNT...
FRÜHER HABE ICH STÄNDIG SOLCHE TYPEN ZUR STRECKE GEBRACHT!
GNH
UND DANN WURDE TAMAKI NEU-LICH BEI RED RIOTS DE-BÜTKAMPF...
... VON ETWAS GETROF-FEN, DAS ICH BISHER NOCH NIE GESEHEN HABE...
EINE DROGE, DIE...
... MACKEN ZERSTÖRT!
BRÖSEL
BRÖSEL

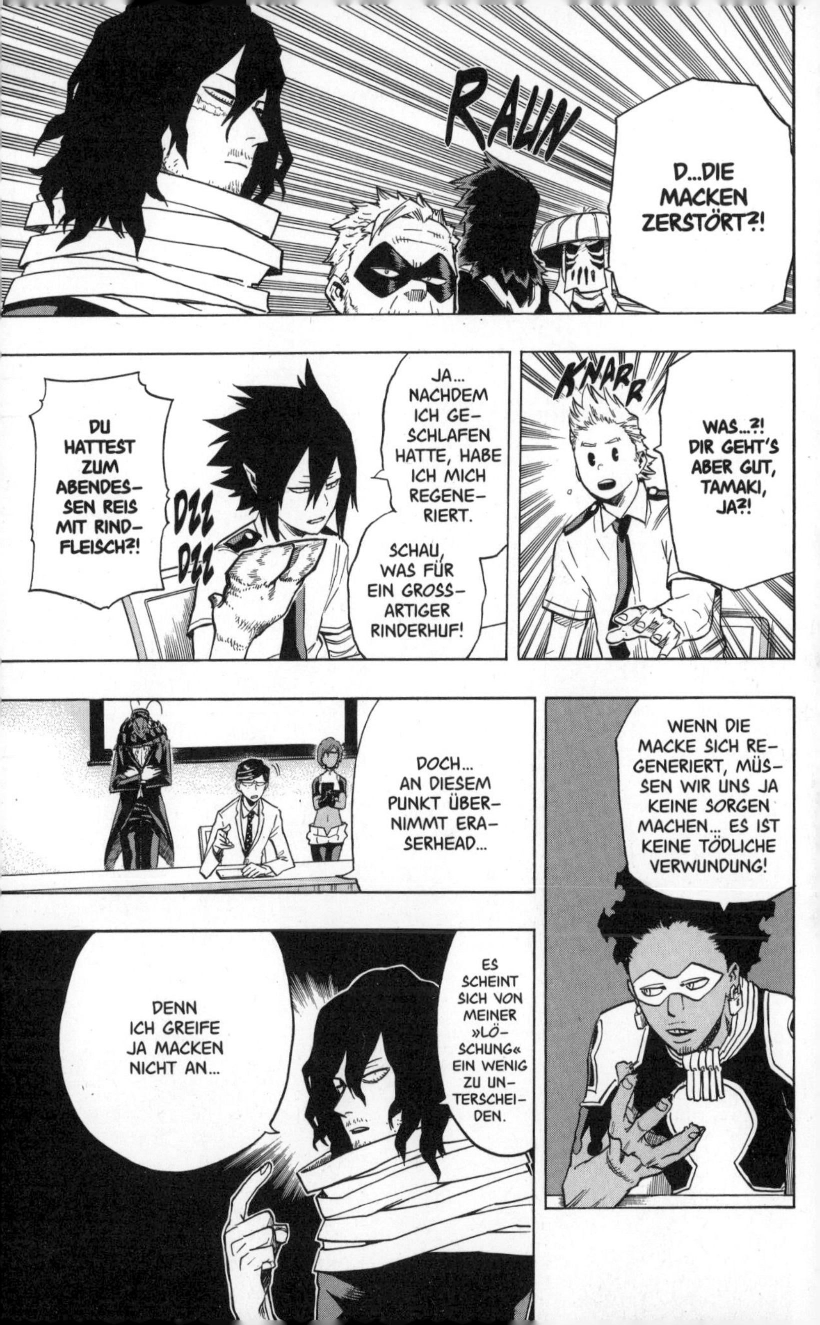
RAUN
D...DIE MACKEN ZERSTÖRT?!
KNARR
WAS...?! DIR GEHT'S ABER GUT, TAMAKI, JA?!
JA... NACHDEM ICH GESCHLAFEN HATTE, HABE ICH MICH REGENERIERT.
SCHAU, WAS FÜR EIN GROSSARTIGER RINDERHUF!
DZZ DZZ
DU HATTEST ZUM ABENDESSEN REIS MIT RINDFLEISCH?!
WENN DIE MACKE SICH REGENERIERT, MÜSSEN WIR UNS JA KEINE SORGEN MACHEN... ES IST KEINE TÖDLICHE VERWUNDUNG!
DOCH... AN DIESEM PUNKT ÜBERNIMMT ERASERHEAD...
ES SCHEINT SICH VON MEINER »LÖSCHUNG« EIN WENIG ZU UNTERSCHEIDEN.
DENN ICH GREIFE JA MACKEN NICHT AN...

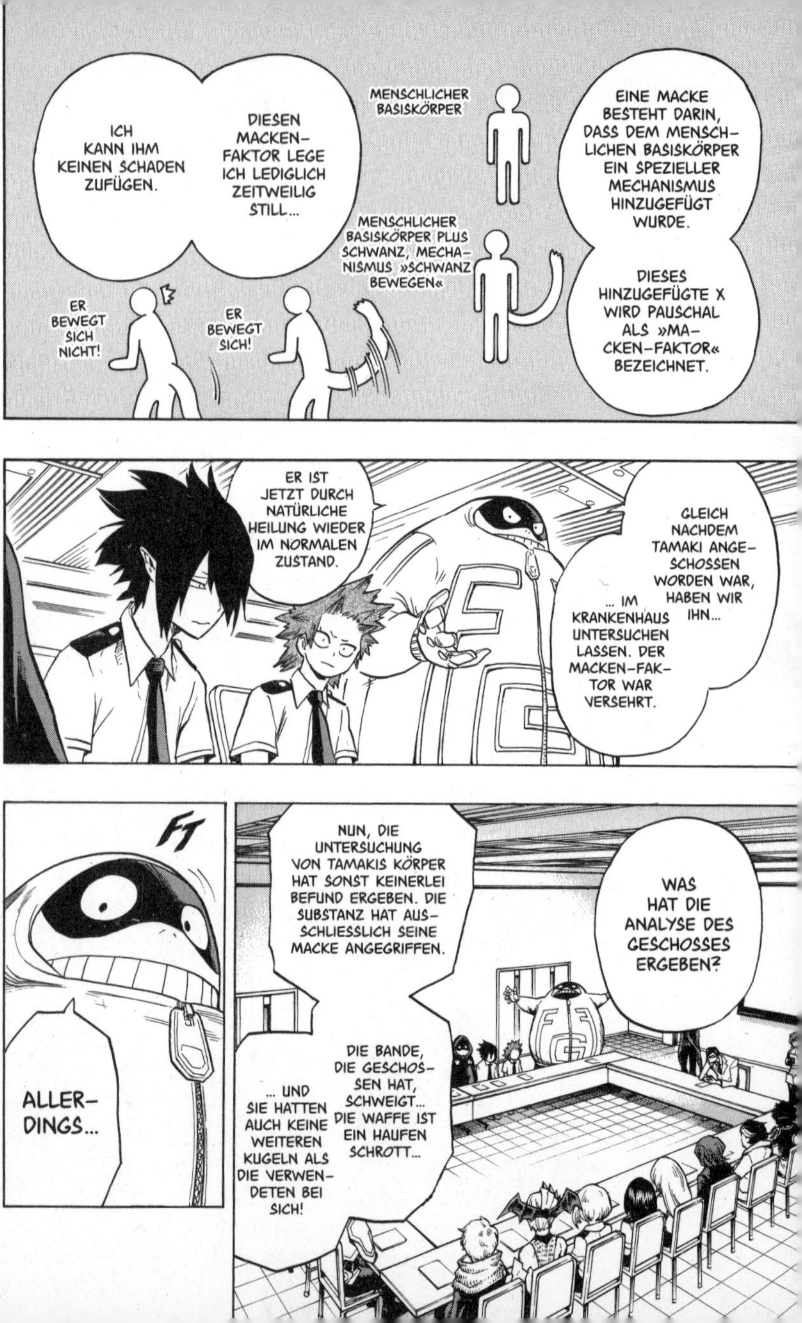
EINE MACKE BESTEHT DARIN, DASS DEM MENSCH-LICHEN BASISKÖRPER EIN SPEZIELLER MECHANISMUS HINZUGEFÜGT WURDE.
DIESES HINZUGEFÜGTE X WIRD PAUSCHAL ALS »MA-CKEN-FAKTOR« BEZEICHNET.
MENSCHLICHER BASISKÖRPER
MENSCHLICHER BASISKÖRPER PLUS SCHWANZ, MECHA-NISMUS »SCHWANZ BEWEGEN«
DIESEN MACKEN-FAKTOR LEGE ICH LEDIGLICH ZEITWEILIG STILL...
ICH KANN IHM KEINEN SCHADEN ZUFÜGEN.
ER BEWEGT SICH!
ER BEWEGT SICH NICHT!
GLEICH NACHDEM TAMAKI ANGE-SCHOSSEN WORDEN WAR, HABEN WIR IHN...
... IM KRANKENHAUS UNTERSUCHEN LASSEN. DER MACKEN-FAK-TOR WAR VERSEHRT.
ER IST JETZT DURCH NATÜRLICHE HEILUNG WIEDER IM NORMALEN ZUSTAND.
WAS HAT DIE ANALYSE DES GESCHOSSES ERGEBEN?
NUN, DIE UNTERSUCHUNG VON TAMAKIS KÖRPER HAT SONST KEINERLEI BEFUND ERGEBEN. DIE SUBSTANZ HAT AUS-SCHLIESSLICH SEINE MACKE ANGEGRIFFEN.
DIE BANDE, DIE GESCHOS-SEN HAT, SCHWEIGT... DIE WAFFE IST EIN HAUFEN SCHROTT...
... UND SIE HATTEN AUCH KEINE WEITEREN KUGELN ALS DIE VERWEN-DETEN BEI SICH!
FT
ALLER-DINGS...

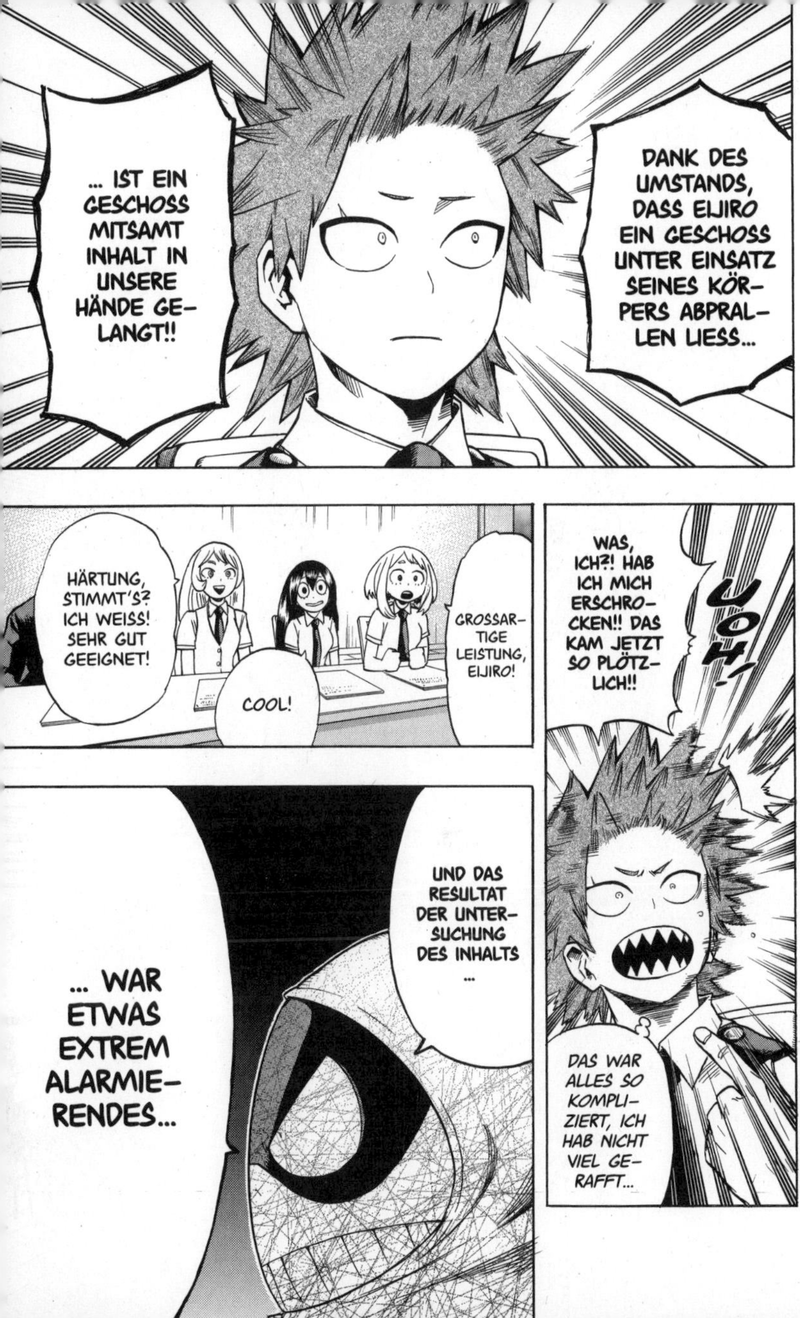
DANK DES UMSTANDS, DASS EIJIRO EIN GESCHOSS UNTER EINSATZ SEINES KÖRPERS ABPRALLEN LIESS...
... IST EIN GESCHOSS MITSAMT INHALT IN UNSERE HÄNDE GELANGT!!
UOH!
WAS, ICH?! HAB ICH MICH ERSCHROCKEN!! DAS KAM JETZT SO PLÖTZLICH!!
DAS WAR ALLES SO KOMPLIZIERT, ICH HAB NICHT VIEL GERAFFT...
GROSSARTIGE LEISTUNG, EIJIRO!
COOL!
HÄRTUNG, STIMMT'S? ICH WEISS! SEHR GUT GEEIGNET!
UND DAS RESULTAT DER UNTERSUCHUNG DES INHALTS ...
... WAR ETWAS EXTREM ALARMIERENDES...

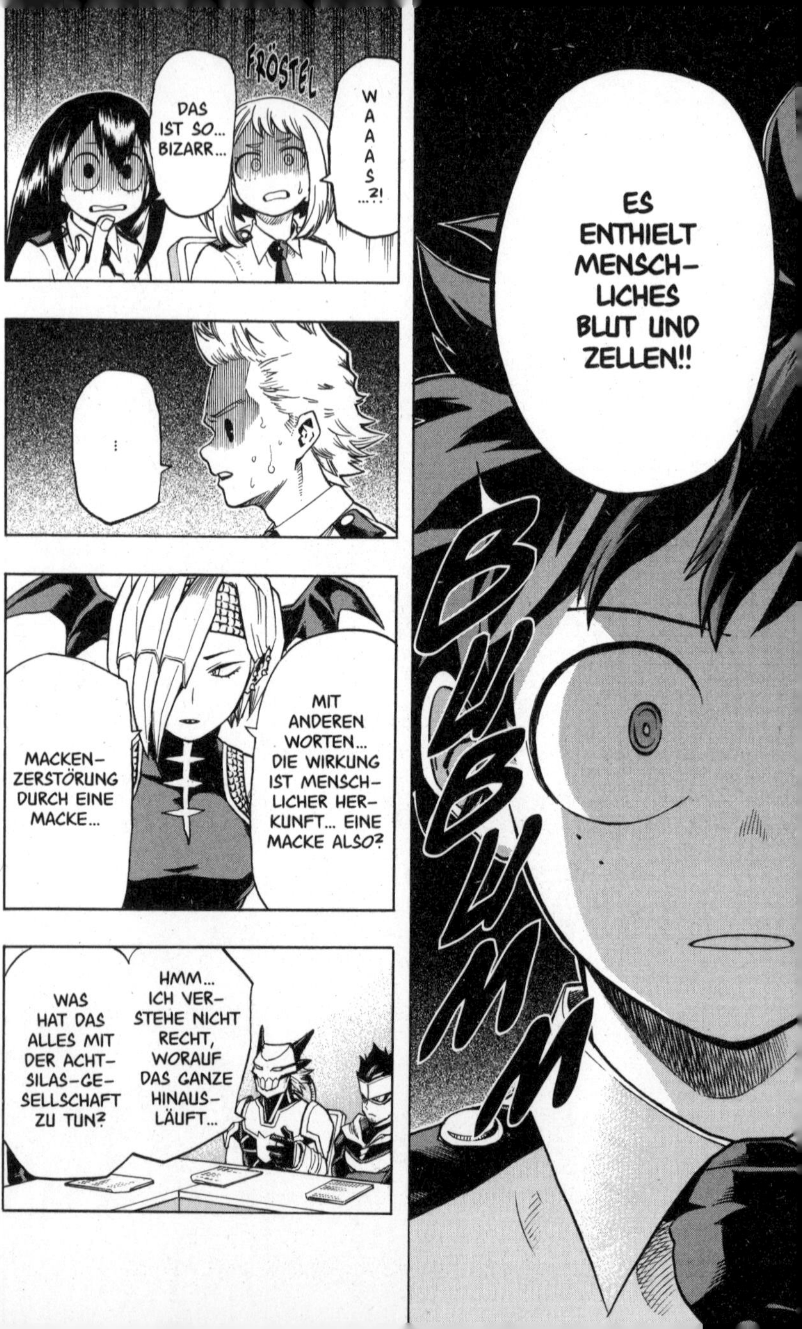
ES ENTHIELT MENSCH-LICHES BLUT UND ZELLEN!!
BUBUMM
FRÖSTEL
WAAAAS...?!
DAS IST SO... BIZARR...
...
MIT ANDEREN WORTEN... DIE WIRKUNG IST MENSCH-LICHER HER-KUNFT... EINE MACKE ALSO?
MACKEN-ZERSTÖRUNG DURCH EINE MACKE...
HMM... ICH VER-STEHE NICHT RECHT, WORAUF DAS GANZE HINAUS-LÄUFT...
WAS HAT DAS ALLES MIT DER ACHT-SILAS-GE-SELLSCHAFT ZU TUN?

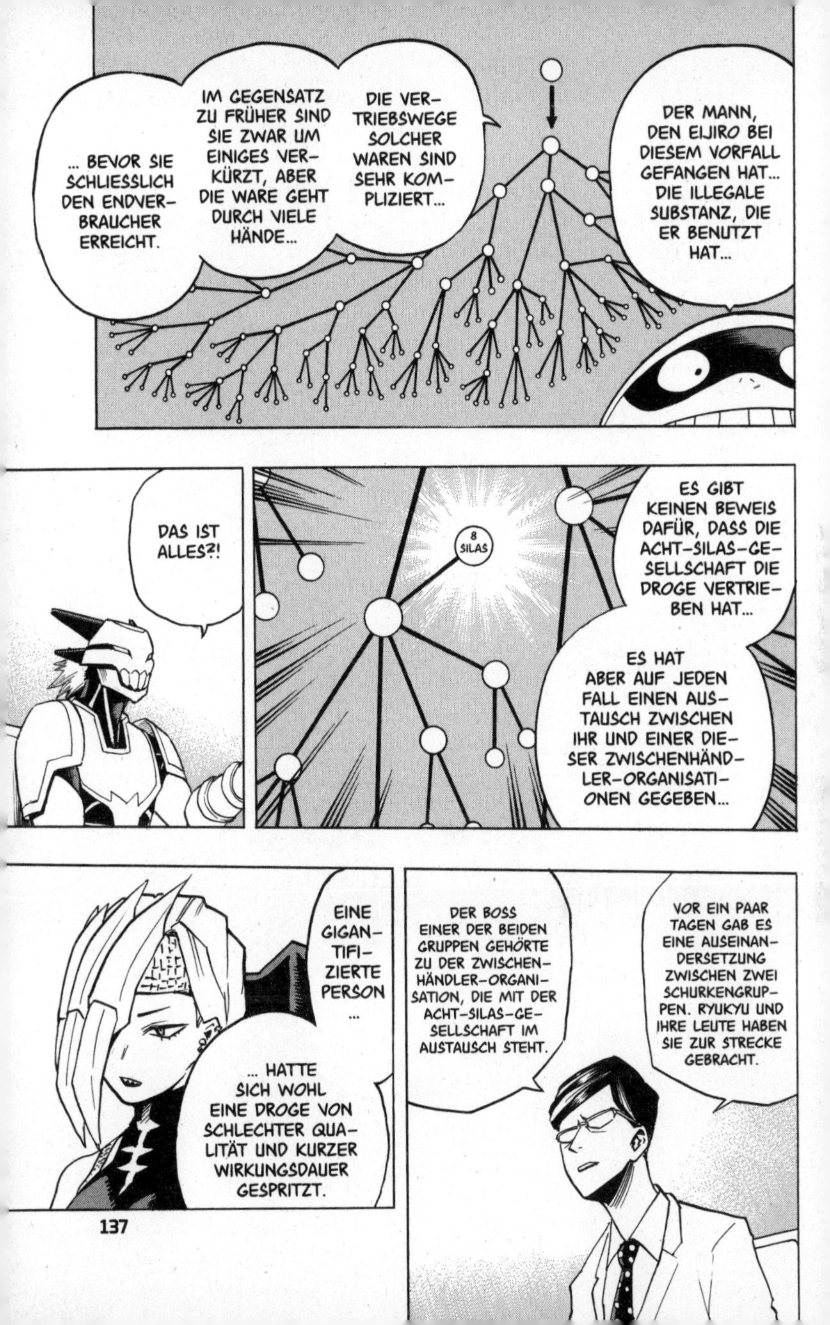
DER MANN, DEN EIJIRO BEI DIESEM VORFALL GEFANGEN HAT... DIE ILLEGALE SUBSTANZ, DIE ER BENUTZT HAT...
DIE VERTRIEBSWEGE SOLCHER WAREN SIND SEHR KOMPLIZIERT...
IM GEGENSATZ ZU FRÜHER SIND SIE ZWAR UM EINIGES VERKÜRZT, ABER DIE WARE GEHT DURCH VIELE HÄNDE...
... BEVOR SIE SCHLIESSLICH DEN ENDVERBRAUCHER ERREICHT.
ES GIBT KEINEN BEWEIS DAFÜR, DASS DIE ACHT-SILAS-GESELLSCHAFT DIE DROGE VERTRIEBEN HAT...
ES HAT ABER AUF JEDEN FALL EINEN AUSTAUSCH ZWISCHEN IHR UND EINER DIESER ZWISCHENHÄNDLER-ORGANISATIONEN GEGEBEN...
8 SILAS
DAS IST ALLES?!
VOR EIN PAAR TAGEN GAB ES EINE AUSEINANDERSETZUNG ZWISCHEN ZWEI SCHURKENGRUPPEN. RYUKYU UND IHRE LEUTE HABEN SIE ZUR STRECKE GEBRACHT.
DER BOSS EINER DER BEIDEN GRUPPEN GEHÖRTE ZU DER ZWISCHENHÄNDLER-ORGANISATION, DIE MIT DER ACHT-SILAS-GESELLSCHAFT IM AUSTAUSCH STEHT.
EINE GIGANTIFIZIERTE PERSON ...
... HATTE SICH WOHL EINE DROGE VON SCHLECHTER QUALITÄT UND KURZER WIRKUNGSDAUER GESPRITZT.

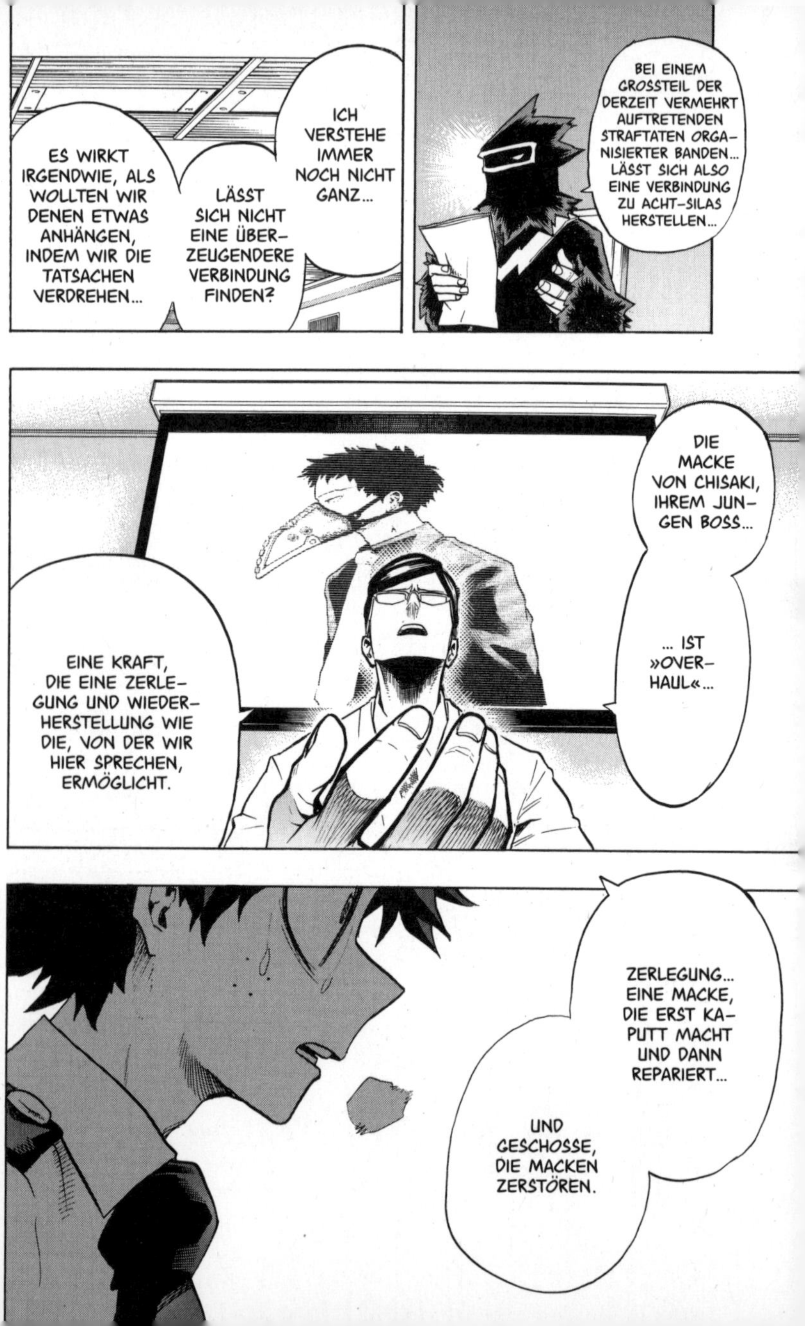
BEI EINEM GROSSTEIL DER DERZEIT VERMEHRT AUFTRETENDEN STRAFTATEN ORGANISIERTER BANDEN… LÄSST SICH ALSO EINE VERBINDUNG ZU ACHT-SILAS HERSTELLEN…
ICH VERSTEHE IMMER NOCH NICHT GANZ…
LÄSST SICH NICHT EINE ÜBERZEUGENDERE VERBINDUNG FINDEN?
ES WIRKT IRGENDWIE, ALS WOLLTEN WIR DENEN ETWAS ANHÄNGEN, INDEM WIR DIE TATSACHEN VERDREHEN…
DIE MACKE VON CHISAKI, IHREM JUNGEN BOSS…
… IST »OVERHAUL«…
EINE KRAFT, DIE EINE ZERLEGUNG UND WIEDERHERSTELLUNG WIE DIE, VON DER WIR HIER SPRECHEN, ERMÖGLICHT.
ZERLEGUNG… EINE MACKE, DIE ERST KAPUTT MACHT UND DANN REPARIERT…
UND GESCHOSSE, DIE MACKEN ZERSTÖREN.

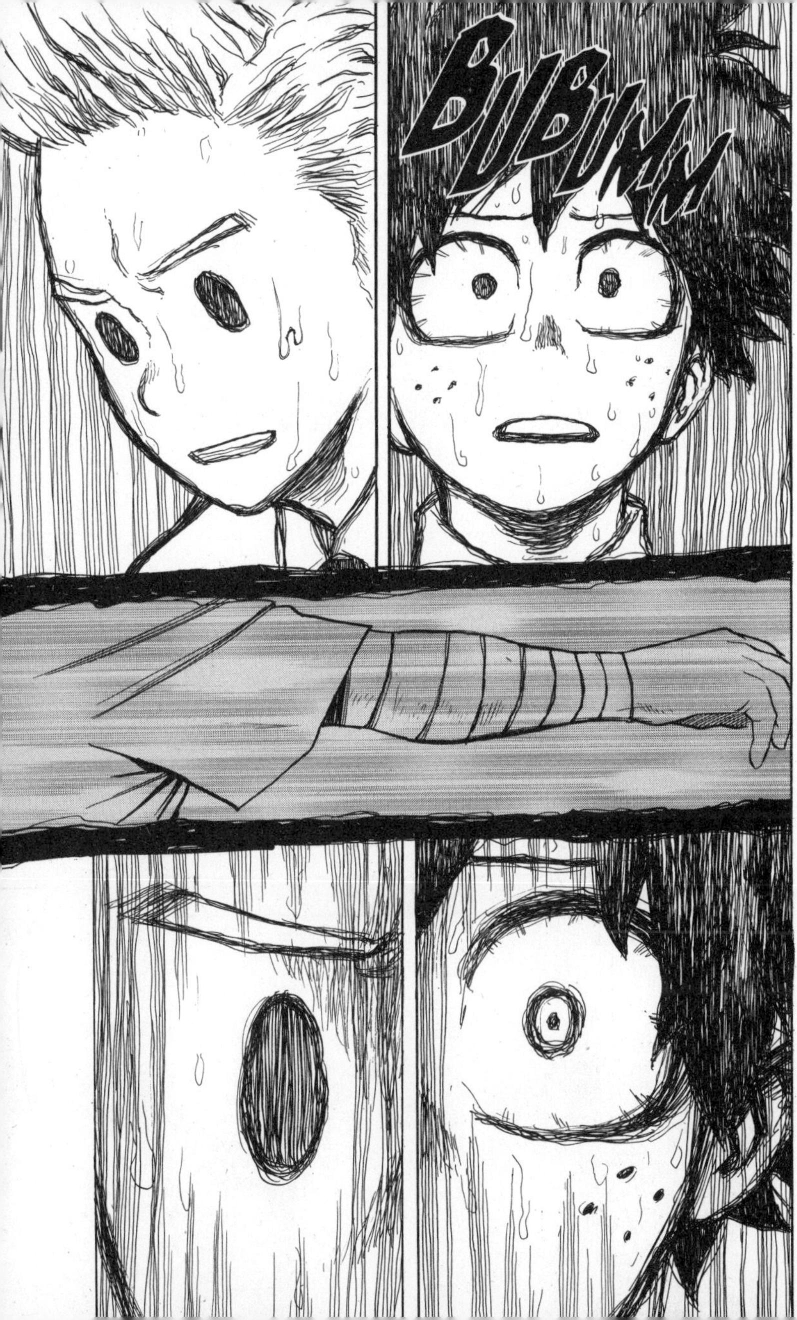
BUBUMM

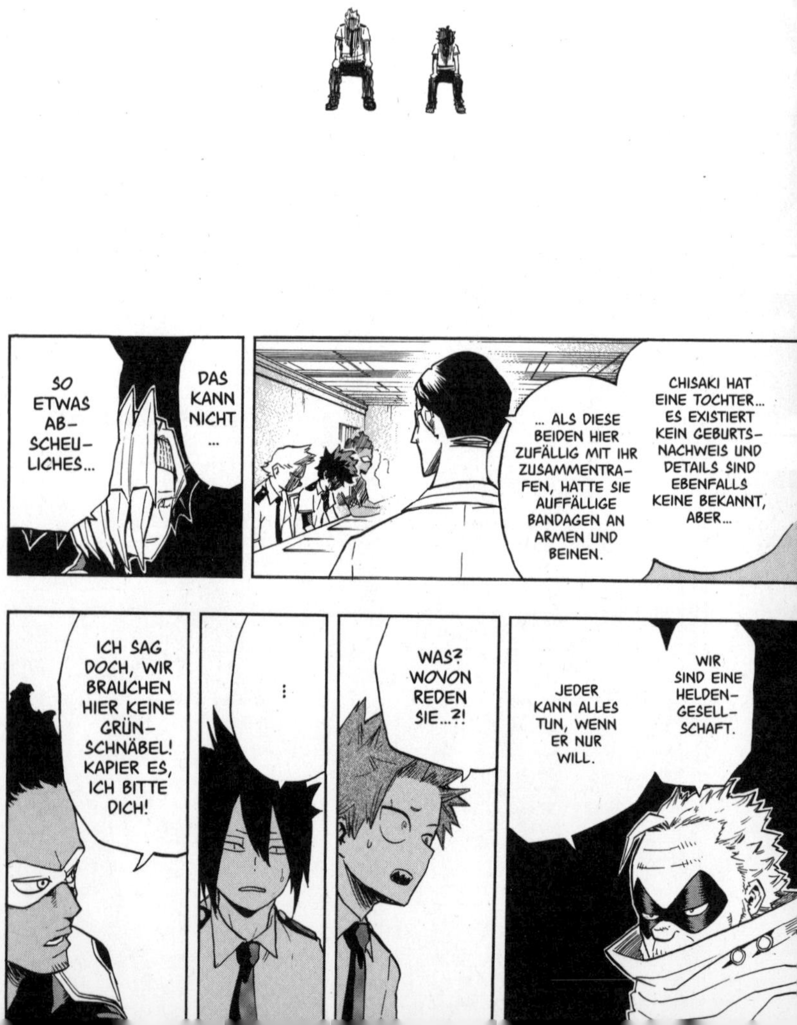
CHISAKI HAT EINE TOCHTER... ES EXISTIERT KEIN GEBURTS-NACHWEIS UND DETAILS SIND EBENFALLS KEINE BEKANNT, ABER...
... ALS DIESE BEIDEN HIER ZUFÄLLIG MIT IHR ZUSAMMENTRA-FEN, HATTE SIE AUFFÄLLIGE BANDAGEN AN ARMEN UND BEINEN.
DAS KANN NICHT ...
SO ETWAS AB-SCHEU-LICHES...
WIR SIND EINE HELDEN-GESELL-SCHAFT.
JEDER KANN ALLES TUN, WENN ER NUR WILL.
WAS? WOVON REDEN SIE...?!
...
ICH SAG DOCH, WIR BRAUCHEN HIER KEINE GRÜN-SCHNÄBEL! KAPIER ES, ICH BITTE DICH!

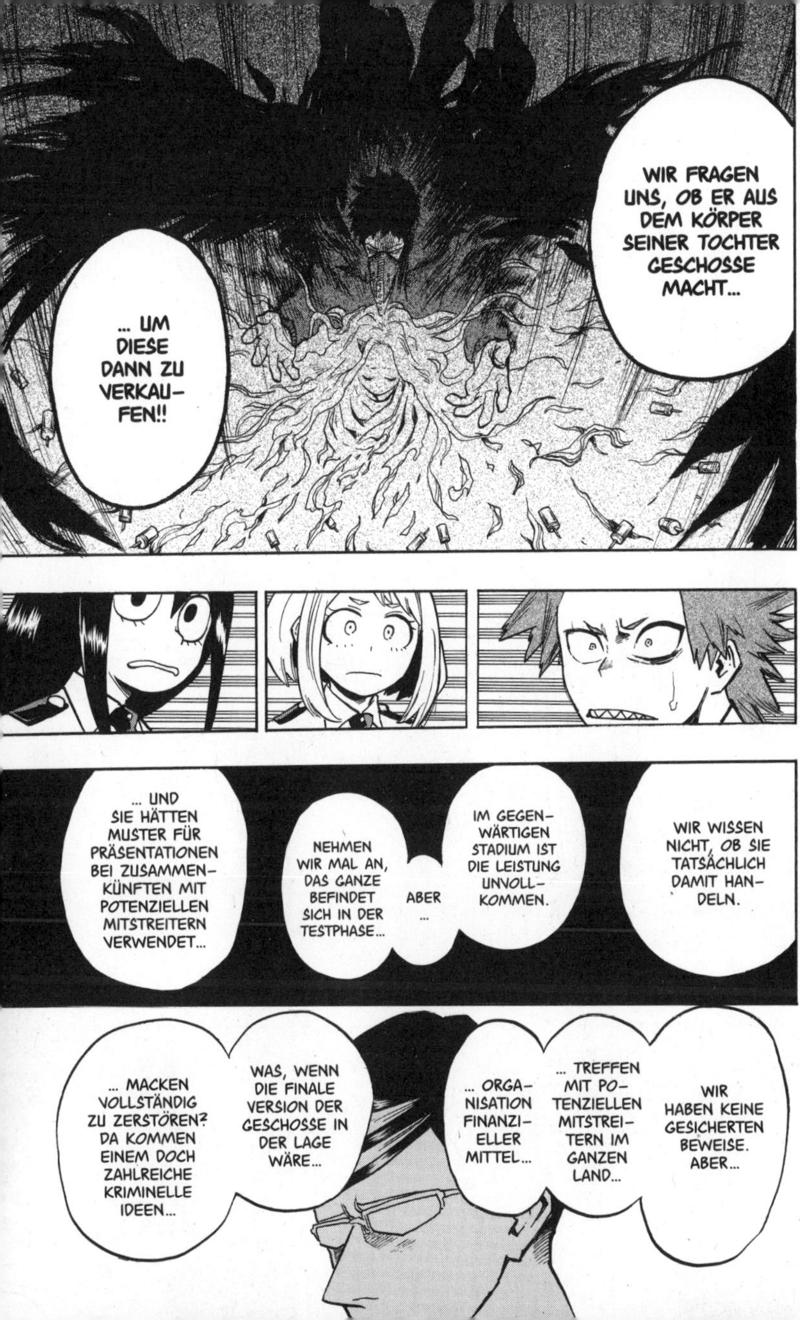

WIR FRAGEN UNS, OB ER AUS DEM KÖRPER SEINER TOCHTER GESCHOSSE MACHT...
... UM DIESE DANN ZU VERKAU-FEN!!
WIR WISSEN NICHT, OB SIE TATSÄCHLICH DAMIT HAN-DELN.
IM GEGEN-WÄRTIGEN STADIUM IST DIE LEISTUNG UNVOLL-KOMMEN.
ABER ...
NEHMEN WIR MAL AN, DAS GANZE BEFINDET SICH IN DER TESTPHASE...
... UND SIE HÄTTEN MUSTER FÜR PRÄSENTATIONEN BEI ZUSAMMEN-KÜNFTEN MIT POTENZIELLEN MITSTREITERN VERWENDET...
WIR HABEN KEINE GESICHERTEN BEWEISE. ABER...
... TREFFEN MIT PO-TENZIELLEN MITSTREI-TERN IM GANZEN LAND...
... ORGA-NISATION FINANZI-ELLER MITTEL...
WAS, WENN DIE FINALE VERSION DER GESCHOSSE IN DER LAGE WÄRE...
... MACKEN VOLLSTÄNDIG ZU ZERSTÖREN? DA KOMMEN EINEM DOCH ZAHLREICHE KRIMINELLE IDEEN...

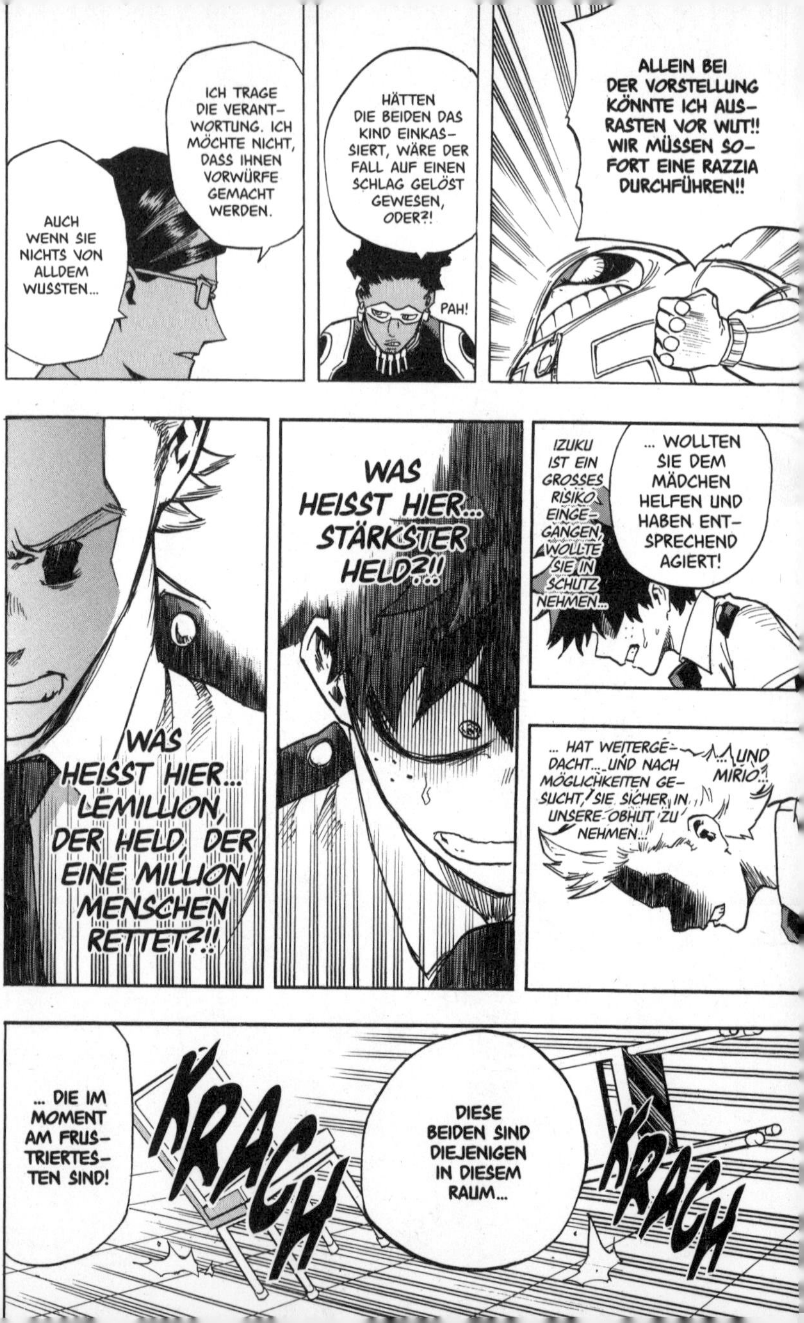
ALLEIN BEI DER VORSTELLUNG KÖNNTE ICH AUSRASTEN VOR WUT!! WIR MÜSSEN SOFORT EINE RAZZIA DURCHFÜHREN!!
HÄTTEN DIE BEIDEN DAS KIND EINKASSIERT, WÄRE DER FALL AUF EINEN SCHLAG GELÖST GEWESEN, ODER?!
PAH!
ICH TRAGE DIE VERANTWORTUNG. ICH MÖCHTE NICHT, DASS IHNEN VORWÜRFE GEMACHT WERDEN.
AUCH WENN SIE NICHTS VON ALLDEM WUSSTEN...
IZUKU IST EIN GROSSES RISIKO EINGEGANGEN, WOLLTE SIE IN SCHUTZ NEHMEN...
... WOLLTEN SIE DEM MÄDCHEN HELFEN UND HABEN ENTSPRECHEND AGIERT!
... UND MIRIO...
... HAT WEITERGEDACHT... UND NACH MÖGLICHKEITEN GESUCHT, SIE SICHER IN UNSERE OBHUT ZU NEHMEN...
WAS HEISST HIER... STÄRKSTER HELD?!!
WAS HEISST HIER... LEMILLION, DER HELD, DER EINE MILLION MENSCHEN RETTET?!!
KRACH
DIESE BEIDEN SIND DIEJENIGEN IN DIESEM RAUM...
KRACH
... DIE IM MOMENT AM FRUSTRIERTESTEN SIND!

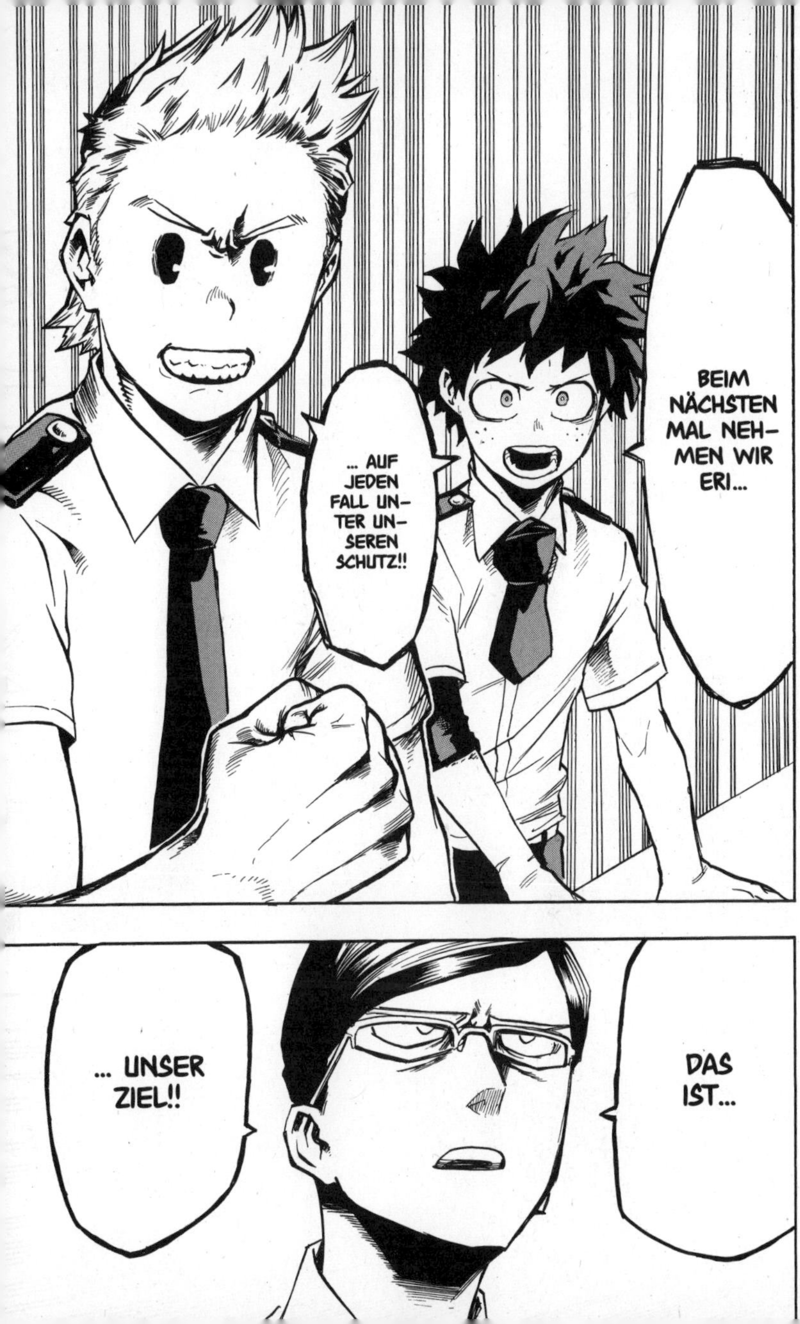
BEIM NÄCHSTEN MAL NEHMEN WIR ERI...
... AUF JEDEN FALL UNTER UNSEREN SCHUTZ!!
DAS IST...
... UNSER ZIEL!!

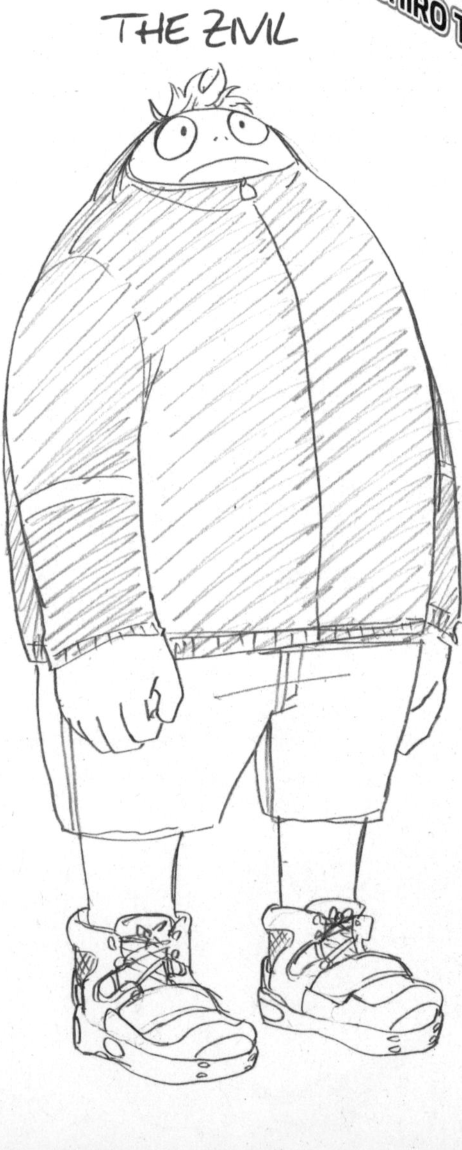

HERO
FAT GUM (29)
TAISHIRO TOYOMITSU

GEBURTSTAG: 8. AUGUST
GRÖSSE: 2,50 M (?)
MAG: OKTOPUSBÄLLCHEN

THE INSIDERSTORY

Es macht Riesenspaß, ihn zu zeichnen. Er ist bestimmt ein total netter Mensch. Ich würde gern auf seinen Schultern reiten.

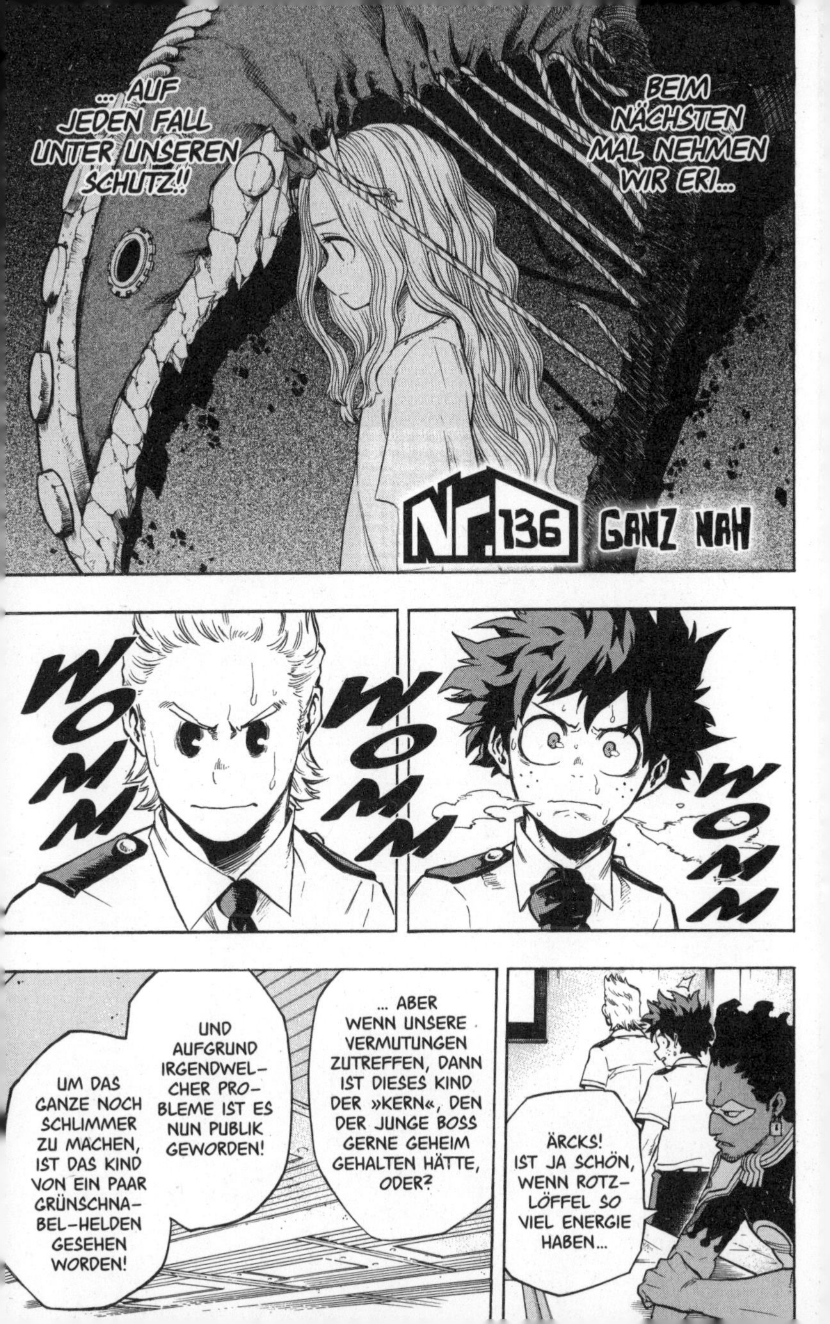
BEIM NÄCHSTEN MAL NEHMEN WIR ERI...
... AUF JEDEN FALL UNTER UNSEREN SCHUTZ!!
Nr. 136 GANZ NAH
WOMM
WOMM
WOMM
ÄRCKS! IST JA SCHÖN, WENN ROTZ-LÖFFEL SO VIEL ENERGIE HABEN...
... ABER WENN UNSERE VERMUTUNGEN ZUTREFFEN, DANN IST DIESES KIND DER »KERN«, DEN DER JUNGE BOSS GERNE GEHEIM GEHALTEN HÄTTE, ODER?
UND AUFGRUND IRGENDWEL-CHER PRO-BLEME IST ES NUN PUBLIK GEWORDEN!
UM DAS GANZE NOCH SCHLIMMER ZU MACHEN, IST DAS KIND VON EIN PAAR GRÜNSCHNA-BEL-HELDEN GESEHEN WORDEN!

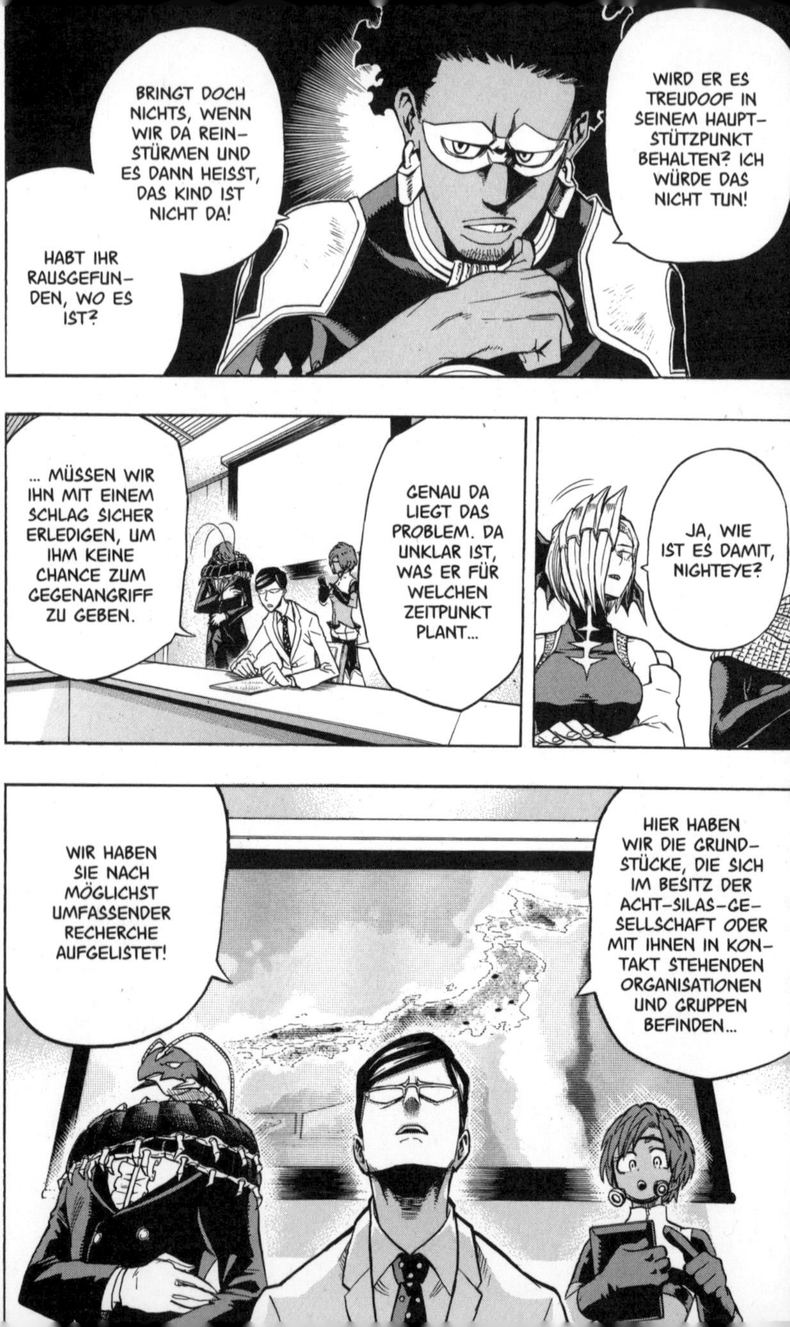
WIRD ER ES TREUDOOF IN SEINEM HAUPT-STÜTZPUNKT BEHALTEN? ICH WÜRDE DAS NICHT TUN!
BRINGT DOCH NICHTS, WENN WIR DA REIN-STÜRMEN UND ES DANN HEISST, DAS KIND IST NICHT DA!
HABT IHR RAUSGEFUN-DEN, WO ES IST?
JA, WIE IST ES DAMIT, NIGHTEYE?
GENAU DA LIEGT DAS PROBLEM. DA UNKLAR IST, WAS ER FÜR WELCHEN ZEITPUNKT PLANT...
... MÜSSEN WIR IHN MIT EINEM SCHLAG SICHER ERLEDIGEN, UM IHM KEINE CHANCE ZUM GEGENANGRIFF ZU GEBEN.
HIER HABEN WIR DIE GRUND-STÜCKE, DIE SICH IM BESITZ DER ACHT-SILAS-GE-SELLSCHAFT ODER MIT IHNEN IN KON-TAKT STEHENDEN ORGANISATIONEN UND GRUPPEN BEFINDEN...
WIR HABEN SIE NACH MÖGLICHST UMFASSENDER RECHERCHE AUFGELISTET!

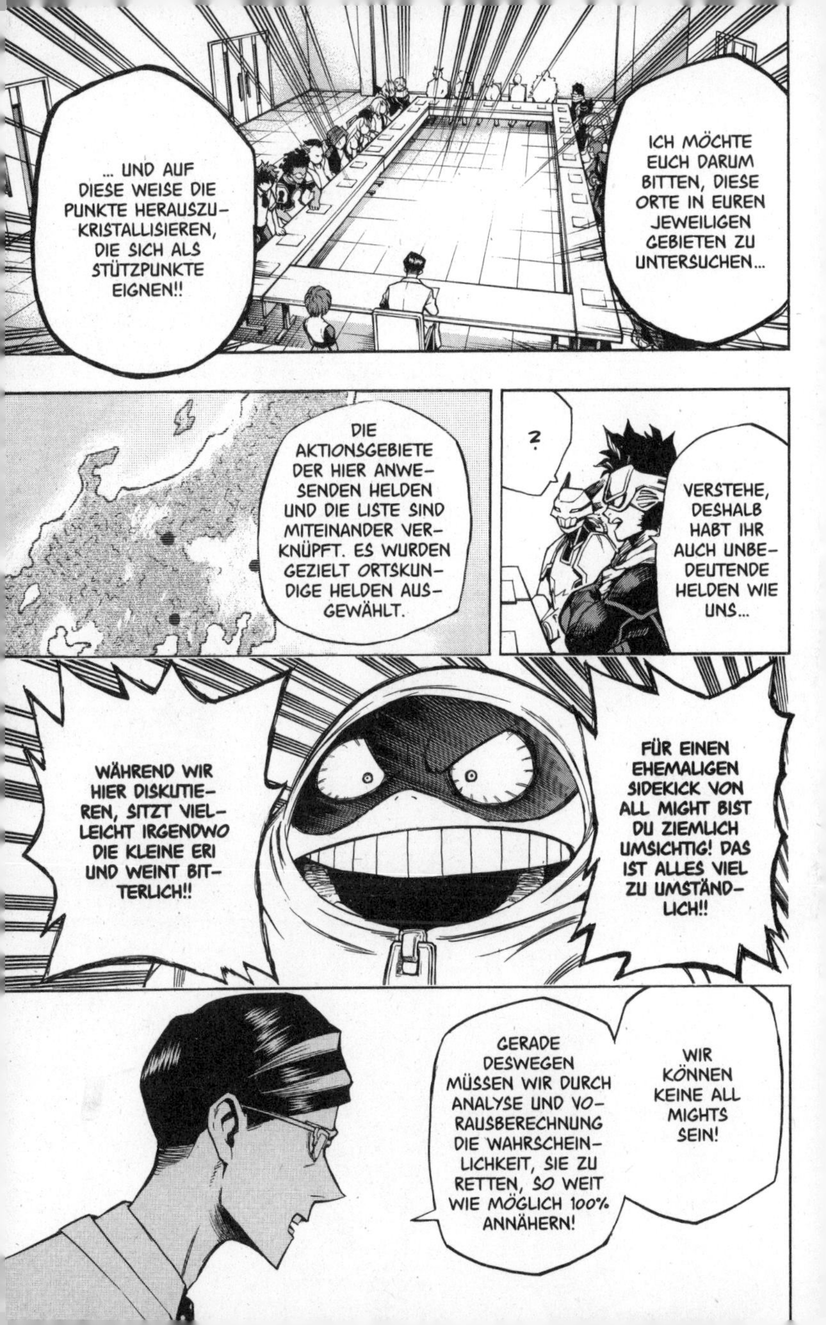
ICH MÖCHTE EUCH DARUM BITTEN, DIESE ORTE IN EUREN JEWEILIGEN GEBIETEN ZU UNTERSUCHEN...
... UND AUF DIESE WEISE DIE PUNKTE HERAUSZU-KRISTALLISIEREN, DIE SICH ALS STÜTZPUNKTE EIGNEN!!
DIE AKTIONSGEBIETE DER HIER ANWE-SENDEN HELDEN UND DIE LISTE SIND MITEINANDER VER-KNÜPFT. ES WURDEN GEZIELT ORTSKUN-DIGE HELDEN AUS-GEWÄHLT.
?
VERSTEHE, DESHALB HABT IHR AUCH UNBE-DEUTENDE HELDEN WIE UNS...
FÜR EINEN EHEMALIGEN SIDEKICK VON ALL MIGHT BIST DU ZIEMLICH UMSICHTIG! DAS IST ALLES VIEL ZU UMSTÄND-LICH!!
WÄHREND WIR HIER DISKUTIE-REN, SITZT VIEL-LEICHT IRGENDWO DIE KLEINE ERI UND WEINT BIT-TERLICH!!
WIR KÖNNEN KEINE ALL MIGHTS SEIN!
GERADE DESWEGEN MÜSSEN WIR DURCH ANALYSE UND VO-RAUSBERECHNUNG DIE WAHRSCHEIN-LICHKEIT, SIE ZU RETTEN, SO WEIT WIE MÖGLICH 100% ANNÄHERN!

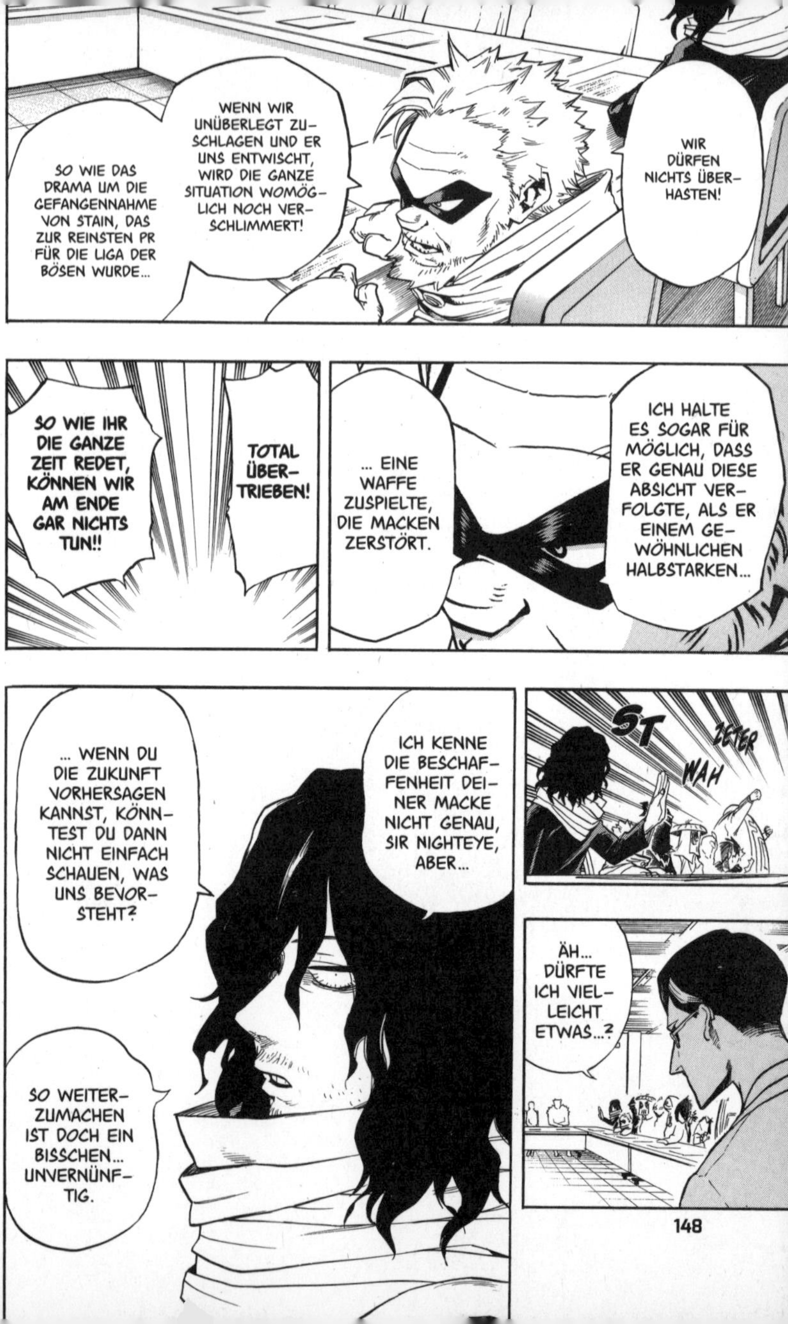
WIR DÜRFEN NICHTS ÜBERHASTEN!
WENN WIR UNÜBERLEGT ZUSCHLAGEN UND ER UNS ENTWISCHT, WIRD DIE GANZE SITUATION WOMÖGLICH NOCH VERSCHLIMMERT!
SO WIE DAS DRAMA UM DIE GEFANGENNAHME VON STAIN, DAS ZUR REINSTEN PR FÜR DIE LIGA DER BÖSEN WURDE...
ICH HALTE ES SOGAR FÜR MÖGLICH, DASS ER GENAU DIESE ABSICHT VERFOLGTE, ALS ER EINEM GEWÖHNLICHEN HALBSTARKEN...
... EINE WAFFE ZUSPIELTE, DIE MACKEN ZERSTÖRT.
TOTAL ÜBERTRIEBEN!
SO WIE IHR DIE GANZE ZEIT REDET, KÖNNEN WIR AM ENDE GAR NICHTS TUN!!
ST
ZETER
WAH
ÄH... DÜRFTE ICH VIELLEICHT ETWAS...?
ICH KENNE DIE BESCHAFFENHEIT DEINER MACKE NICHT GENAU, SIR NIGHTEYE, ABER...
... WENN DU DIE ZUKUNFT VORHERSAGEN KANNST, KÖNNTEST DU DANN NICHT EINFACH SCHAUEN, WAS UNS BEVORSTEHT?
SO WEITERZUMACHEN IST DOCH EIN BISSCHEN... UNVERNÜNFTIG.

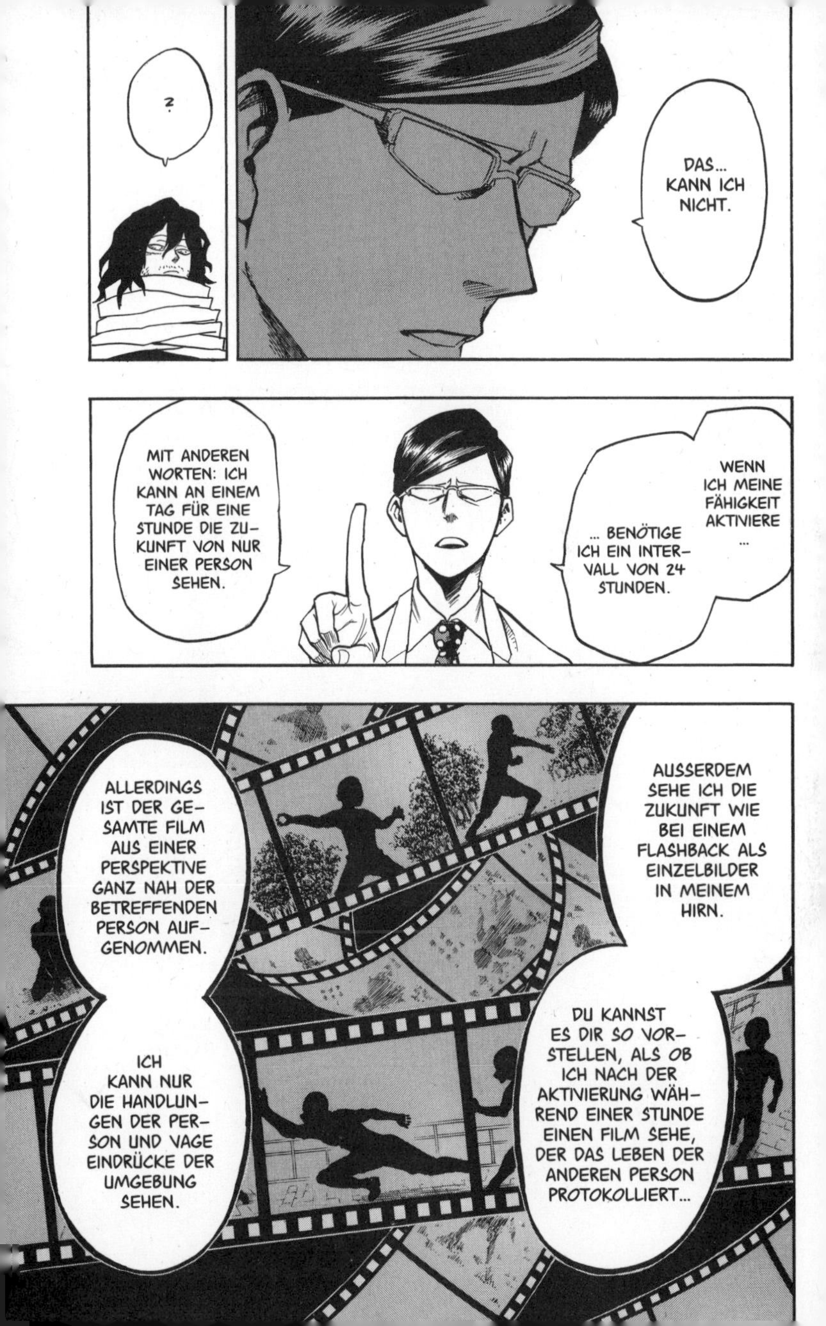
DAS... KANN ICH NICHT.
?
WENN ICH MEINE FÄHIGKEIT AKTIVIERE ...
... BENÖTIGE ICH EIN INTER-VALL VON 24 STUNDEN.
MIT ANDEREN WORTEN: ICH KANN AN EINEM TAG FÜR EINE STUNDE DIE ZU-KUNFT VON NUR EINER PERSON SEHEN.
AUSSERDEM SEHE ICH DIE ZUKUNFT WIE BEI EINEM FLASHBACK ALS EINZELBILDER IN MEINEM HIRN.
DU KANNST ES DIR SO VOR-STELLEN, ALS OB ICH NACH DER AKTIVIERUNG WÄH-REND EINER STUNDE EINEN FILM SEHE, DER DAS LEBEN DER ANDEREN PERSON PROTOKOLLIERT...
ALLERDINGS IST DER GE-SAMTE FILM AUS EINER PERSPEKTIVE GANZ NAH DER BETREFFENDEN PERSON AUF-GENOMMEN.
ICH KANN NUR DIE HANDLUN-GEN DER PER-SON UND VAGE EINDRÜCKE DER UMGEBUNG SEHEN.

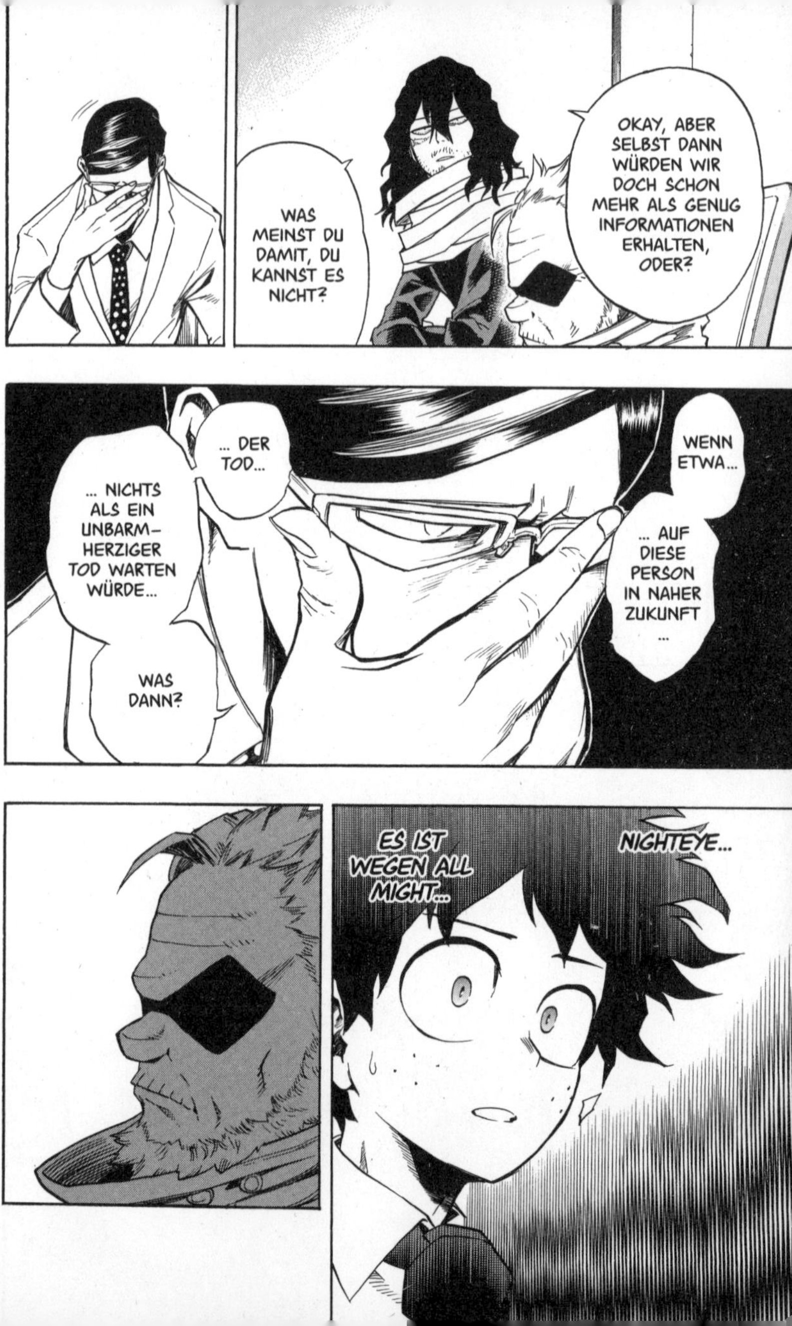
OKAY, ABER SELBST DANN WÜRDEN WIR DOCH SCHON MEHR ALS GENUG INFORMATIONEN ERHALTEN, ODER?
WAS MEINST DU DAMIT, DU KANNST ES NICHT?
WENN ETWA...
... AUF DIESE PERSON IN NAHER ZUKUNFT ...
... DER TOD...
... NICHTS ALS EIN UNBARM-HERZIGER TOD WARTEN WÜRDE...
WAS DANN?
NIGHTEYE...
ES IST WEGEN ALL MIGHT...

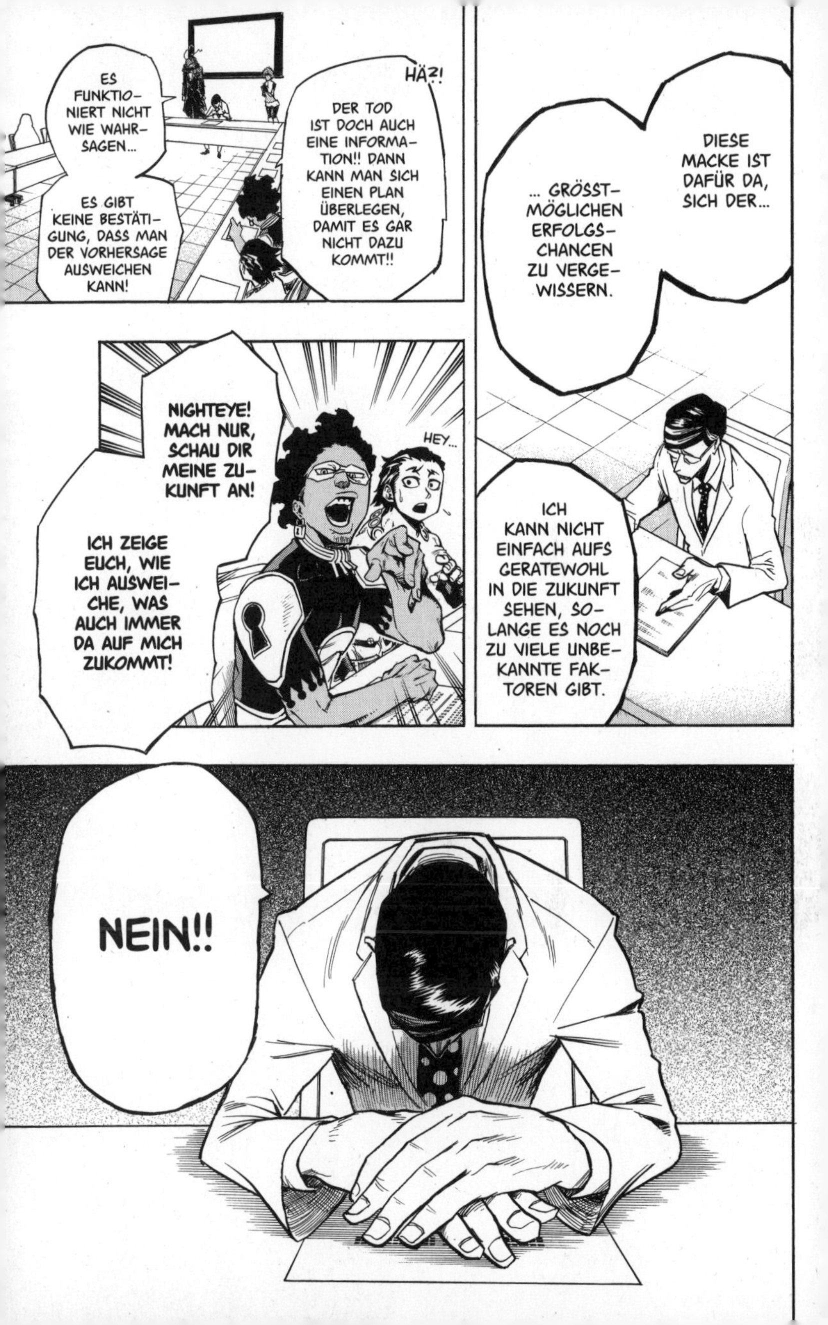
DIESE MACKE IST DAFÜR DA, SICH DER…
… GRÖSST-MÖGLICHEN ERFOLGS-CHANCEN ZU VERGE-WISSERN.
ICH KANN NICHT EINFACH AUFS GERATEWOHL IN DIE ZUKUNFT SEHEN, SO-LANGE ES NOCH ZU VIELE UNBE-KANNTE FAK-TOREN GIBT.
ES FUNKTIO-NIERT NICHT WIE WAHR-SAGEN…
ES GIBT KEINE BESTÄTI-GUNG, DASS MAN DER VORHERSAGE AUSWEICHEN KANN!
HÄ?!
DER TOD IST DOCH AUCH EINE INFORMA-TION!! DANN KANN MAN SICH EINEN PLAN ÜBERLEGEN, DAMIT ES GAR NICHT DAZU KOMMT!!
NIGHTEYE! MACH NUR, SCHAU DIR MEINE ZU-KUNFT AN!
ICH ZEIGE EUCH, WIE ICH AUSWEI-CHE, WAS AUCH IMMER DA AUF MICH ZUKOMMT!
HEY…
NEIN!!

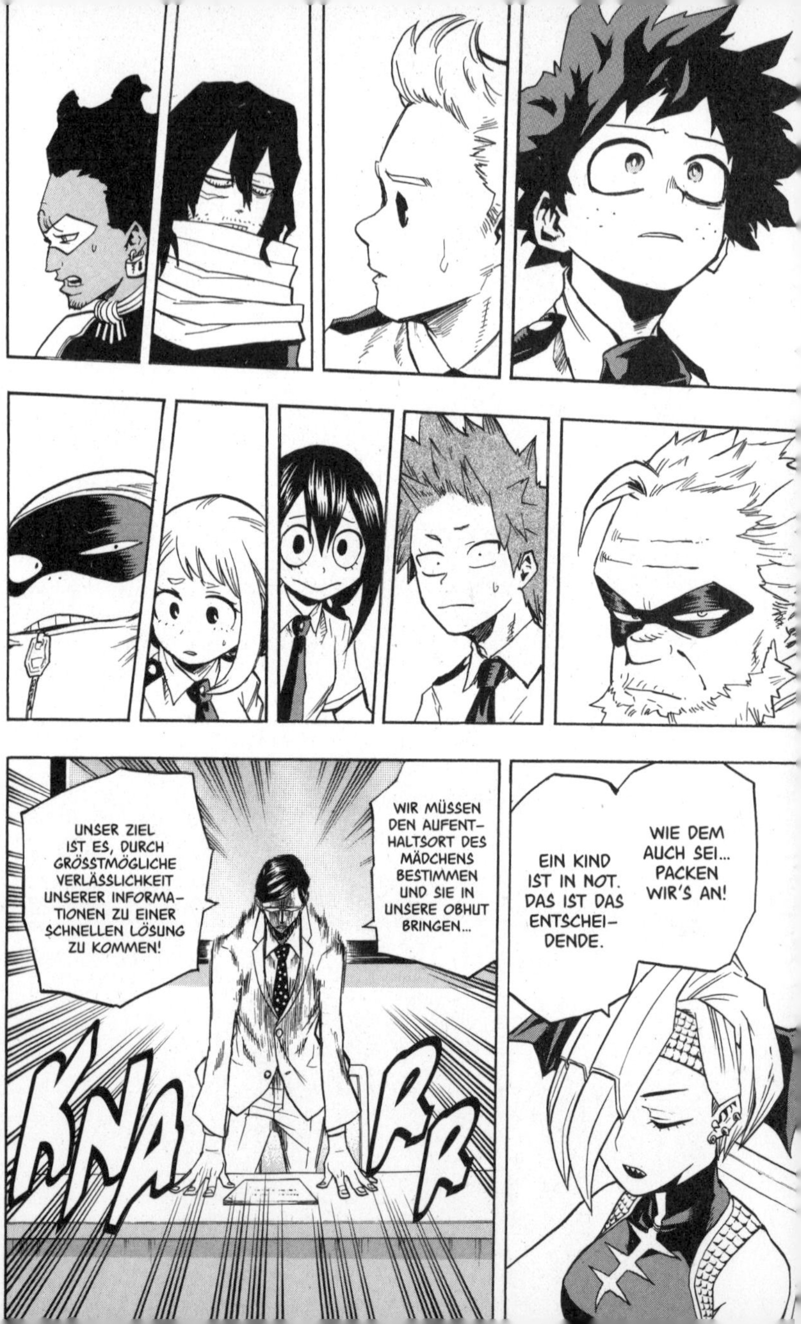
WIR MÜSSEN DEN AUFENTHALTSORT DES MÄDCHENS BESTIMMEN UND SIE IN UNSERE OBHUT BRINGEN…
UNSER ZIEL IST ES, DURCH GRÖSSTMÖGLICHE VERLÄSSLICHKEIT UNSERER INFORMATIONEN ZU EINER SCHNELLEN LÖSUNG ZU KOMMEN!
KNAPP
WIE DEM AUCH SEI… PACKEN WIR'S AN!
EIN KIND IST IN NOT. DAS IST DAS ENTSCHEIDENDE.

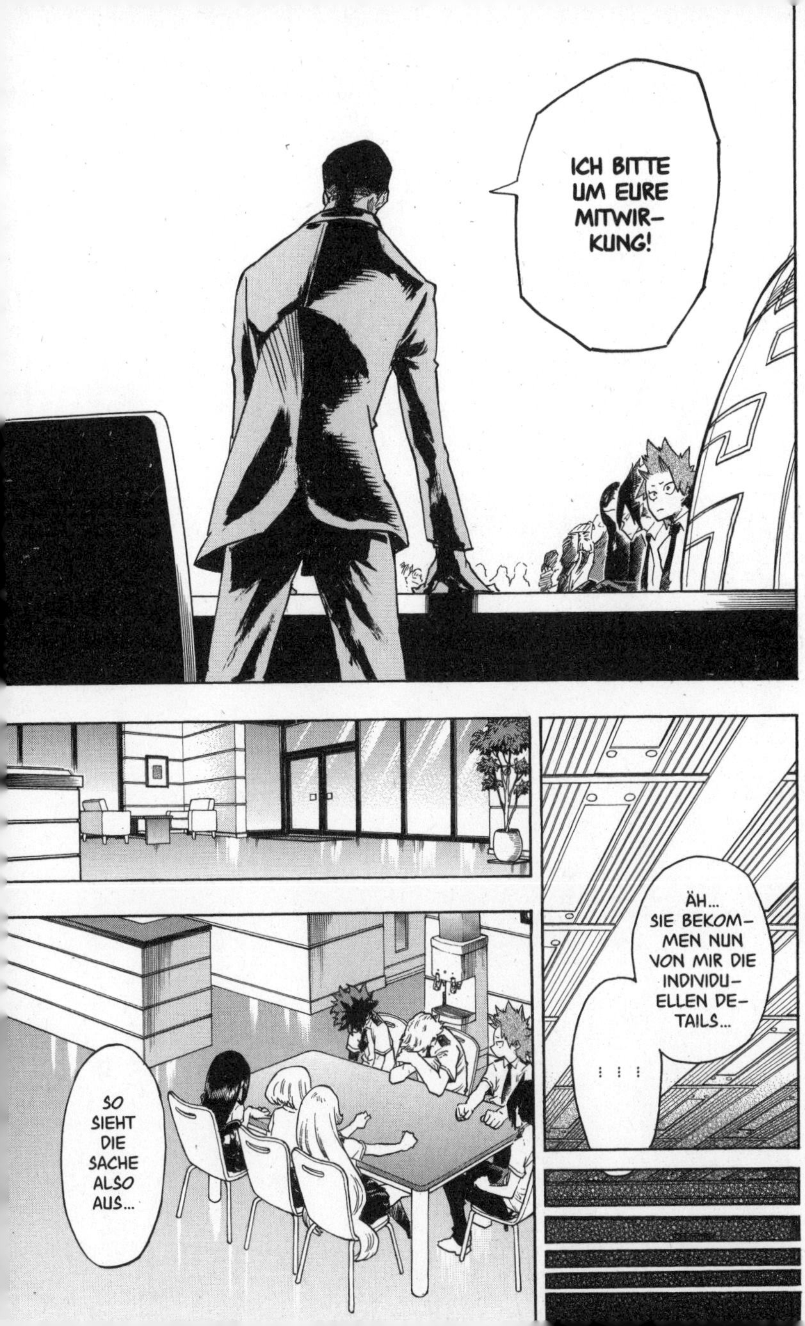
ICH BITTE UM EURE MITWIR-KUNG!
ÄH... SIE BEKOM-MEN NUN VON MIR DIE INDIVIDU-ELLEN DE-TAILS...
...
SO SIEHT DIE SACHE ALSO AUS...

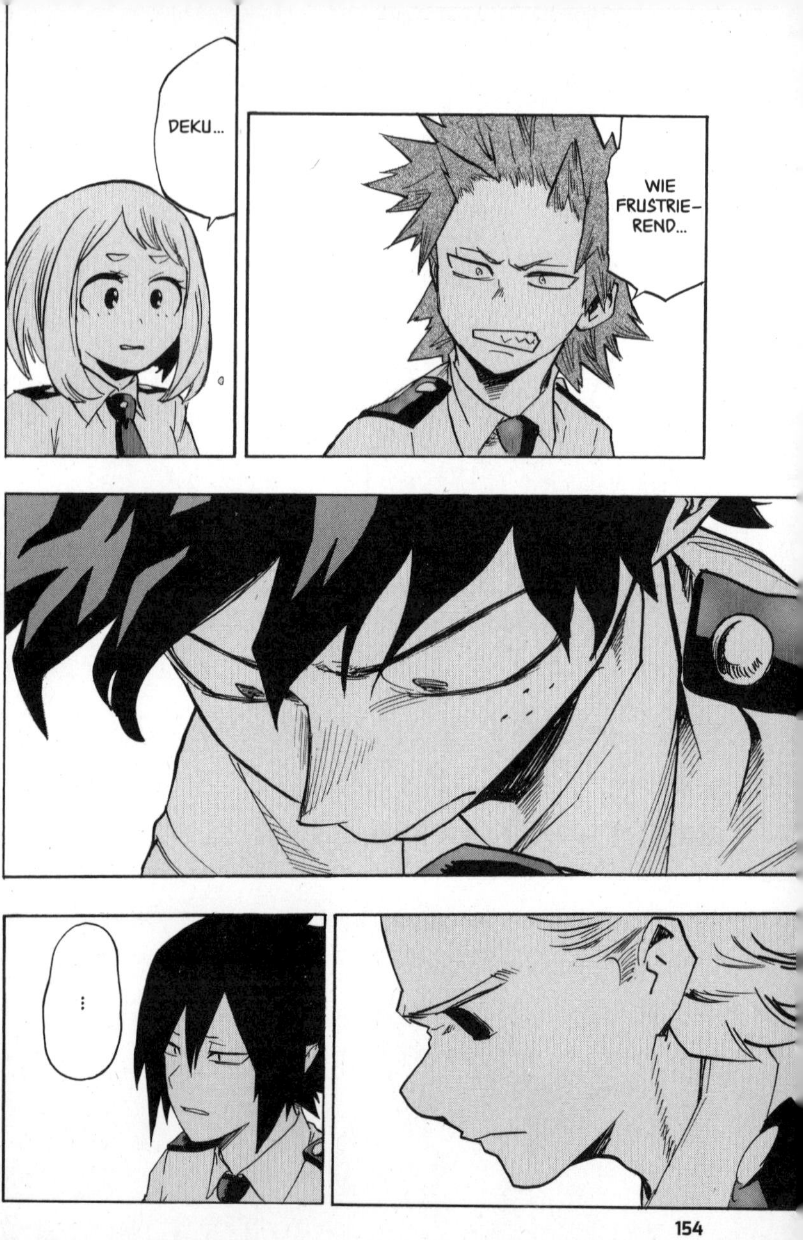
WIE FRUSTRIE-REND...
DEKU...
...

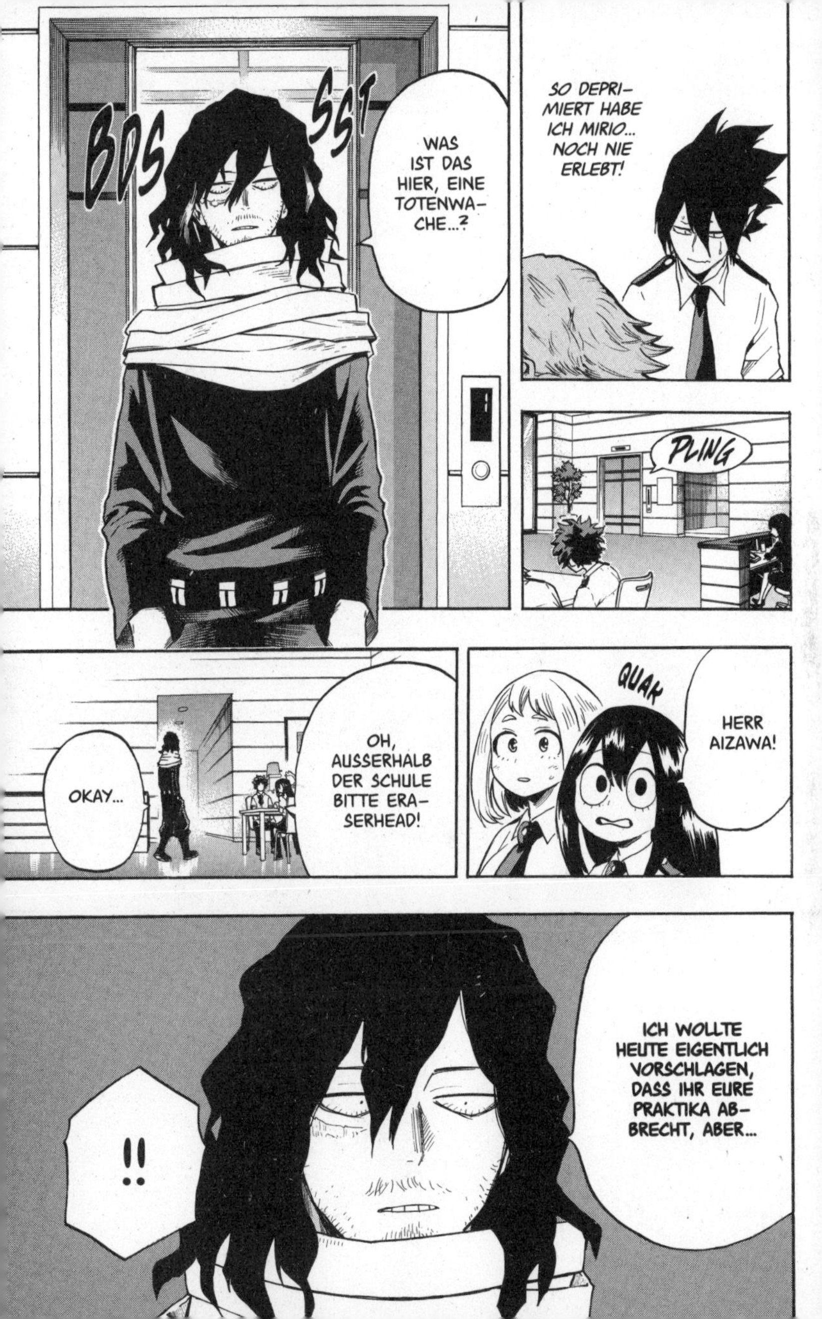
SO DEPRI-
MIERT HABE
ICH MIRIO...
NOCH NIE
ERLEBT!
PLING
BDS SST
WAS
IST DAS
HIER, EINE
TOTENWA-
CHE...?
QUAK
HERR
AIZAWA!
OH,
AUSSERHALB
DER SCHULE
BITTE ERA-
SERHEAD!
OKAY...
ICH WOLLTE
HEUTE EIGENTLICH
VORSCHLAGEN,
DASS IHR EURE
PRAKTIKA AB-
BRECHT, ABER...
!!

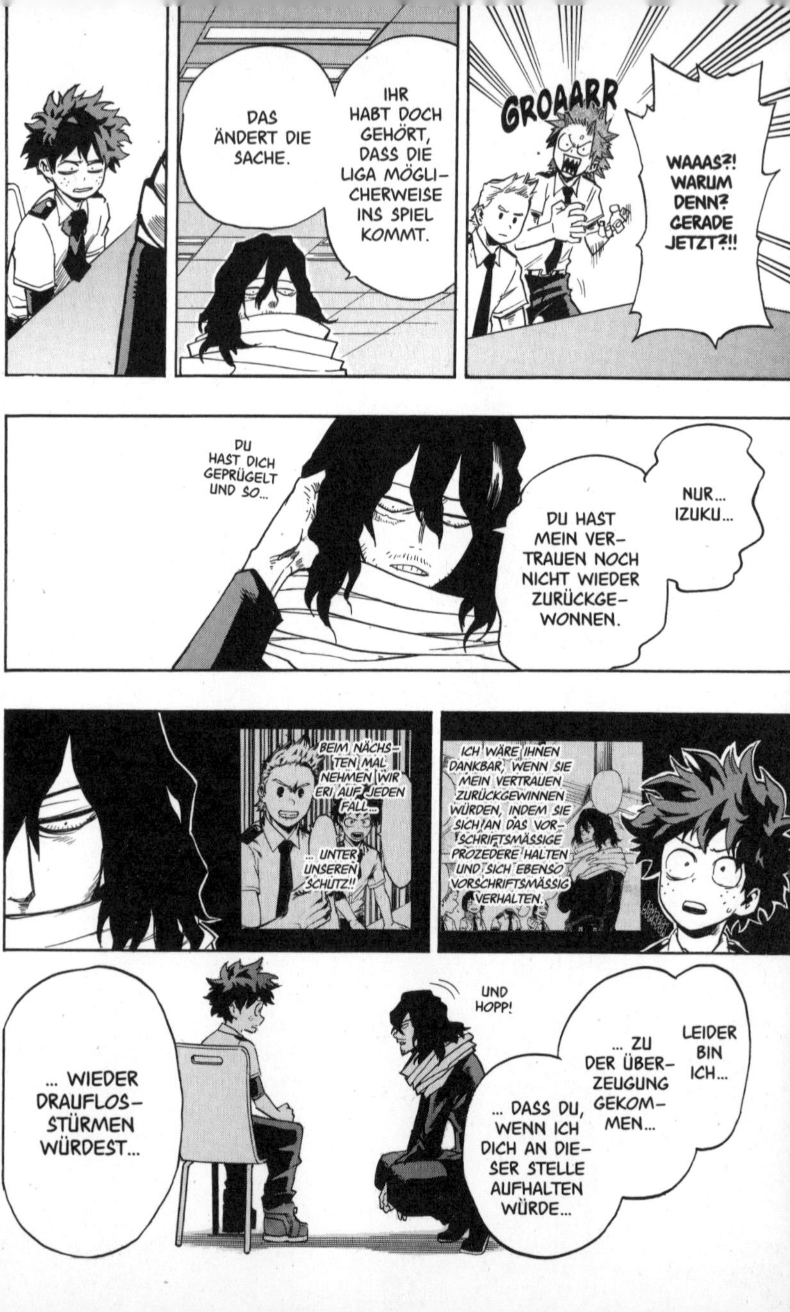
GROAARR
WAAAS?! WARUM DENN? GERADE JETZT?!!
IHR HABT DOCH GEHÖRT, DASS DIE LIGA MÖGLICHERWEISE INS SPIEL KOMMT.
DAS ÄNDERT DIE SACHE.
NUR... IZUKU...
DU HAST MEIN VERTRAUEN NOCH NICHT WIEDER ZURÜCKGEWONNEN.
DU HAST DICH GEPRÜGELT UND SO...
ICH WÄRE IHNEN DANKBAR, WENN SIE MEIN VERTRAUEN ZURÜCKGEWINNEN WÜRDEN, INDEM SIE SICH AN DAS VORSCHRIFTSMÄSSIGE PROZEDERE HALTEN UND SICH EBENSO VORSCHRIFTSMÄSSIG VERHALTEN.
BEIM NÄCHSTEN MAL NEHMEN WIR ERI AUF JEDEN FALL...
... UNTER UNSEREN SCHUTZ!!
UND HOPP!
LEIDER BIN ICH...
... ZU DER ÜBERZEUGUNG GEKOMMEN...
... DASS DU, WENN ICH DICH AN DIESER STELLE AUFHALTEN WÜRDE...
... WIEDER DRAUFLOSSTÜRMEN WÜRDEST...

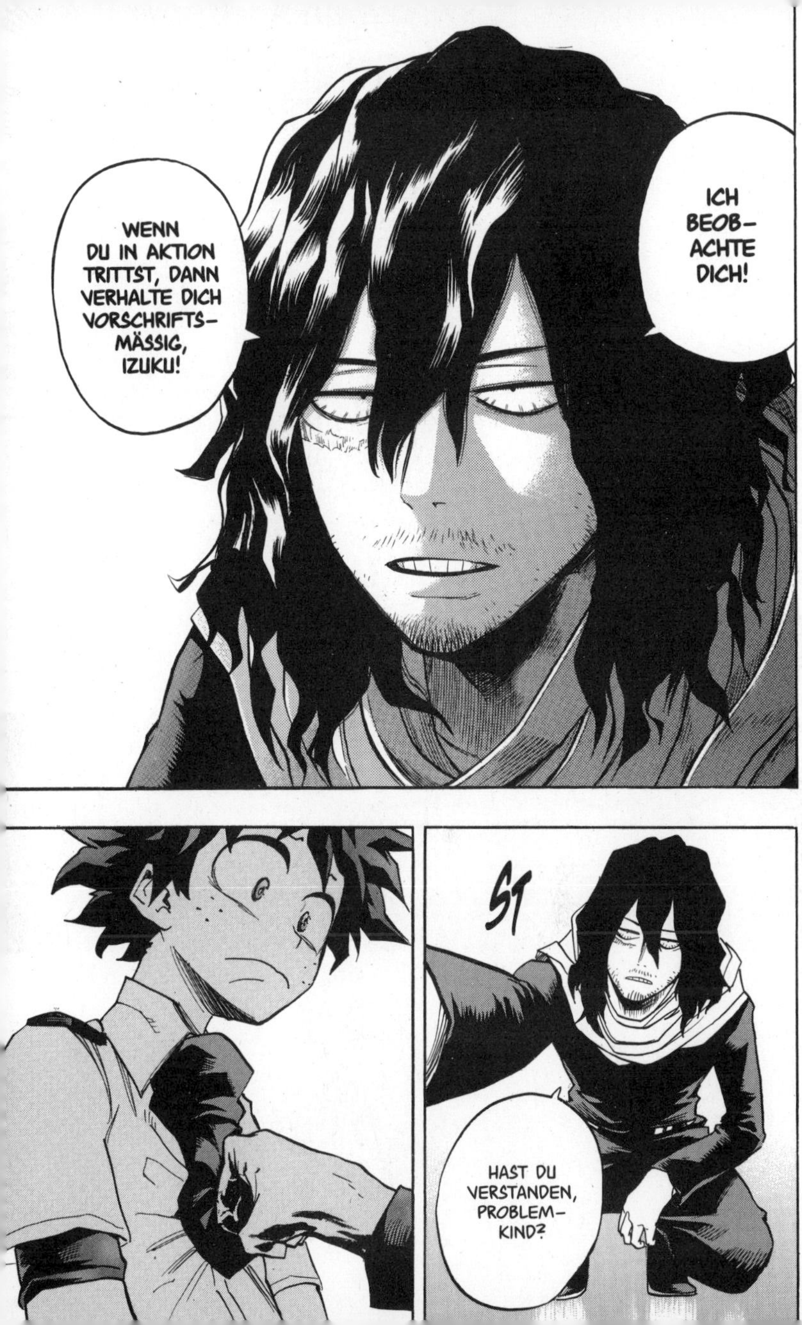
ICH BEOBACHTE DICH!
WENN DU IN AKTION TRITTST, DANN VERHALTE DICH VORSCHRIFTSMÄSSIG, IZUKU!
ST
HAST DU VERSTANDEN, PROBLEMKIND?

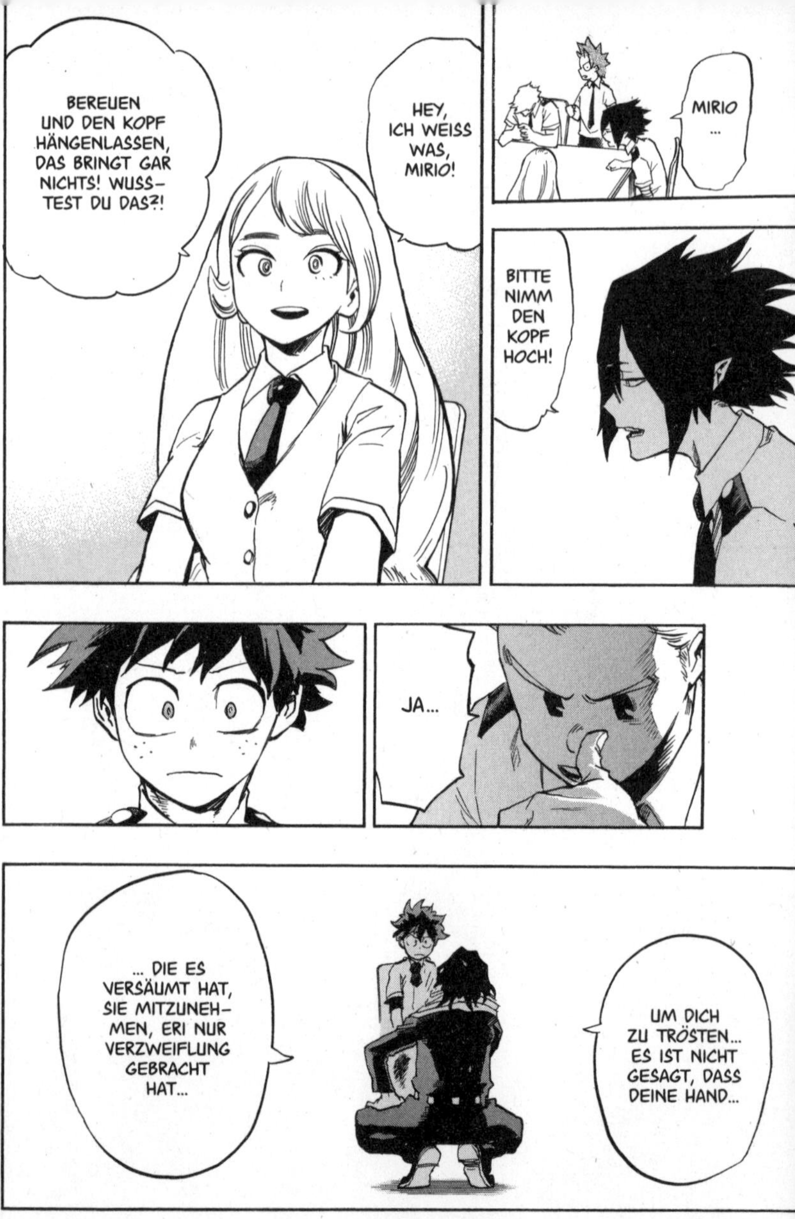
MIRIO ...
BITTE NIMM DEN KOPF HOCH!
HEY, ICH WEISS WAS, MIRIO!
BEREUEN UND DEN KOPF HÄNGENLASSEN, DAS BRINGT GAR NICHTS! WUSS-TEST DU DAS?!
JA...
UM DICH ZU TRÖSTEN... ES IST NICHT GESAGT, DASS DEINE HAND...
... DIE ES VERSÄUMT HAT, SIE MITZUNEH-MEN, ERI NUR VERZWEIFLUNG GEBRACHT HAT...

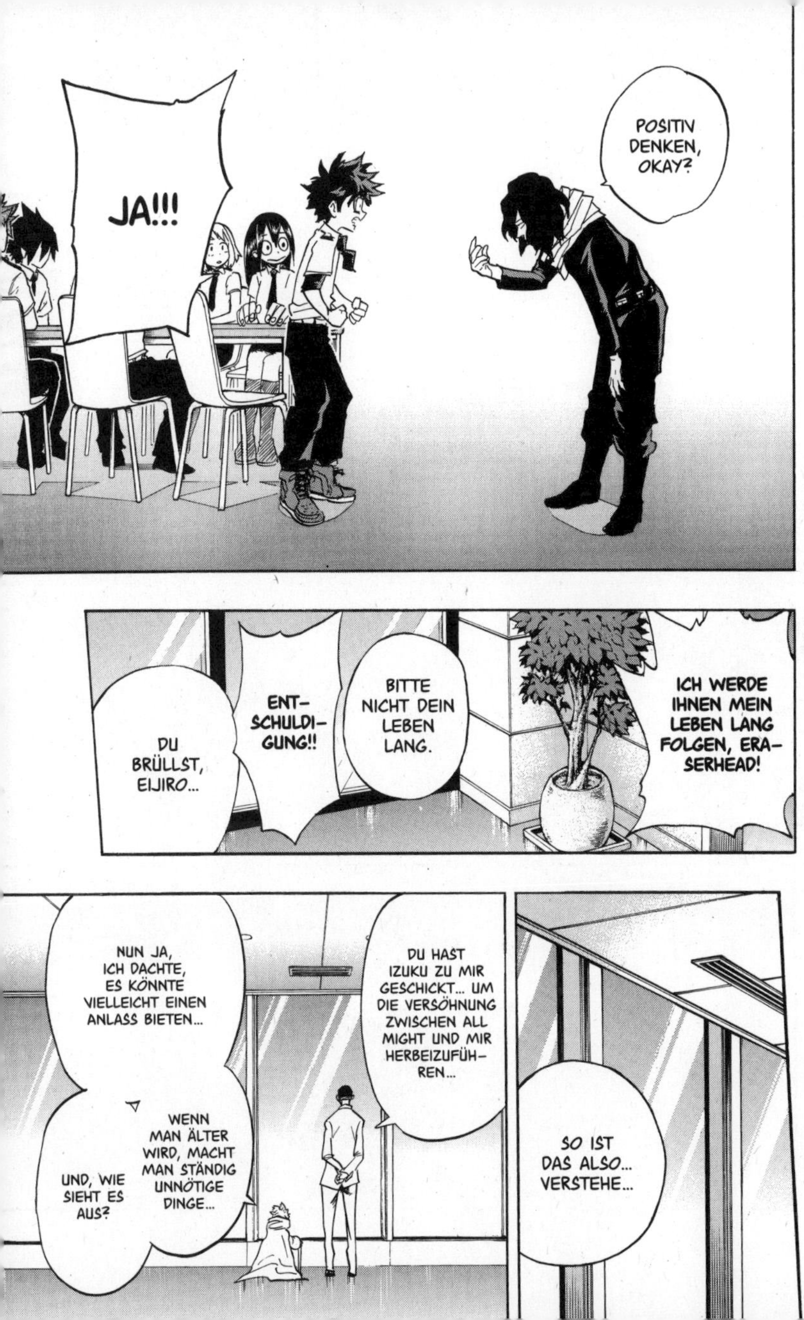
POSITIV DENKEN, OKAY?
JA!!!
ICH WERDE IHNEN MEIN LEBEN LANG FOLGEN, ERA-SERHEAD!
BITTE NICHT DEIN LEBEN LANG.
ENT-SCHULDI-GUNG!!
DU BRÜLLST, EIJIRO...
SO IST DAS ALSO... VERSTEHE...
DU HAST IZUKU ZU MIR GESCHICKT... UM DIE VERSÖHNUNG ZWISCHEN ALL MIGHT UND MIR HERBEIZUFÜH-REN...
NUN JA, ICH DACHTE, ES KÖNNTE VIELLEICHT EINEN ANLASS BIETEN...
WENN MAN ÄLTER WIRD, MACHT MAN STÄNDIG UNNÖTIGE DINGE...
UND, WIE SIEHT ES AUS?

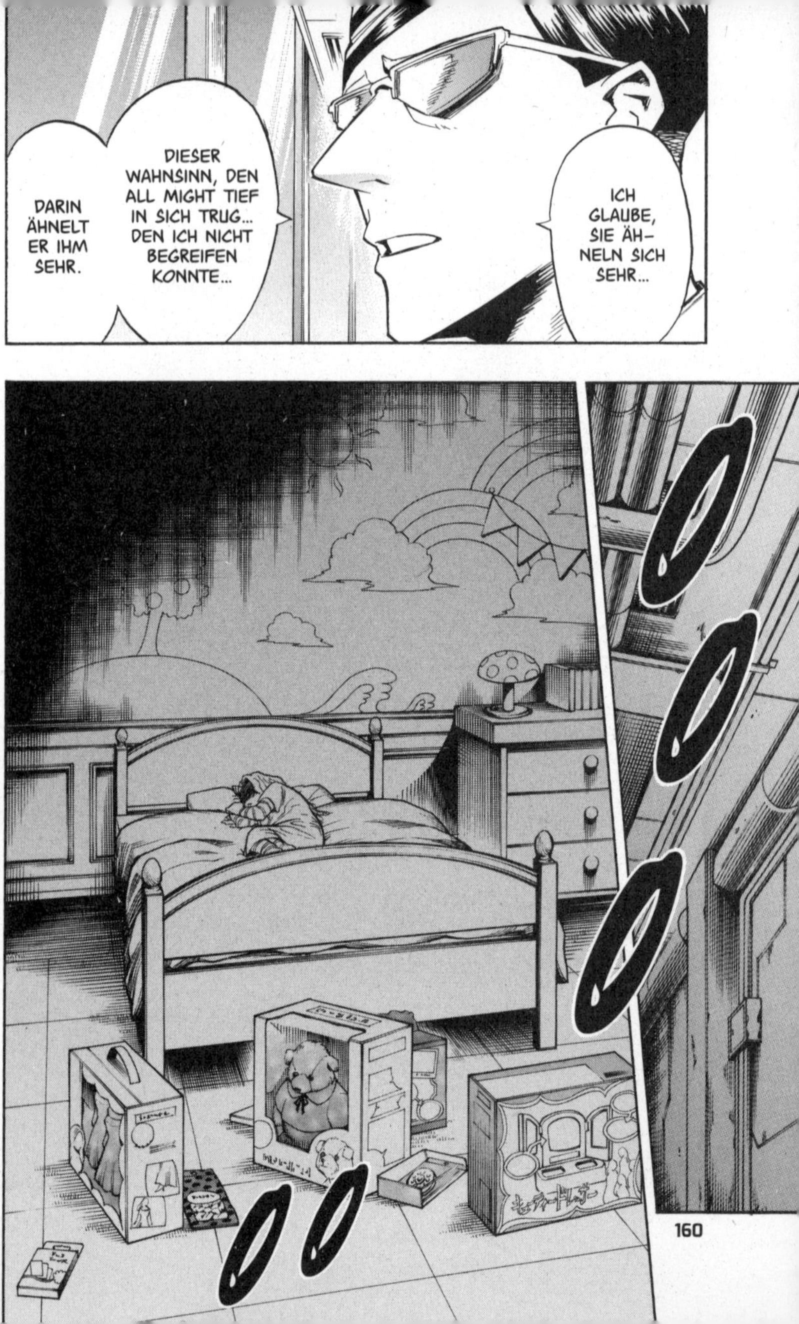
ICH GLAUBE, SIE ÄH-NELN SICH SEHR...
DIESER WAHNSINN, DEN ALL MIGHT TIEF IN SICH TRUG... DEN ICH NICHT BEGREIFEN KONNTE...
DARIN ÄHNELT ER IHM SEHR.

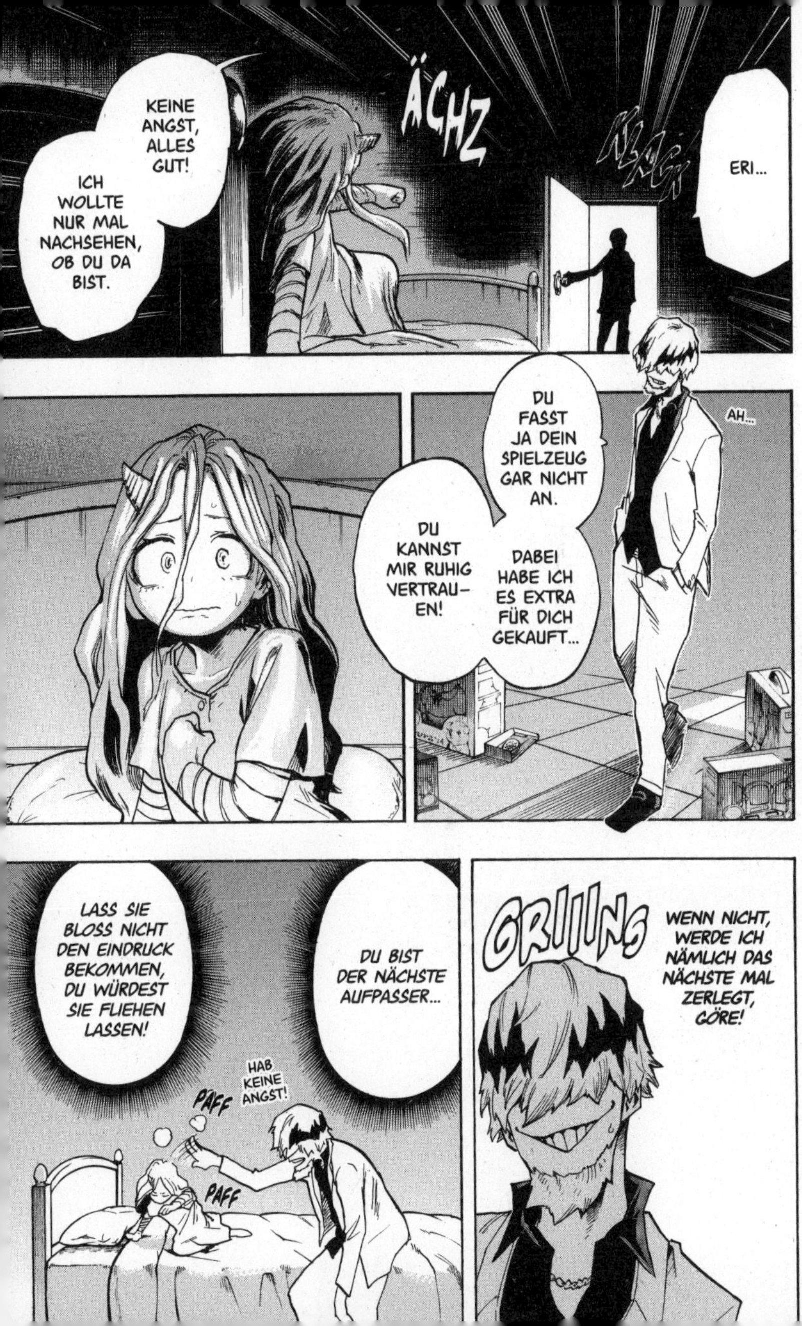
ERI...
ÄCHZ
KEINE ANGST, ALLES GUT!
ICH WOLLTE NUR MAL NACHSEHEN, OB DU DA BIST.
AH...
DU FASST JA DEIN SPIELZEUG GAR NICHT AN.
DABEI HABE ICH ES EXTRA FÜR DICH GEKAUFT...
DU KANNST MIR RUHIG VERTRAUEN!
GRIIINS
WENN NICHT, WERDE ICH NÄMLICH DAS NÄCHSTE MAL ZERLEGT, GÖRE!
DU BIST DER NÄCHSTE AUFPASSER...
LASS SIE BLOSS NICHT DEN EINDRUCK BEKOMMEN, DU WÜRDEST SIE FLIEHEN LASSEN!
HAB KEINE ANGST!
PAFF
PAFF

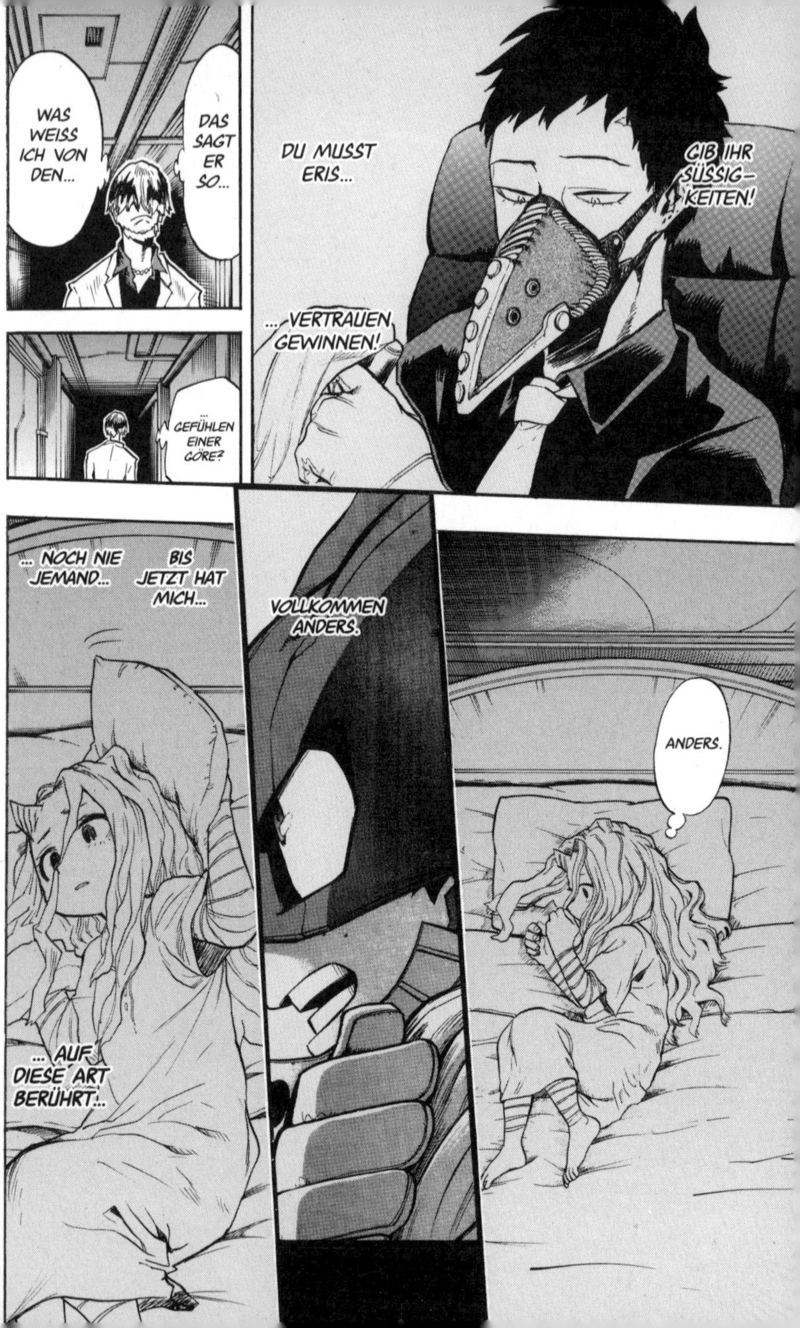
GIB IHR SÜSSIG-KEITEN!
DU MUSST ERIS...
... VERTRAUEN GEWINNEN!
DAS SAGT ER SO...
WAS WEISS ICH VON DEN...
... GEFÜHLEN EINER GÖRE?
ANDERS.
VOLLKOMMEN ANDERS.
BIS JETZT HAT MICH...
... NOCH NIE JEMAND...
... AUF DIESE ART BERÜHRT...

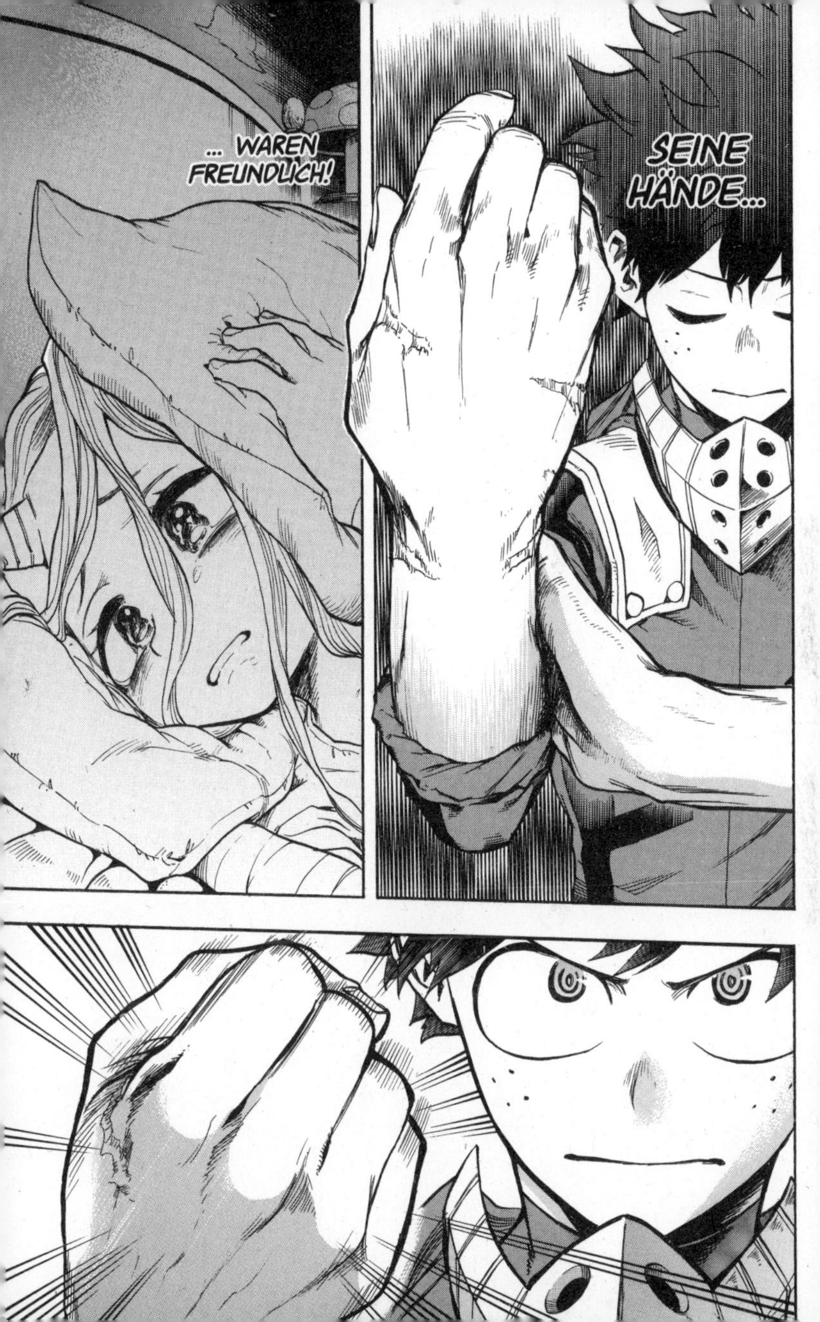
SEINE HÄNDE...
... WAREN FREUNDLICH!

HERO

CENTIPEDER (35)
JUSO MOASHI

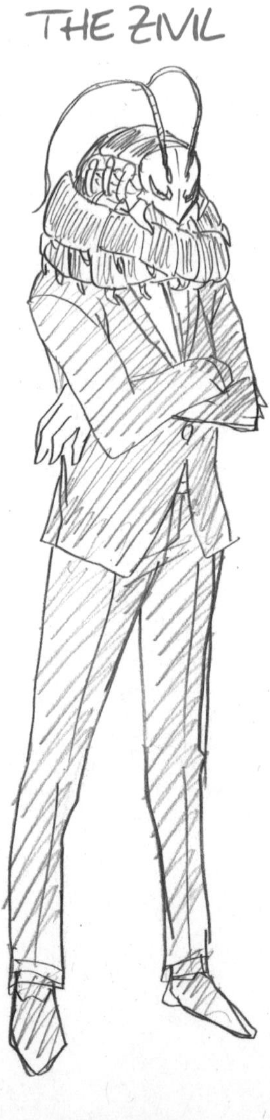

GEBURTSTAG: 4. JUNI
GRÖSSE: 2,05 M
MAG: AROMATISCHES

THE INSIDERSTORY

Dieser Charakter wurde genau wie Bubble Girl beim Fanart Contest ausgewählt. Er ist megaklasse, oder? Ein cooler Gentleman!

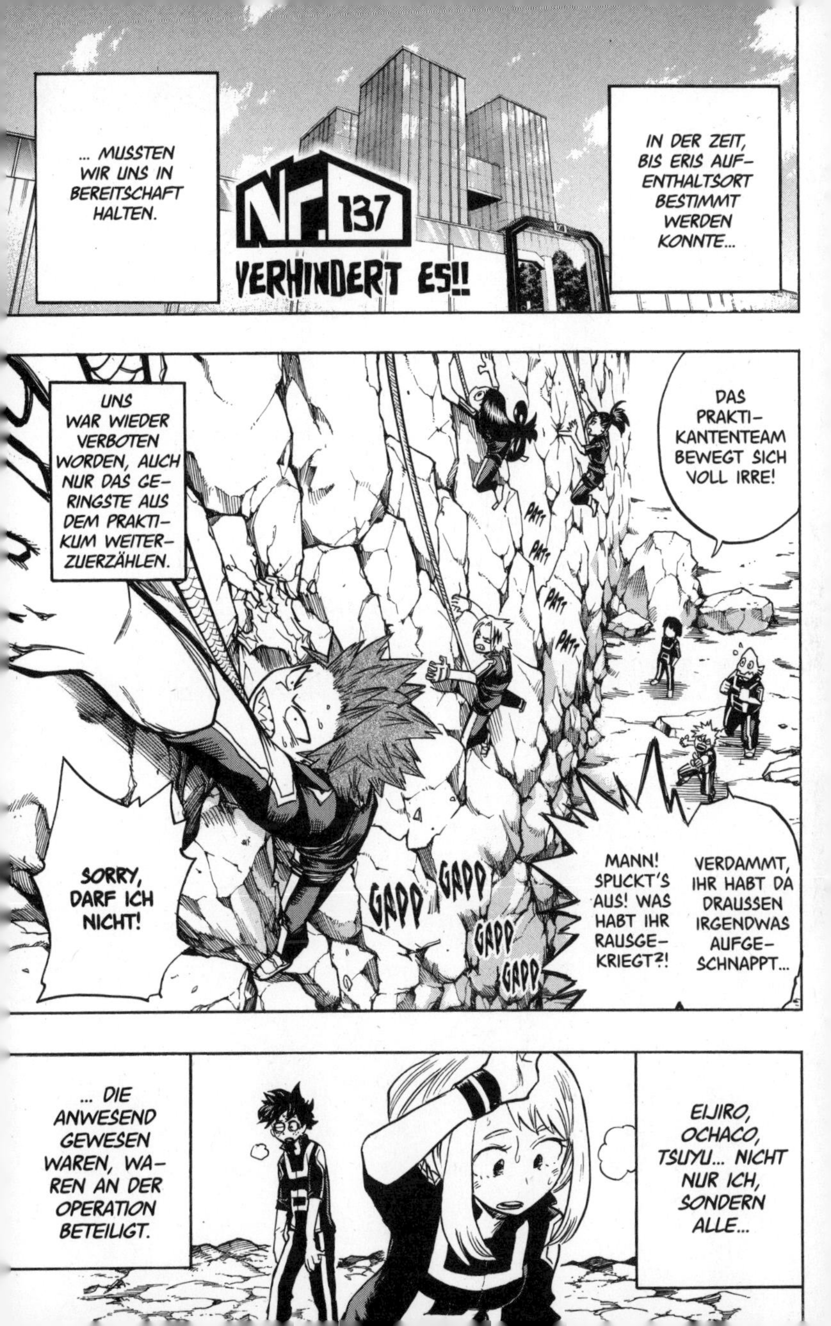
IN DER ZEIT, BIS ERIS AUFENTHALTSORT BESTIMMT WERDEN KONNTE...
Nr. 137
VERHINDERT ES!!
... MUSSTEN WIR UNS IN BEREITSCHAFT HALTEN.
DAS PRAKTIKANTENTEAM BEWEGT SICH VOLL IRRE!
UNS WAR WIEDER VERBOTEN WORDEN, AUCH NUR DAS GERINGSTE AUS DEM PRAKTIKUM WEITERZUERZÄHLEN.
PAT PAT PAT PAT
VERDAMMT, IHR HABT DA DRAUSSEN IRGENDWAS AUFGESCHNAPPT...
MANN! SPUCKT'S AUS! WAS HABT IHR RAUSGEKRIEGT?!
GADD GADD GADD GADD
SORRY, DARF ICH NICHT!
EIJIRO, OCHACO, TSUYU... NICHT NUR ICH, SONDERN ALLE...
... DIE ANWESEND GEWESEN WAREN, WAREN AN DER OPERATION BETEILIGT.

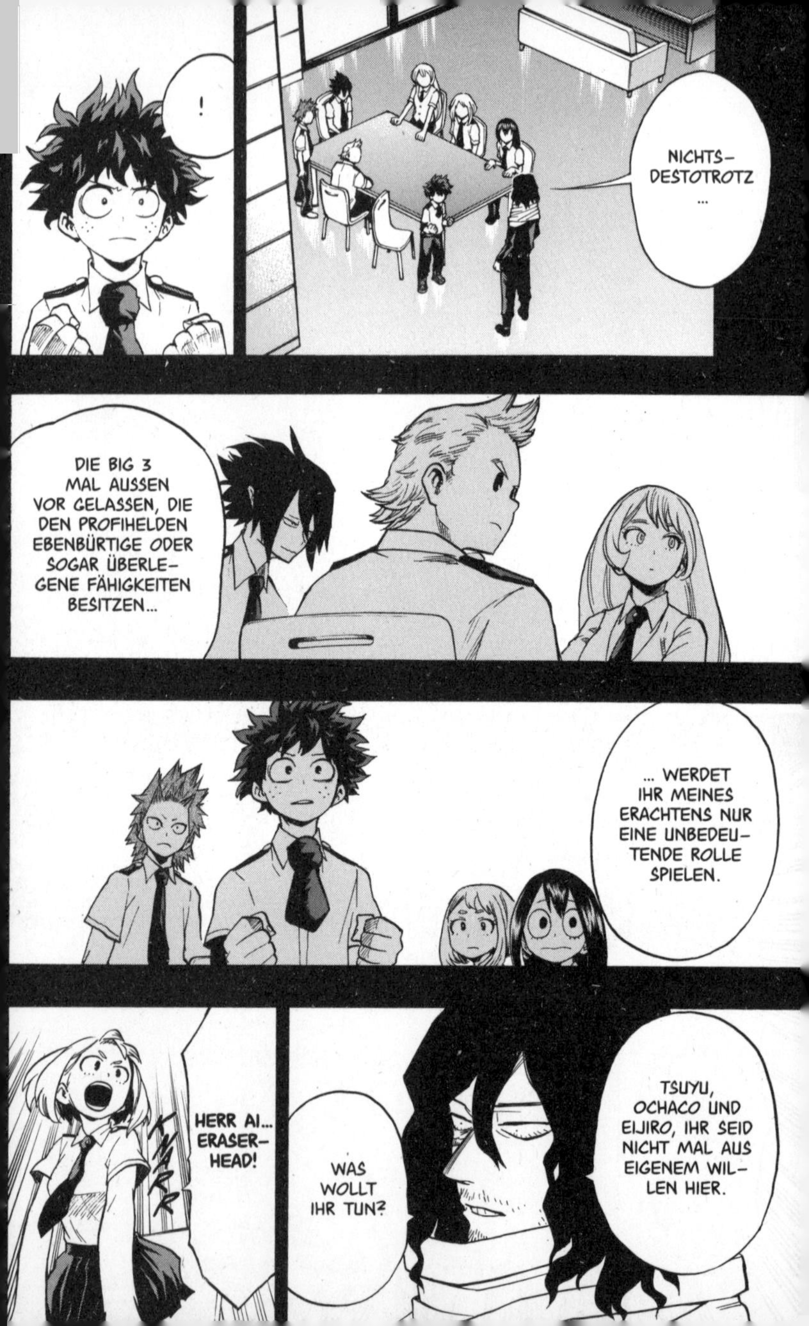
NICHTS-DESTOTROTZ ...
!
DIE BIG 3 MAL AUSSEN VOR GELASSEN, DIE DEN PROFIHELDEN EBENBÜRTIGE ODER SOGAR ÜBERLE-GENE FÄHIGKEITEN BESITZEN...
... WERDET IHR MEINES ERACHTENS NUR EINE UNBEDEU-TENDE ROLLE SPIELEN.
TSUYU, OCHACO UND EIJIRO, IHR SEID NICHT MAL AUS EIGENEM WIL-LEN HIER.
WAS WOLLT IHR TUN?
HERR AI... ERASER-HEAD!
KNARR

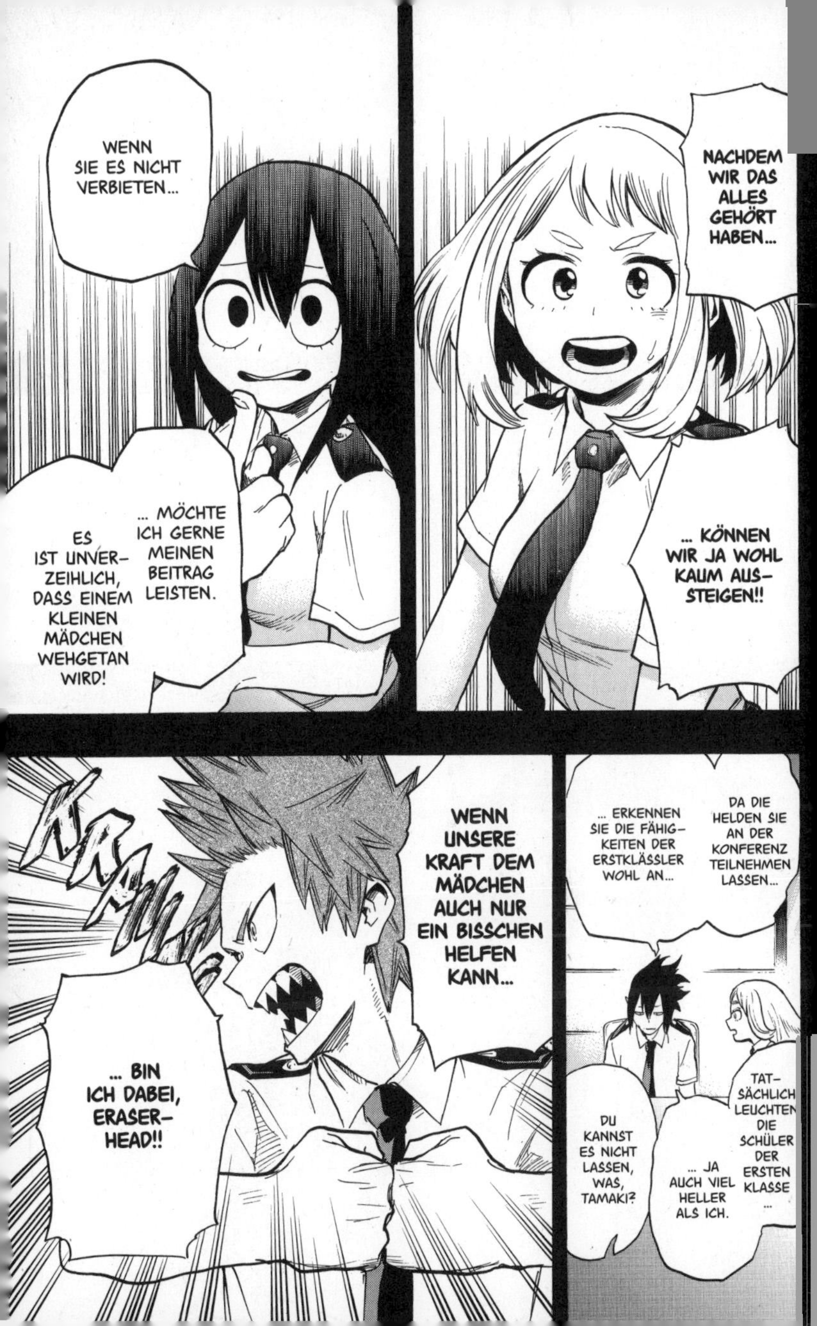
NACHDEM WIR DAS ALLES GEHÖRT HABEN...
... KÖNNEN WIR JA WOHL KAUM AUS-STEIGEN!!
WENN SIE ES NICHT VERBIETEN...
... MÖCHTE ICH GERNE MEINEN BEITRAG LEISTEN.
ES IST UNVERZEIHLICH, DASS EINEM KLEINEN MÄDCHEN WEHGETAN WIRD!
DA DIE HELDEN SIE AN DER KONFERENZ TEILNEHMEN LASSEN...
... ERKENNEN SIE DIE FÄHIGKEITEN DER ERSTKLÄSSLER WOHL AN...
TATSÄCHLICH LEUCHTEN DIE SCHÜLER DER ERSTEN KLASSE ...
... JA AUCH VIEL HELLER ALS ICH.
DU KANNST ES NICHT LASSEN, WAS, TAMAKI?
WENN UNSERE KRAFT DEM MÄDCHEN AUCH NUR EIN BISSCHEN HELFEN KANN...
... BIN ICH DABEI, ERASER-HEAD!!

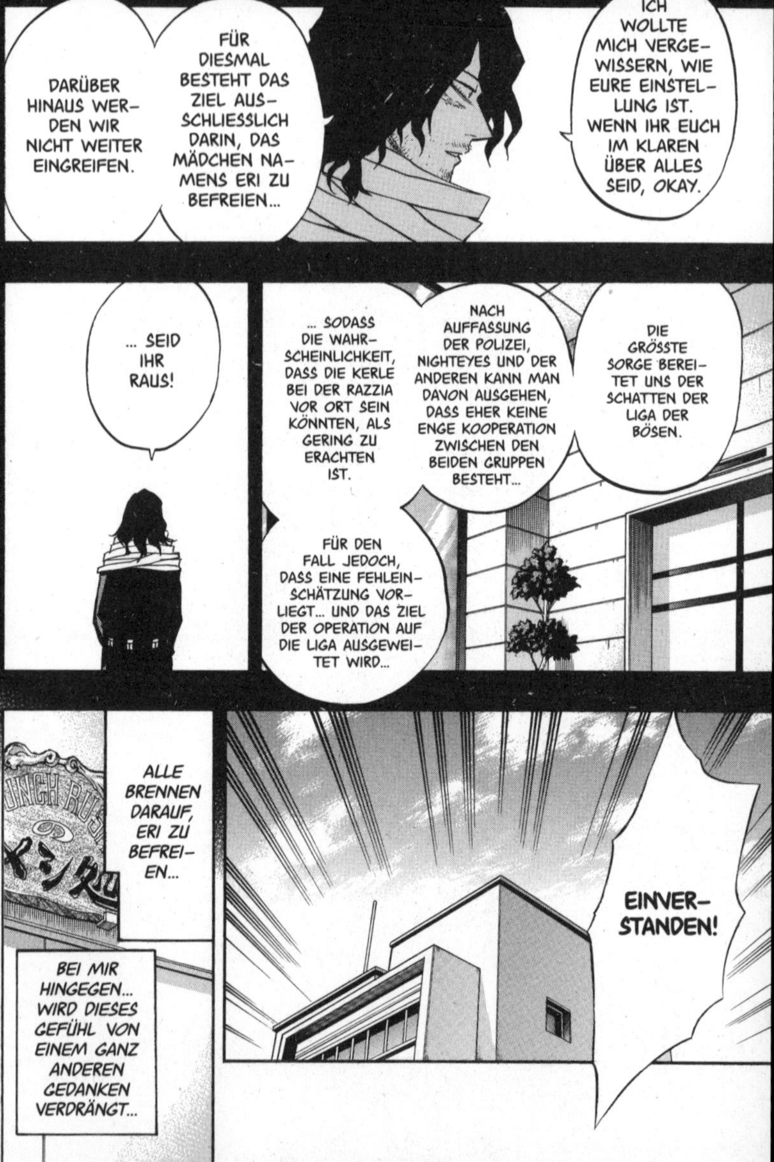
ICH WOLLTE MICH VERGE-WISSERN, WIE EURE EINSTEL-LUNG IST. WENN IHR EUCH IM KLAREN ÜBER ALLES SEID, OKAY.
FÜR DIESMAL BESTEHT DAS ZIEL AUS-SCHLIESSLICH DARIN, DAS MÄDCHEN NA-MENS ERI ZU BEFREIEN...
DARÜBER HINAUS WER-DEN WIR NICHT WEITER EINGREIFEN.
DIE GRÖSSTE SORGE BEREI-TET UNS DER SCHATTEN DER LIGA DER BÖSEN.
NACH AUFFASSUNG DER POLIZEI, NIGHTEYES UND DER ANDEREN KANN MAN DAVON AUSGEHEN, DASS EHER KEINE ENGE KOOPERATION ZWISCHEN DEN BEIDEN GRUPPEN BESTEHT...
... SODASS DIE WAHR-SCHEINLICHKEIT, DASS DIE KERLE BEI DER RAZZIA VOR ORT SEIN KÖNNTEN, ALS GERING ZU ERACHTEN IST.
FÜR DEN FALL JEDOCH, DASS EINE FEHLEIN-SCHÄTZUNG VOR-LIEGT... UND DAS ZIEL DER OPERATION AUF DIE LIGA AUSGEWEI-TET WIRD...
... SEID IHR RAUS!
EINVER-STANDEN!
ALLE BRENNEN DARAUF, ERI ZU BEFREI-EN...
BEI MIR HINGEGEN... WIRD DIESES GEFÜHL VON EINEM GANZ ANDEREN GEDANKEN VERDRÄNGT...

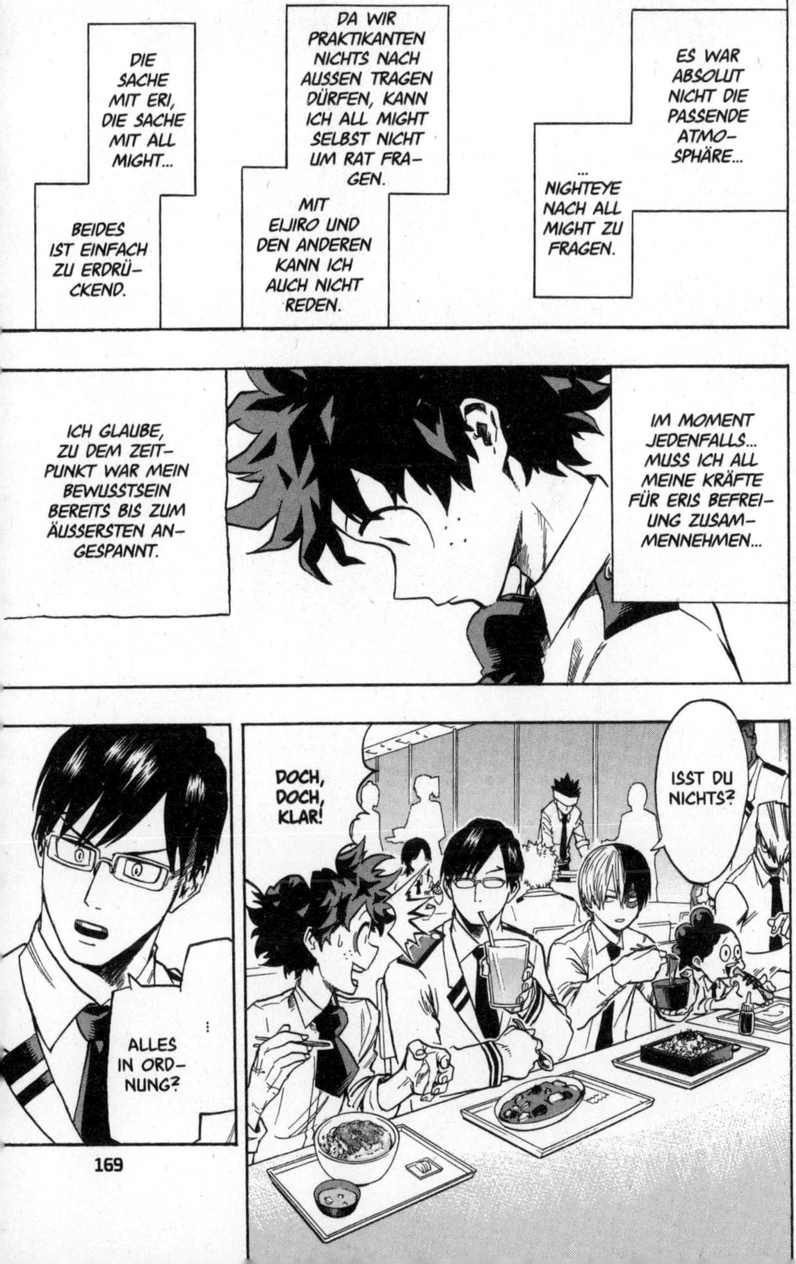
ES WAR ABSOLUT NICHT DIE PASSENDE ATMOSPHÄRE...
...NIGHTEYE NACH ALL MIGHT ZU FRAGEN.
DA WIR PRAKTIKANTEN NICHTS NACH AUSSEN TRAGEN DÜRFEN, KANN ICH ALL MIGHT SELBST NICHT UM RAT FRAGEN.
MIT EIJIRO UND DEN ANDEREN KANN ICH AUCH NICHT REDEN.
DIE SACHE MIT ERI, DIE SACHE MIT ALL MIGHT...
BEIDES IST EINFACH ZU ERDRÜCKEND.
IM MOMENT JEDENFALLS... MUSS ICH ALL MEINE KRÄFTE FÜR ERIS BEFREIUNG ZUSAMMENNEHMEN...
ICH GLAUBE, ZU DEM ZEITPUNKT WAR MEIN BEWUSSTSEIN BEREITS BIS ZUM ÄUSSERSTEN ANGESPANNT.
ISST DU NICHTS?
DOCH, DOCH, KLAR!
...
ALLES IN ORDNUNG?

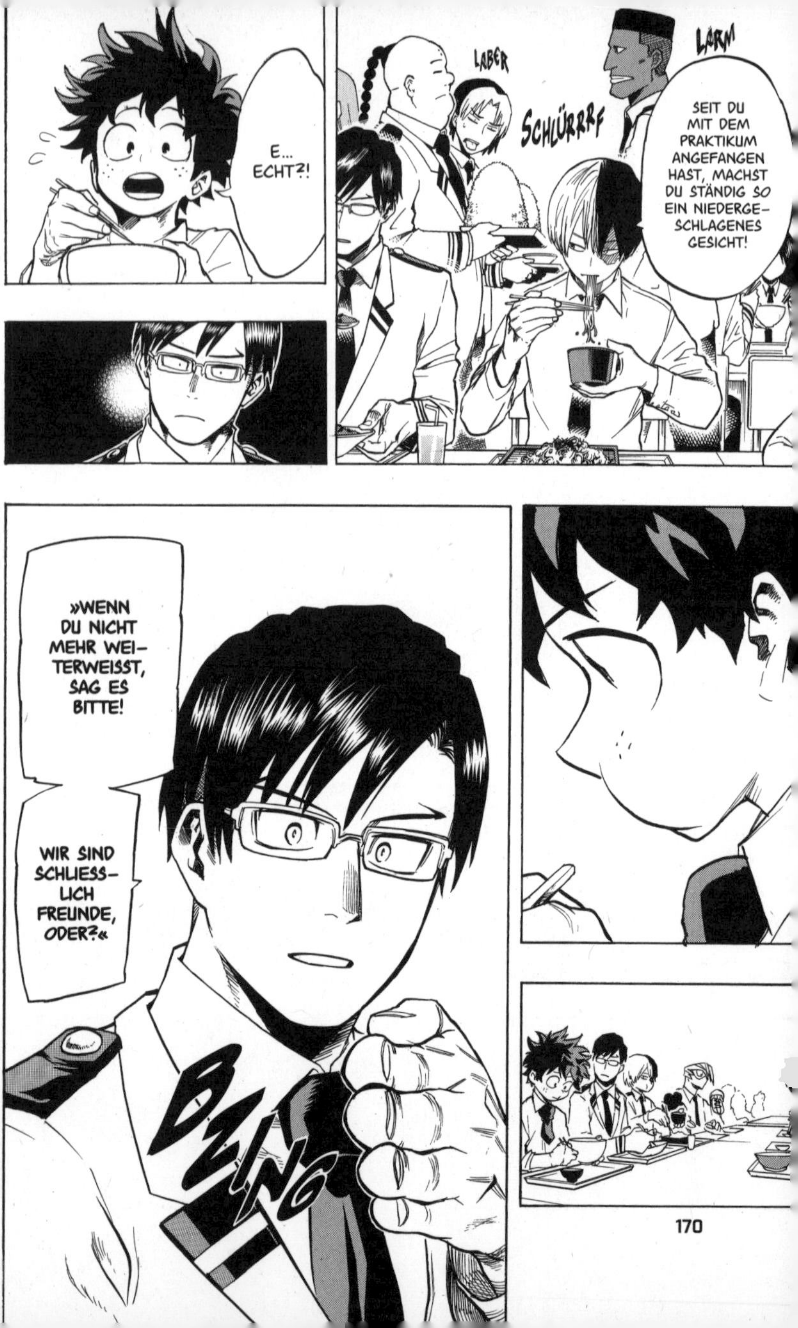
LÄRM
LABER
SCHLÜRRRF
SEIT DU MIT DEM PRAKTIKUM ANGEFANGEN HAST, MACHST DU STÄNDIG SO EIN NIEDERGE-SCHLAGENES GESICHT!
E... ECHT?!
»WENN DU NICHT MEHR WEI-TERWEISST, SAG ES BITTE!
WIR SIND SCHLIESS-LICH FREUNDE, ODER?«
DWING

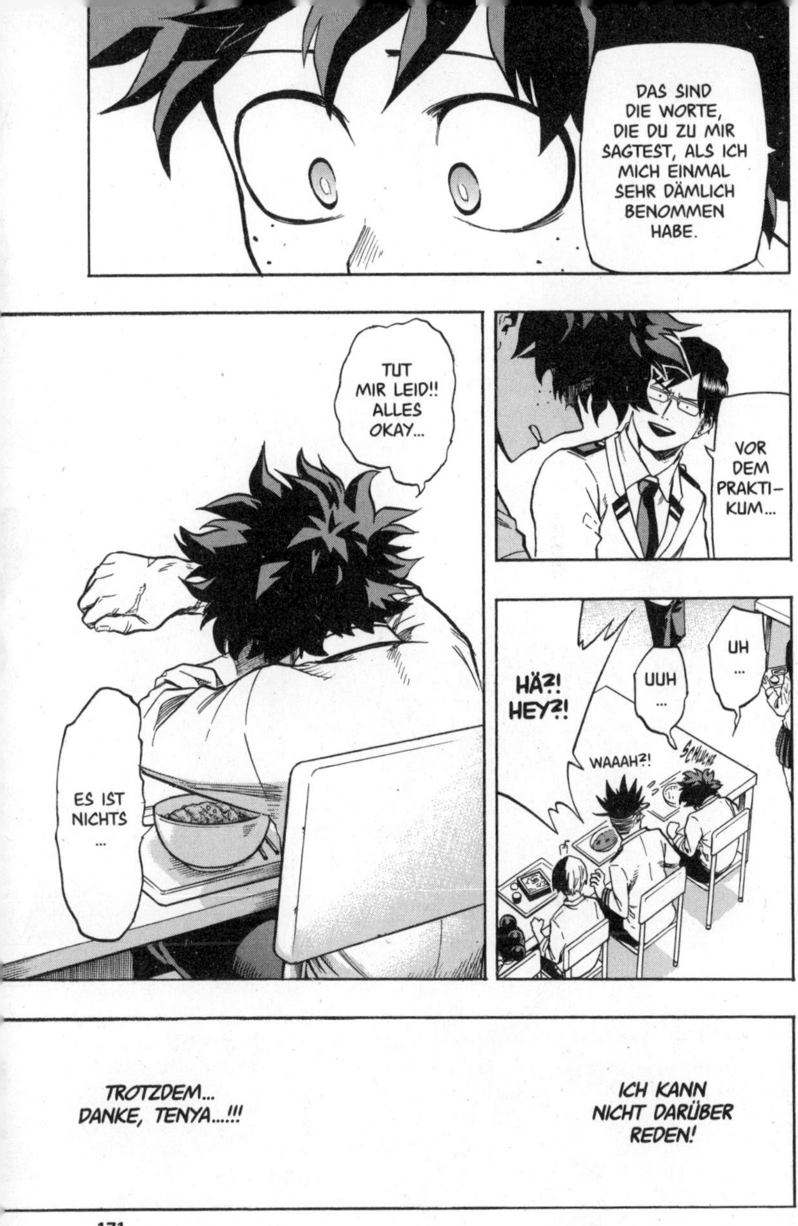
DAS SIND DIE WORTE, DIE DU ZU MIR SAGTEST, ALS ICH MICH EINMAL SEHR DÄMLICH BENOMMEN HABE.
VOR DEM PRAKTI-KUM...
TUT MIR LEID!! ALLES OKAY...
ES IST NICHTS ...
UH ...
UUH ...
HÄ?! HEY?!
SCHLUCHZ
WAAAH?!
ICH KANN NICHT DARÜBER REDEN!
TROTZDEM... DANKE, TENYA...!!!

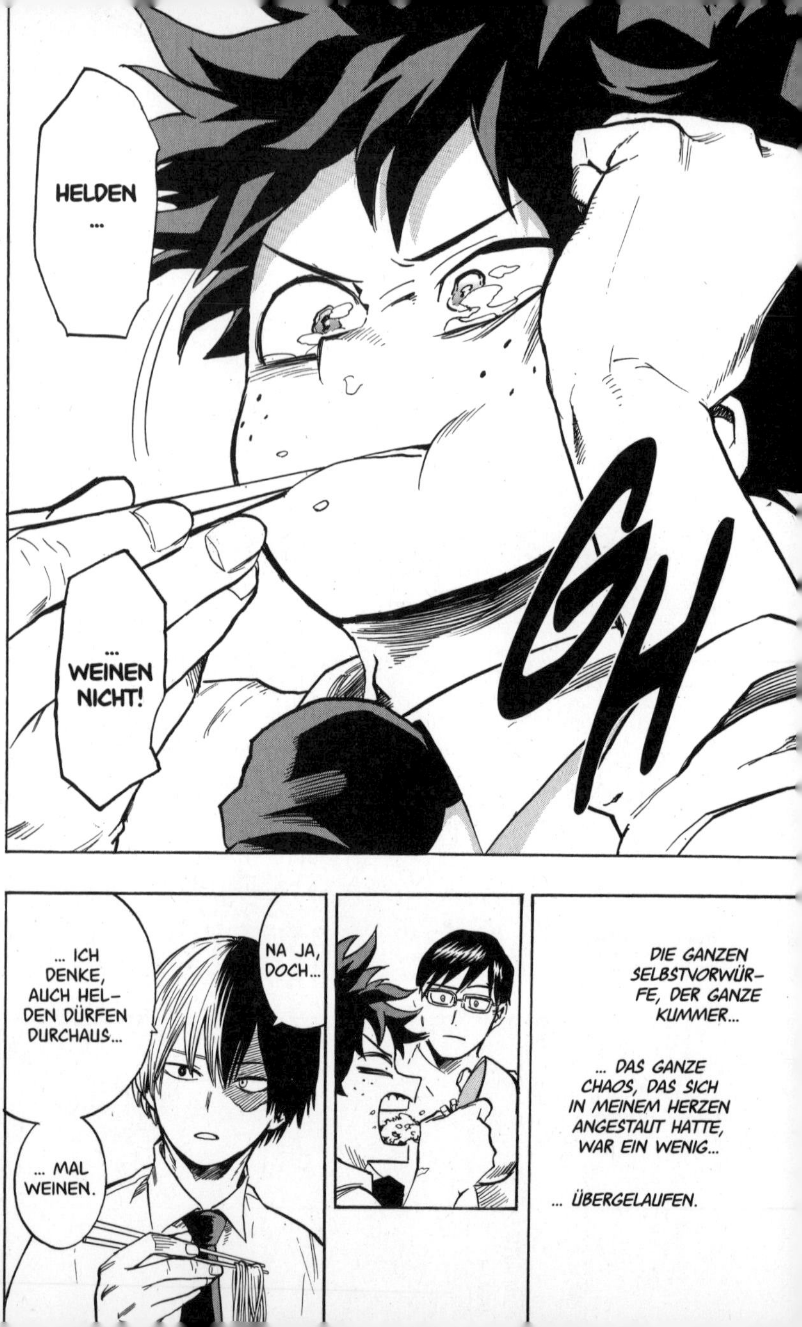
HELDEN ...
... WEINEN NICHT!
GH
DIE GANZEN SELBSTVORWÜRFE, DER GANZE KUMMER...
... DAS GANZE CHAOS, DAS SICH IN MEINEM HERZEN ANGESTAUT HATTE, WAR EIN WENIG...
... ÜBERGELAUFEN.
NA JA, DOCH...
... ICH DENKE, AUCH HELDEN DÜRFEN DURCHAUS...
... MAL WEINEN.

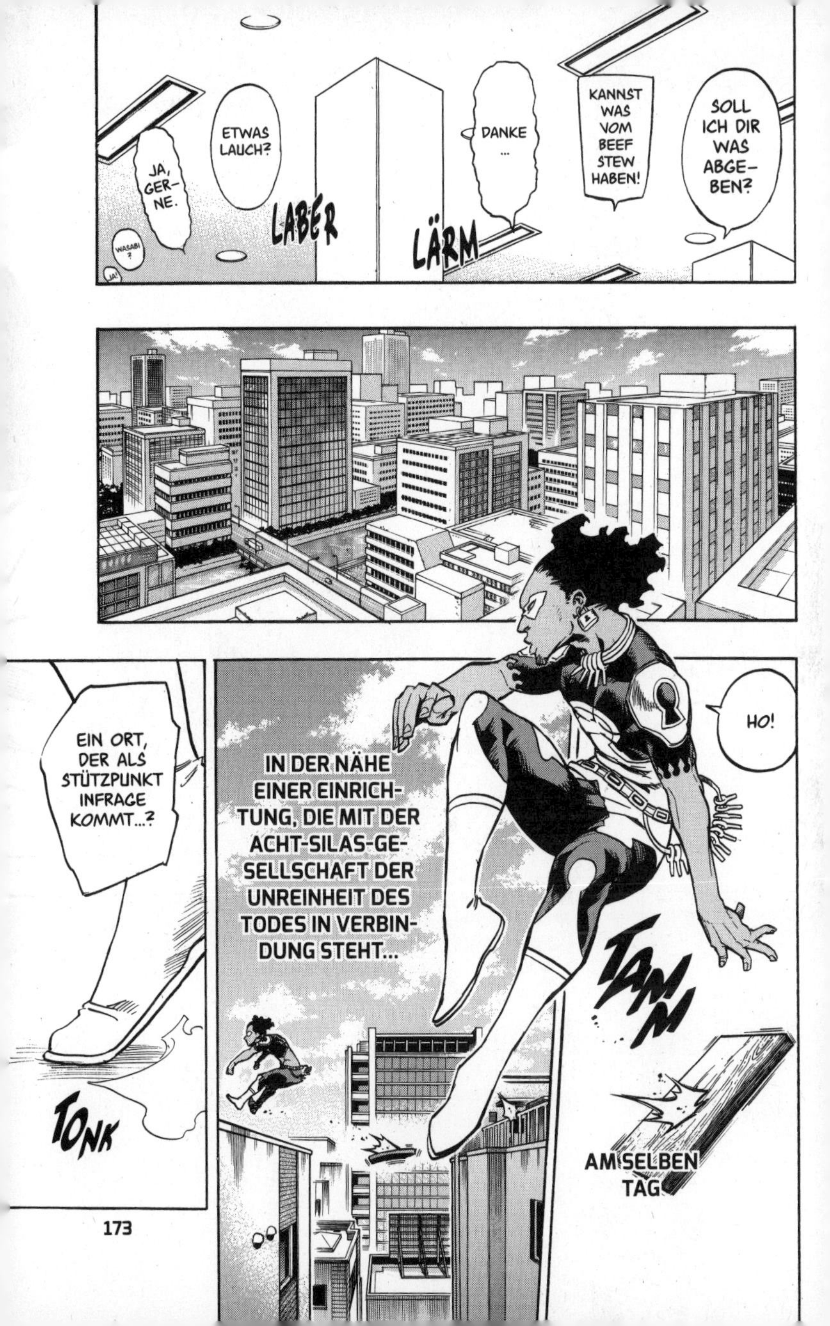
SOLL ICH DIR WAS ABGE-BEN?
KANNST WAS VOM BEEF STEW HABEN!
DANKE ...
LÄRM
LABER
ETWAS LAUCH?
JA, GER-NE.
WASABI?
JA!
HO!
IN DER NÄHE EINER EINRICH-TUNG, DIE MIT DER ACHT-SILAS-GE-SELLSCHAFT DER UNREINHEIT DES TODES IN VERBIN-DUNG STEHT...
TAMM
AM SELBEN TAG
EIN ORT, DER ALS STÜTZPUNKT INFRAGE KOMMT...?
TONK

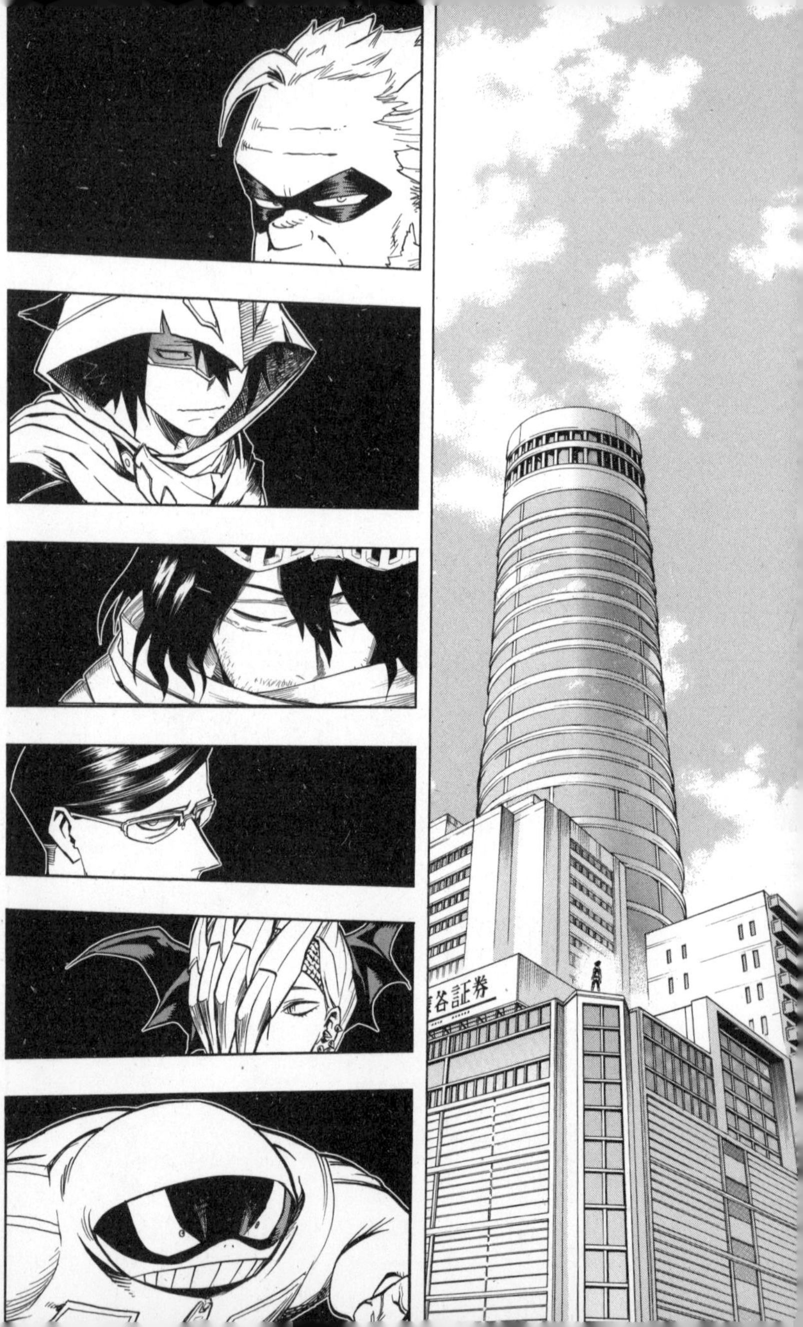
各証券

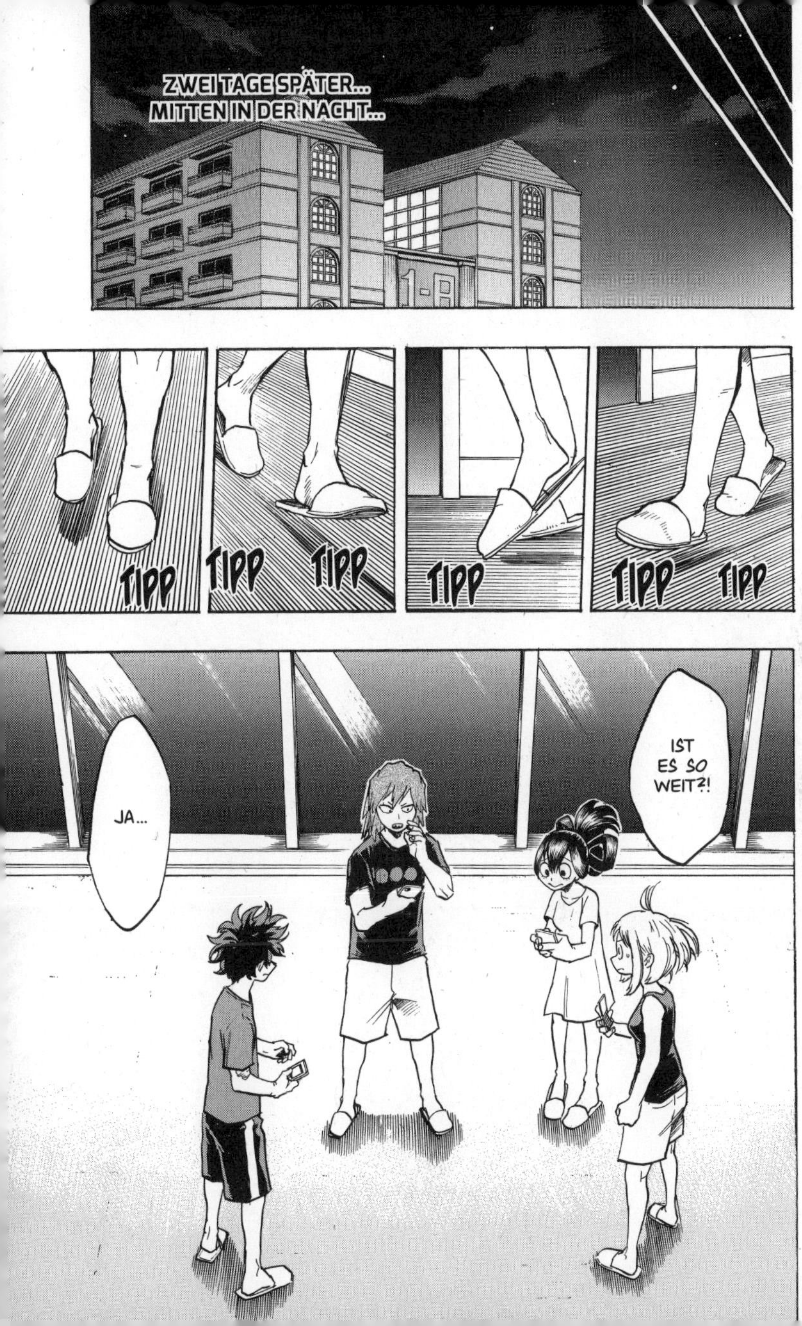
ZWEI TAGE SPÄTER...
MITTEN IN DER NACHT...
TIPP
TIPP
TIPP
TIPP
TIPP
TIPP
IST ES SO WEIT?!
JA...

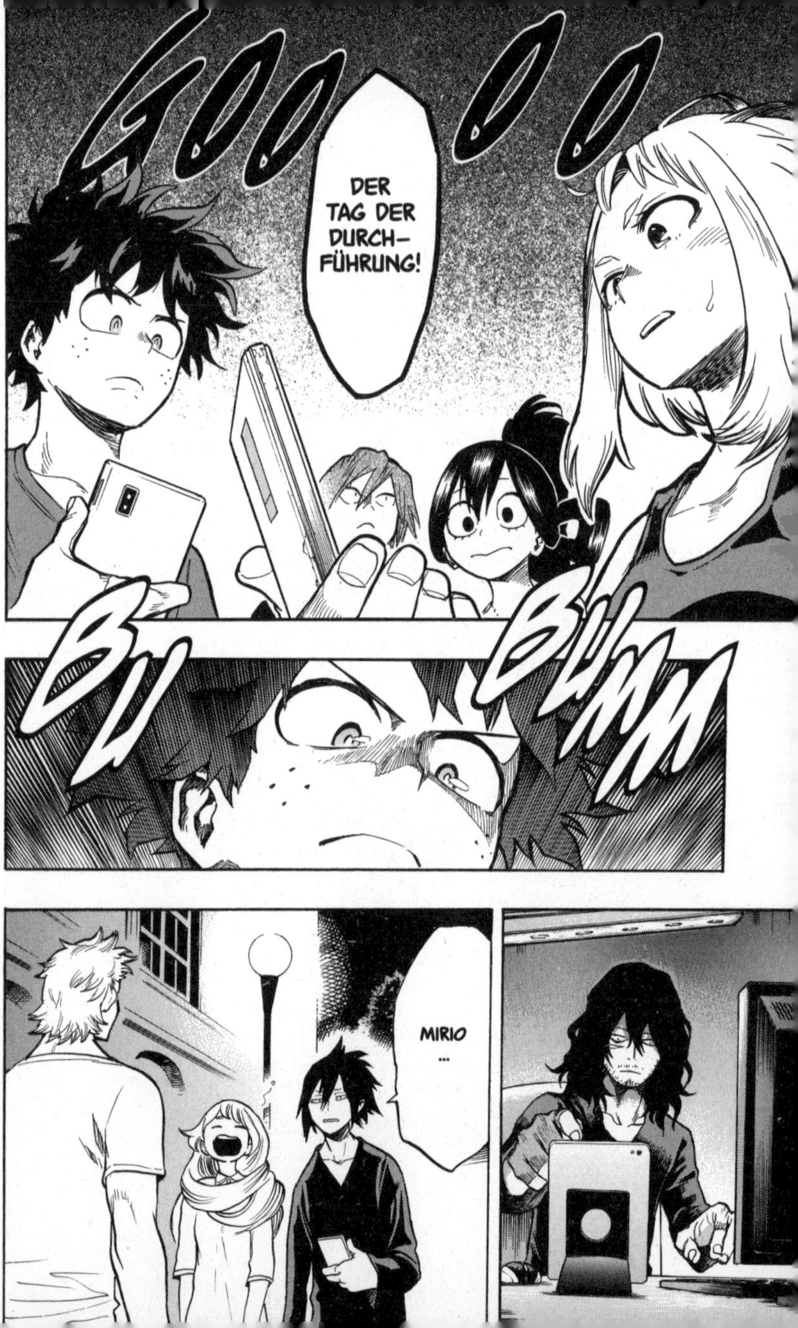

GOOOOO
DER TAG DER DURCH-FÜHRUNG!
BUMM
BU
MIRIO ...

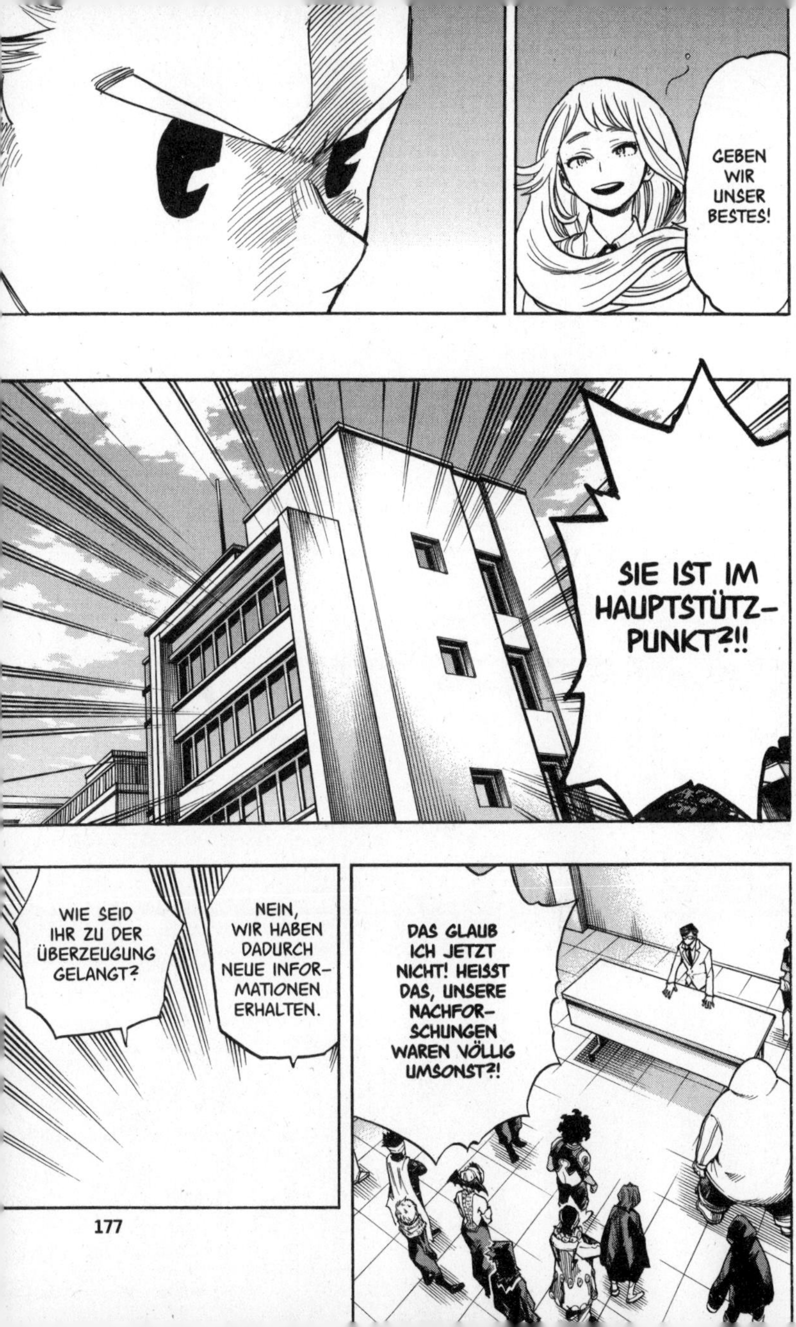
GEBEN WIR UNSER BESTES!
SIE IST IM HAUPTSTÜTZ-PUNKT?!!
DAS GLAUB ICH JETZT NICHT! HEISST DAS, UNSERE NACHFOR-SCHUNGEN WAREN VÖLLIG UMSONST?!
NEIN, WIR HABEN DADURCH NEUE INFOR-MATIONEN ERHALTEN.
WIE SEID IHR ZU DER ÜBERZEUGUNG GELANGT?

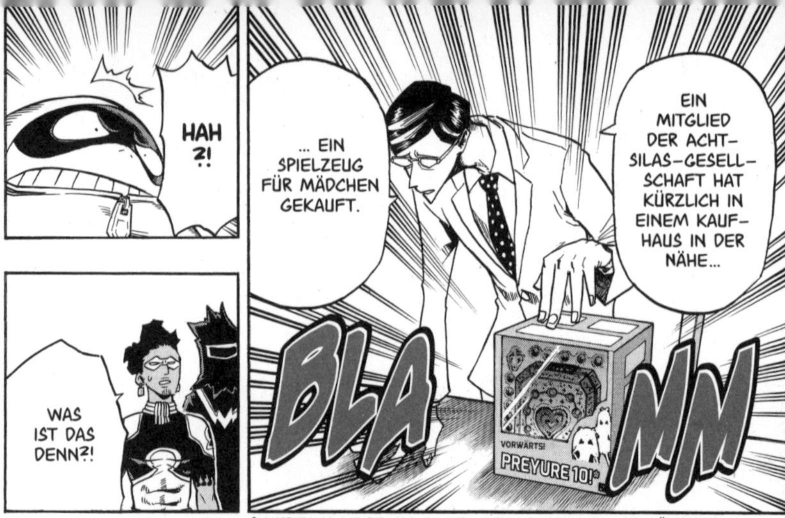

* ANSPIELUNG AUF DIE MAGICAL-GIRL-SERIE »PRETTY CURE«, ABGEKÜRZT PRECURE

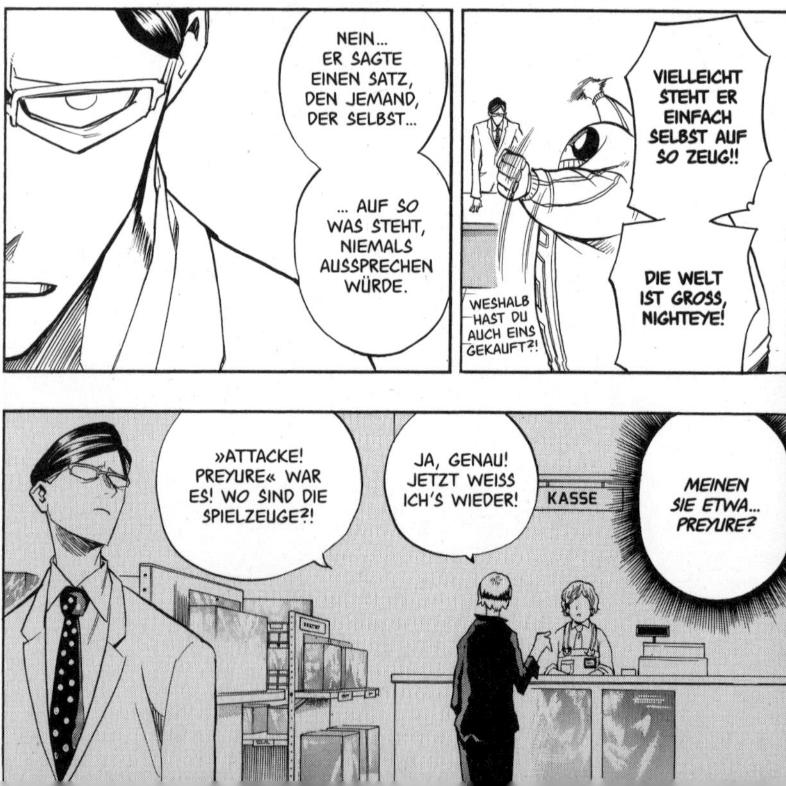

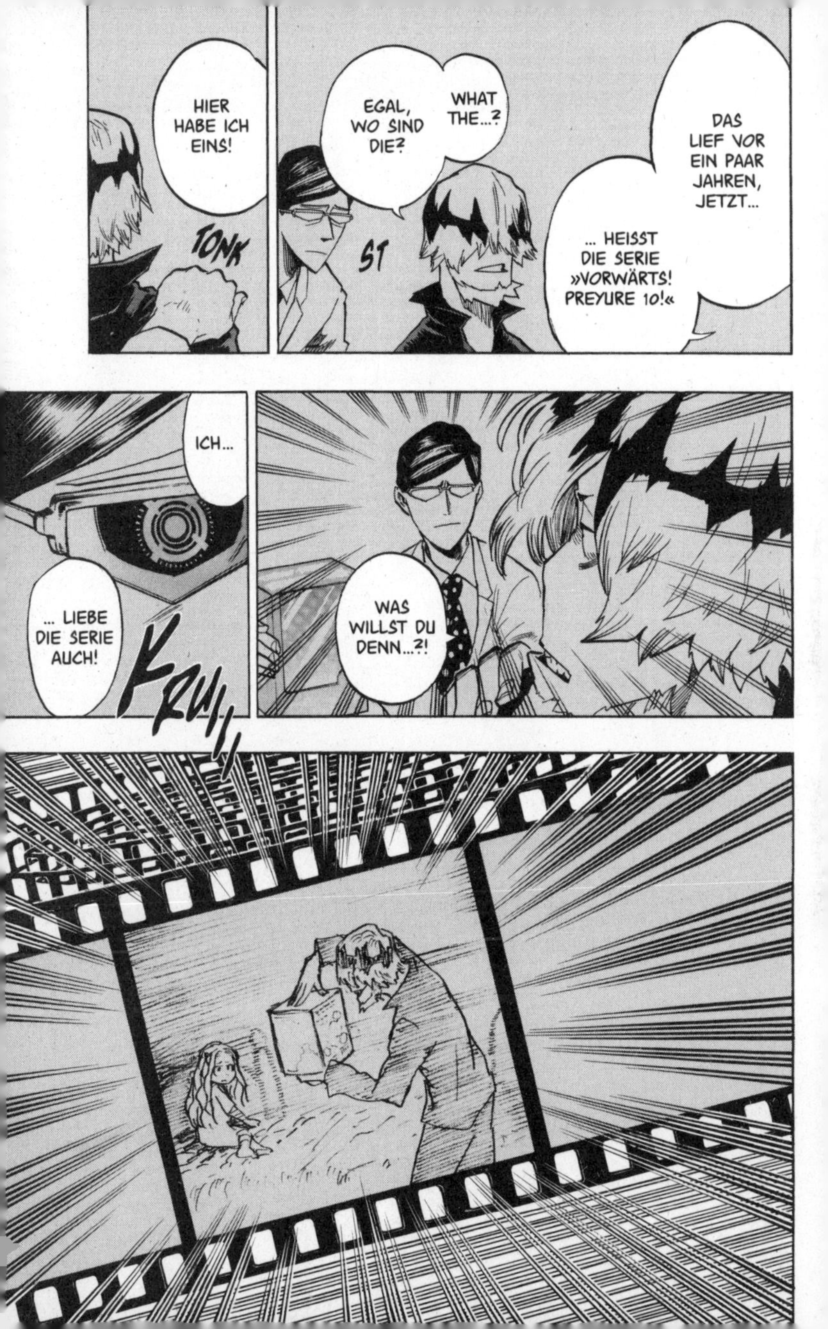
DAS LIEF VOR EIN PAAR JAHREN, JETZT...
... HEISST DIE SERIE »VORWÄRTS! PREYURE 10!«
WHAT THE...?
EGAL, WO SIND DIE?
ST
HIER HABE ICH EINS!
TONK
WAS WILLST DU DENN...?!
ICH...
... LIEBE DIE SERIE AUCH!

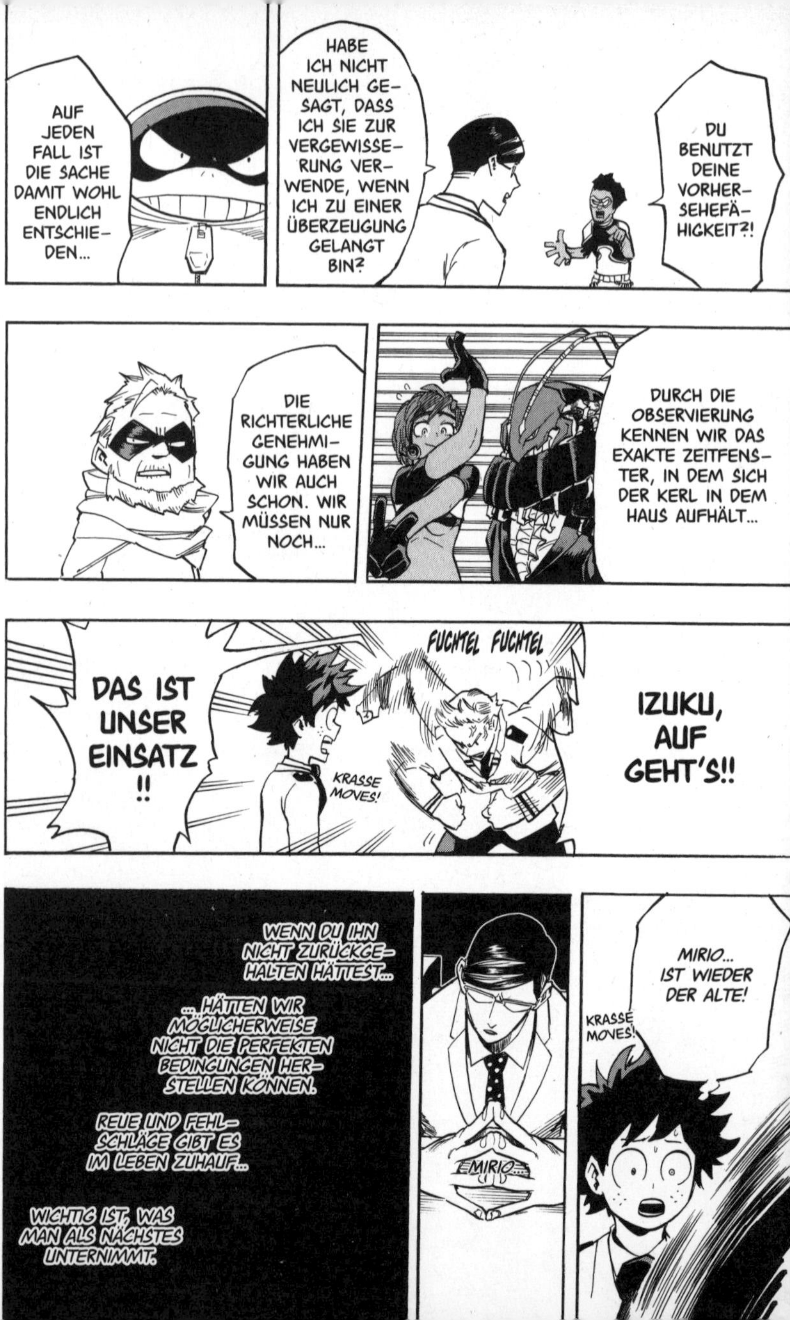
DU BENUTZT DEINE VORHERSEHEFÄHIGKEIT?!
HABE ICH NICHT NEULICH GESAGT, DASS ICH SIE ZUR VERGEWISSERUNG VERWENDE, WENN ICH ZU EINER ÜBERZEUGUNG GELANGT BIN?
AUF JEDEN FALL IST DIE SACHE DAMIT WOHL ENDLICH ENTSCHIEDEN…
DURCH DIE OBSERVIERUNG KENNEN WIR DAS EXAKTE ZEITFENSTER, IN DEM SICH DER KERL IN DEM HAUS AUFHÄLT…
DIE RICHTERLICHE GENEHMIGUNG HABEN WIR AUCH SCHON. WIR MÜSSEN NUR NOCH…
IZUKU, AUF GEHT'S!!
FUCHTEL FUCHTEL
KRASSE MOVES!
DAS IST UNSER EINSATZ!!
MIRIO… IST WIEDER DER ALTE!
KRASSE MOVES!
MIRIO…
WENN DU IHN NICHT ZURÜCKGEHALTEN HÄTTEST…
… HÄTTEN WIR MÖGLICHERWEISE NICHT DIE PERFEKTEN BEDINGUNGEN HERSTELLEN KÖNNEN.
REUE UND FEHLSCHLÄGE GIBT ES IM LEBEN ZUHAUF…
WICHTIG IST, WAS MAN ALS NÄCHSTES UNTERNIMMT.

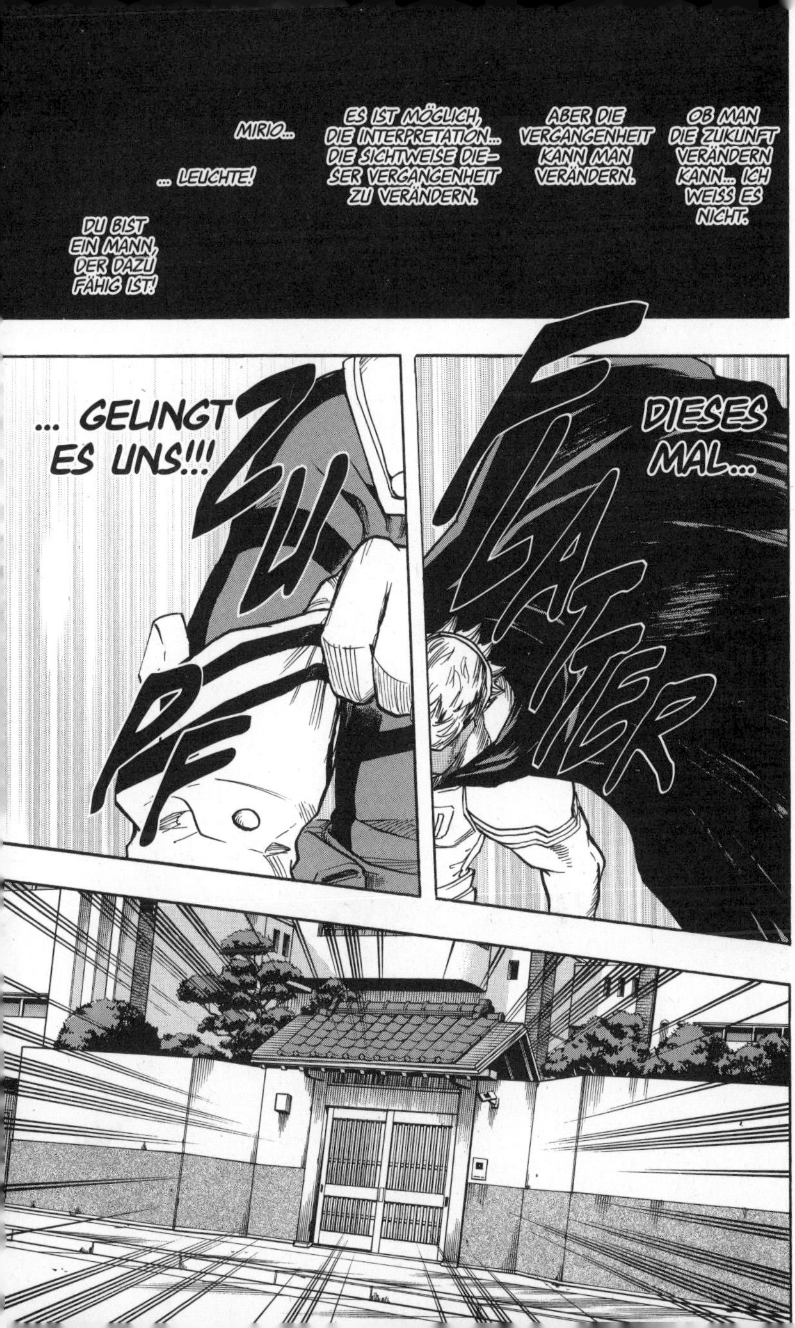
OB MAN DIE ZUKUNFT VERÄNDERN KANN... ICH WEISS ES NICHT.
ABER DIE VERGANGENHEIT KANN MAN VERÄNDERN.
ES IST MÖGLICH, DIE INTERPRETATION... DIE SICHTWEISE DIE-SER VERGANGENHEIT ZU VERÄNDERN.
MIRIO...
... LEUCHTE!
DU BIST EIN MANN, DER DAZU FÄHIG IST!
DIESES MAL...
FLATTER
ZUPF
... GELINGT ES UNS!!!

OO

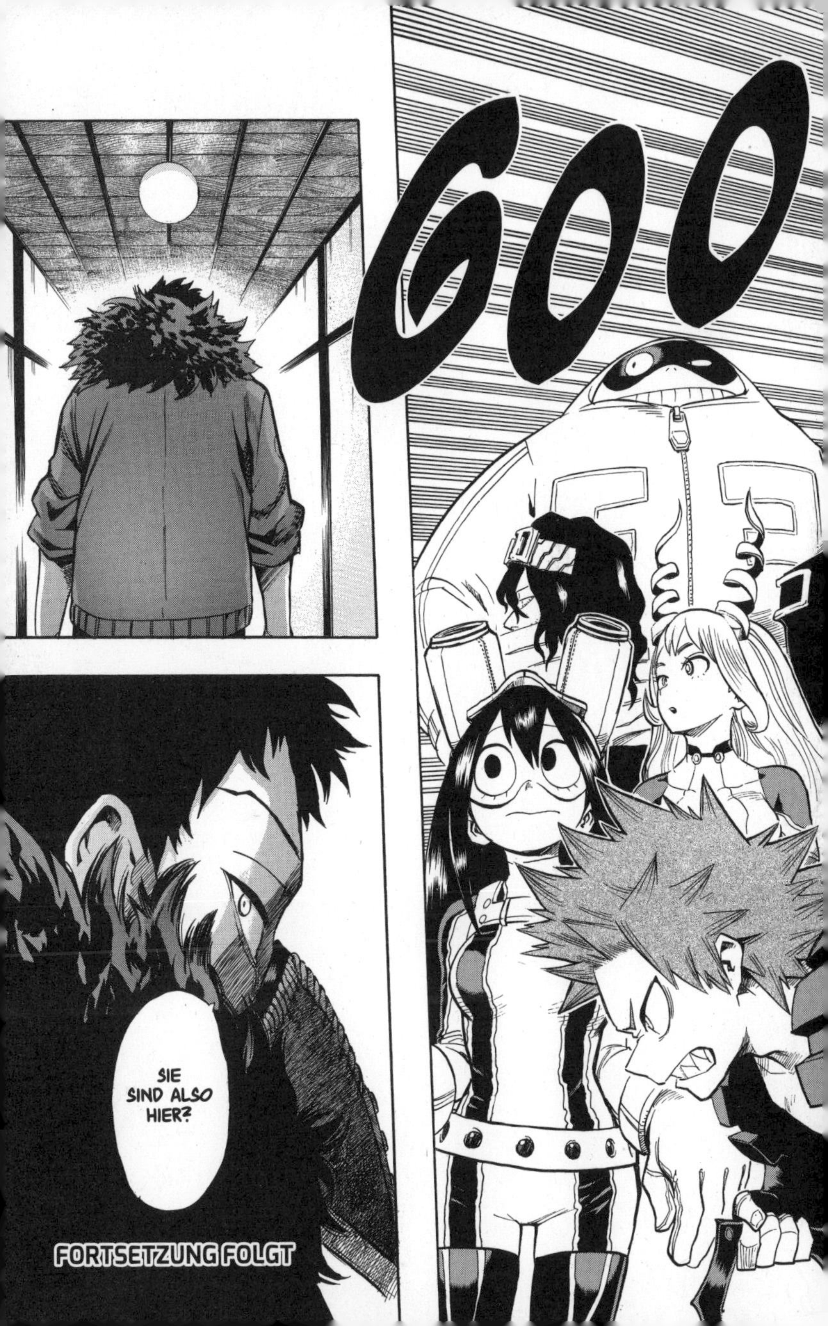
GOO
SIE SIND ALSO HIER?
FORTSETZUNG FOLGT

HERO

ROCK LOCK (32)

KEN TAKAGI

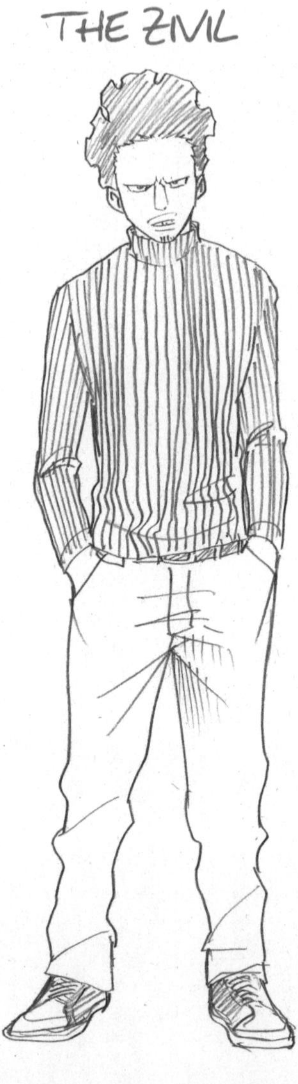

GEBURTSTAG: 9. JUNI
GRÖSSE: 1,73 M
MAG: FAHRRADFAHREN

THE INSIDERSTORY

Verheirateter Mann. Er hat ein bissiges Mundwerk, ist aber im Grunde ein total anständiger Kerl. Attraktives Gesicht.

HERO

KESAGIRIMAN

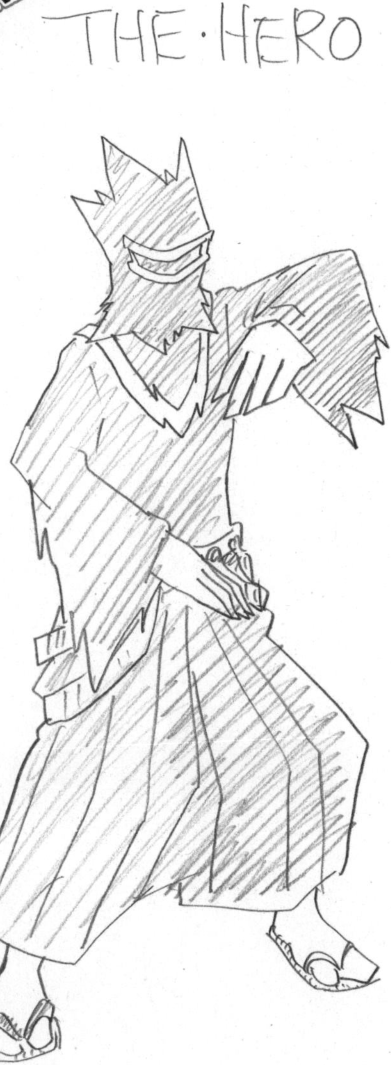

GEBURTSTAG: 4. APRIL
GRÖSSE: 1,75 M
MAG: FRIED CHICKEN

THE INSIDERSTORY

Einen Teil des Designs habe ich aus einem früheren Manga abgezweigt. Und zwar den Kopfteil.

Häufig krame ich solche älteren Zeichnungen auch aus den Skizzenheften hervor, die ich in meiner Studentenzeit vollgekritzelt habe.

Vigilante

My Hero Academia ILLEGALS

Ich habe schon wieder eine Illustration von Betten Court bekommen, der für die Zeichnungen des zeitgleich erscheinenden Spin-offs »Vigilante« verantwortlich ist!! »Vigilante« ist wirklich interessant, ihr müsst es unbedingt lesen!!
Vielen Dank, Betten Court, dass Sie bei Ihrem Pensum Zeit dafür gefunden haben!!

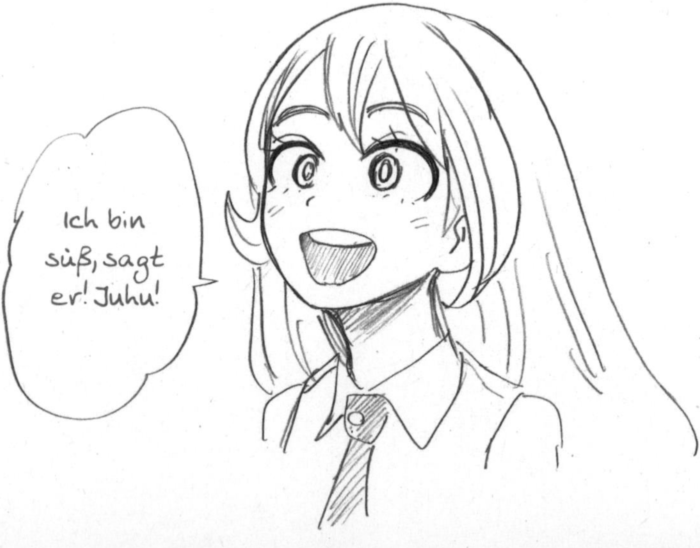

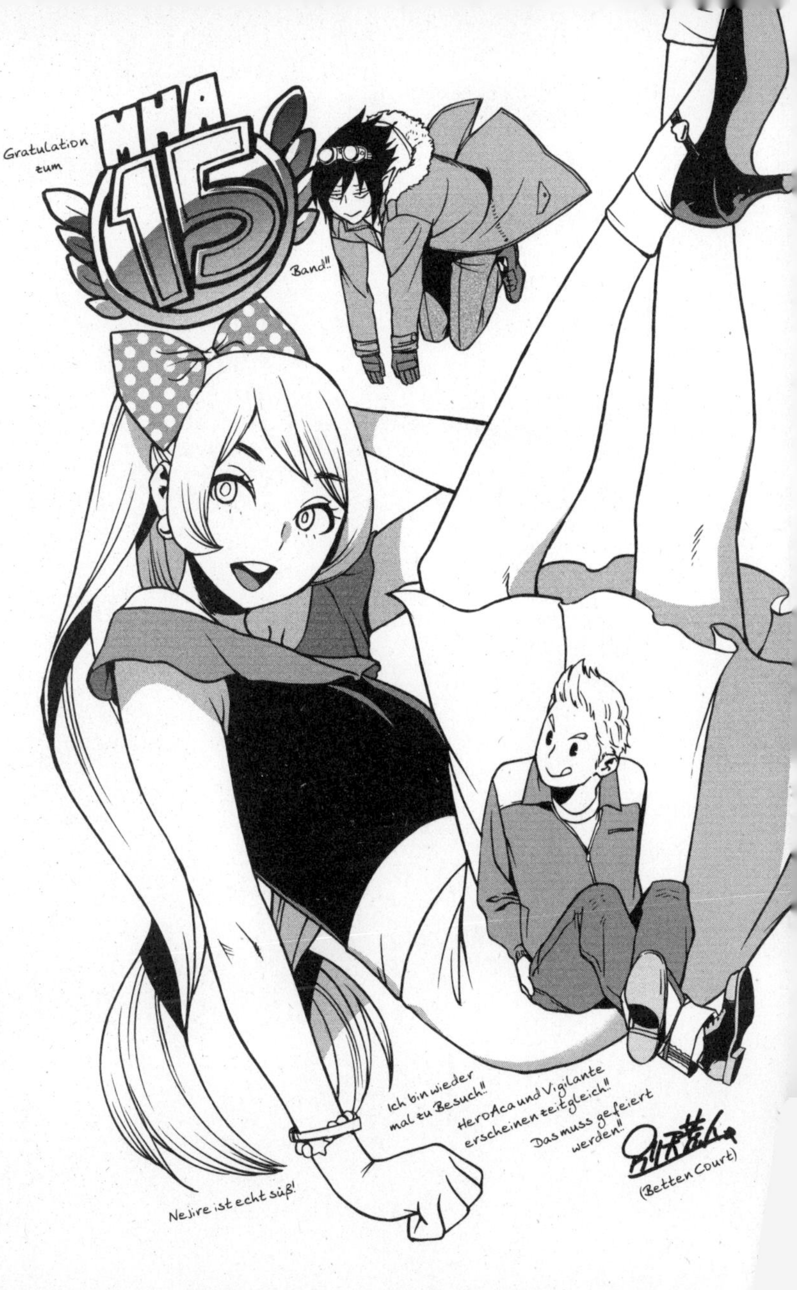

Gratulation zum
MHA
15
Band!!
Ich bin wieder mal zu Besuch!!
HeroAca und Vigilante erscheinen zeitgleich!!
Das muss gefeiert werden!!
(Betten Court)
Nejire ist echt süß!

Das Hero Academia Team

Das sind meine fantastischen fähigen Mitarbeiter, die Woche für Woche die Qualität des Mangas steigern, indem sie fantastische Hintergründe und Effekte hinzufügen.

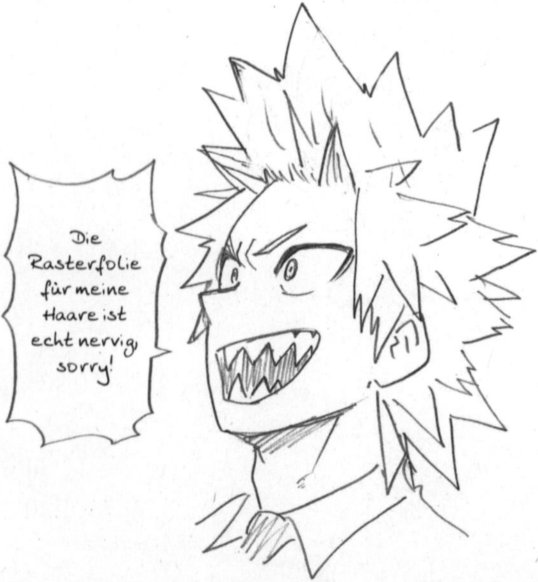

Q: WENN DU EINE MACKE AUS MHA HABEN KÖNNTEST, WELCHE HÄTTEST DU GERNE?

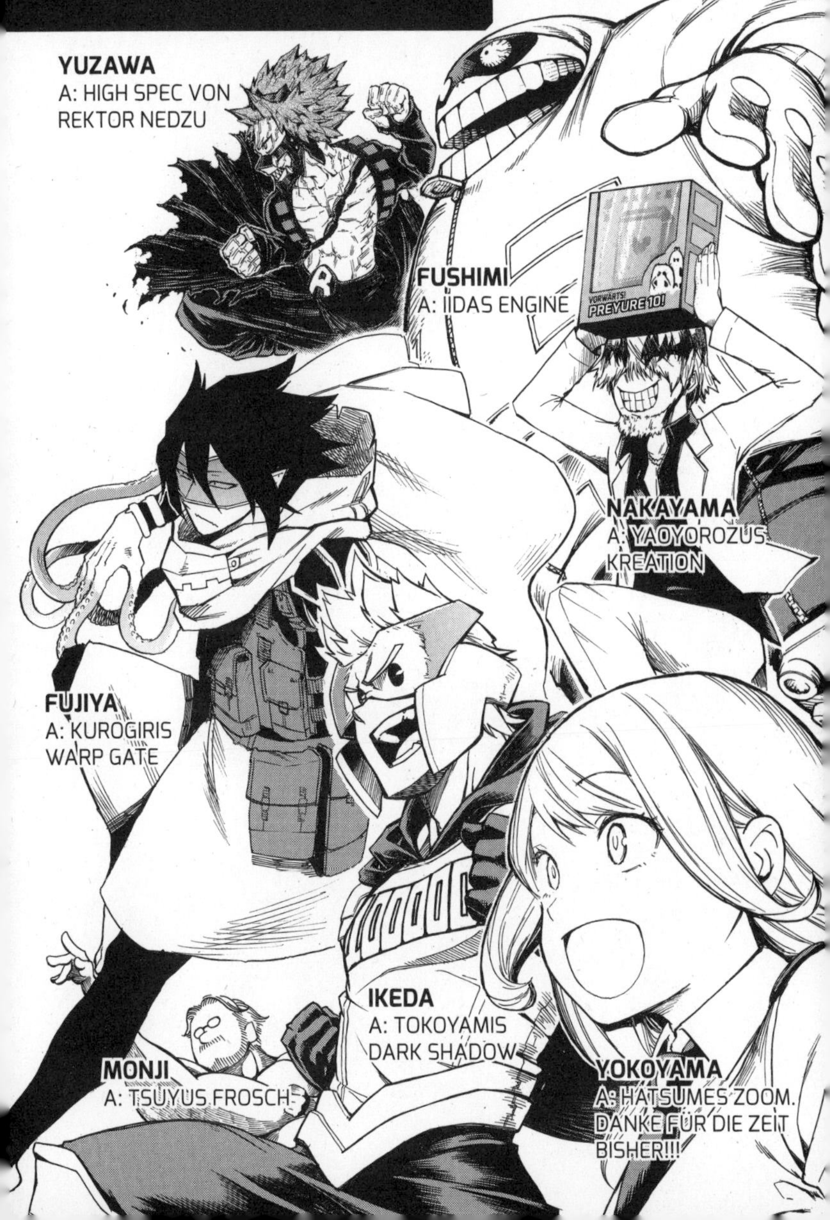

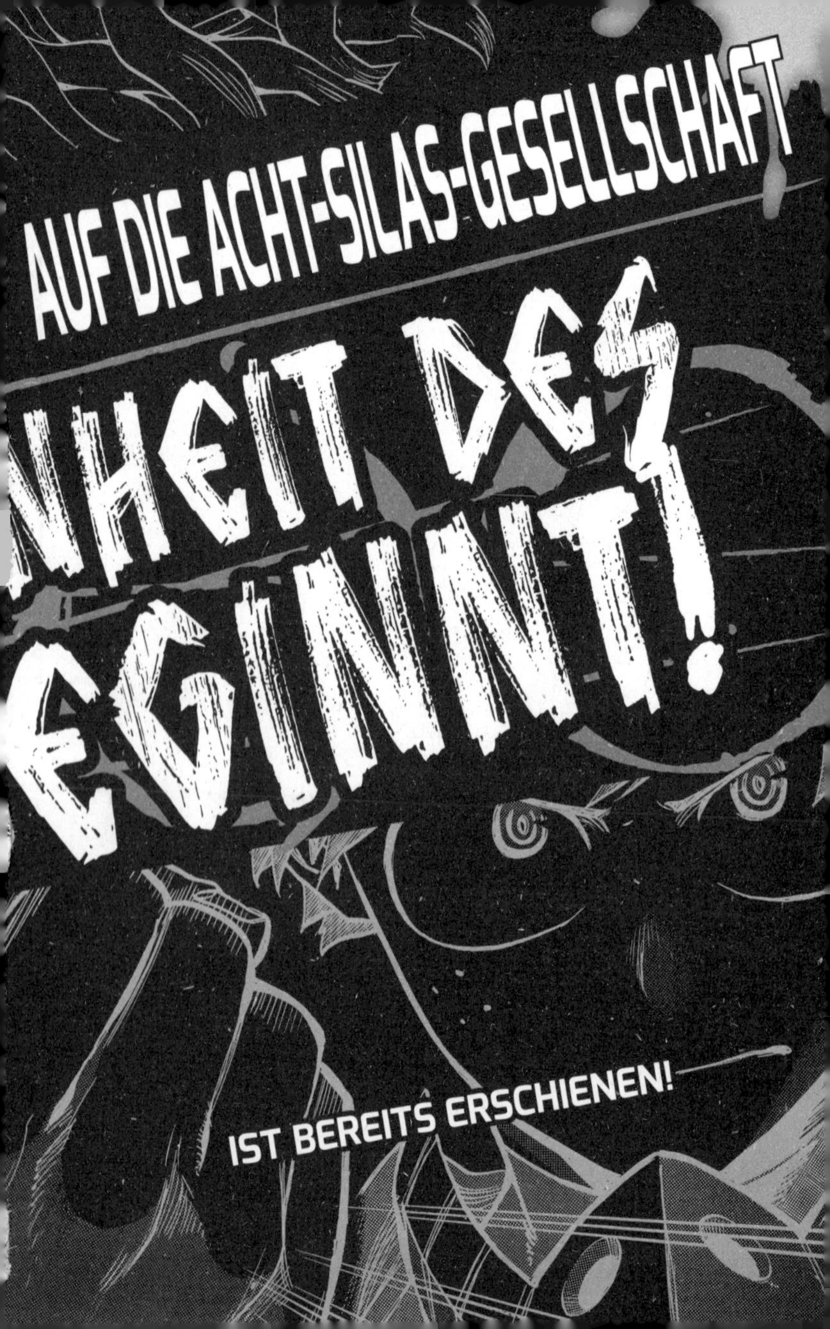

AUF DIE ACHT-SILAS-GESELLSCHAFT
NHEIT DES
EGINNT!
IST BEREITS ERSCHIENEN!

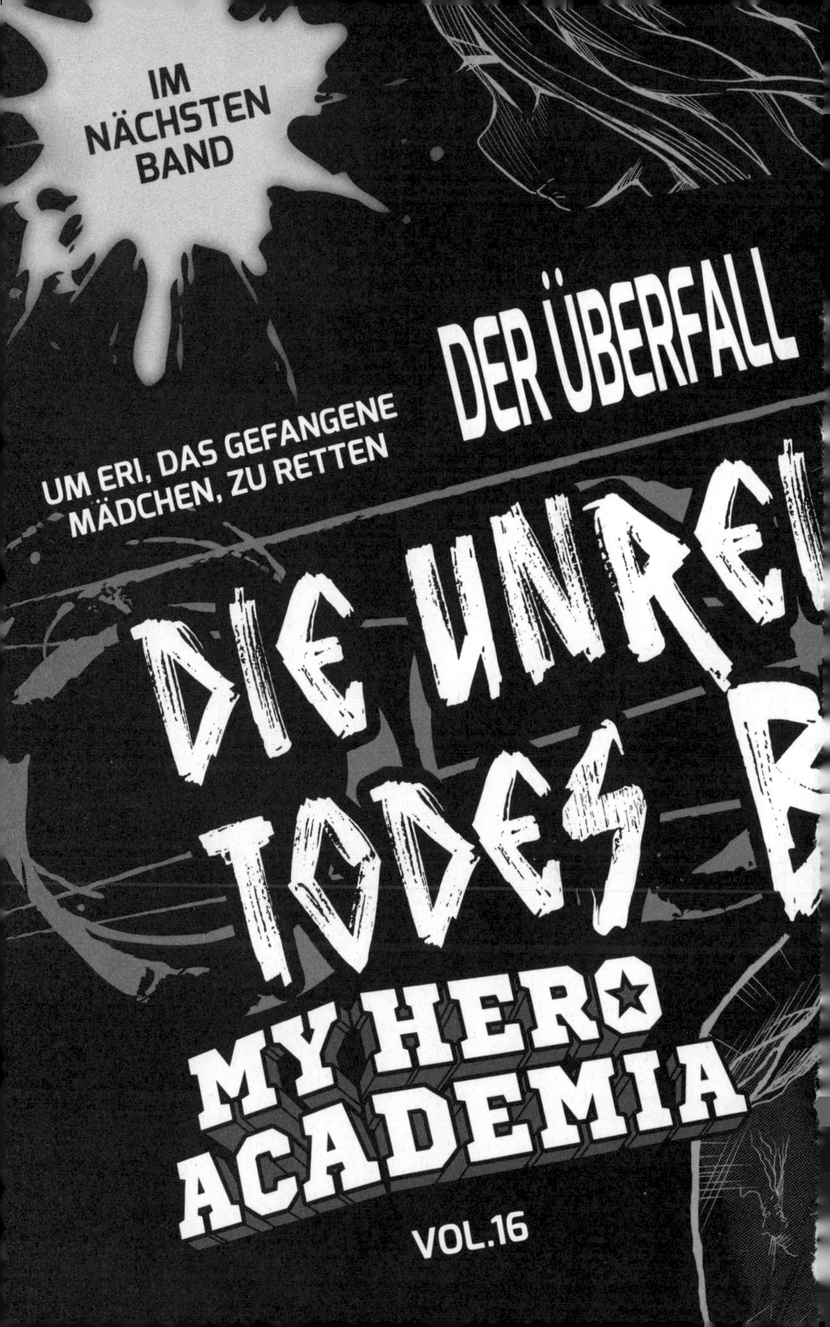

IM NÄCHSTEN BAND
DER ÜBERFALL
UM ERI, DAS GEFANGENE MÄDCHEN, ZU RETTEN
DIE UNREI
TODES B
MY HERO ACADEMIA
VOL.16

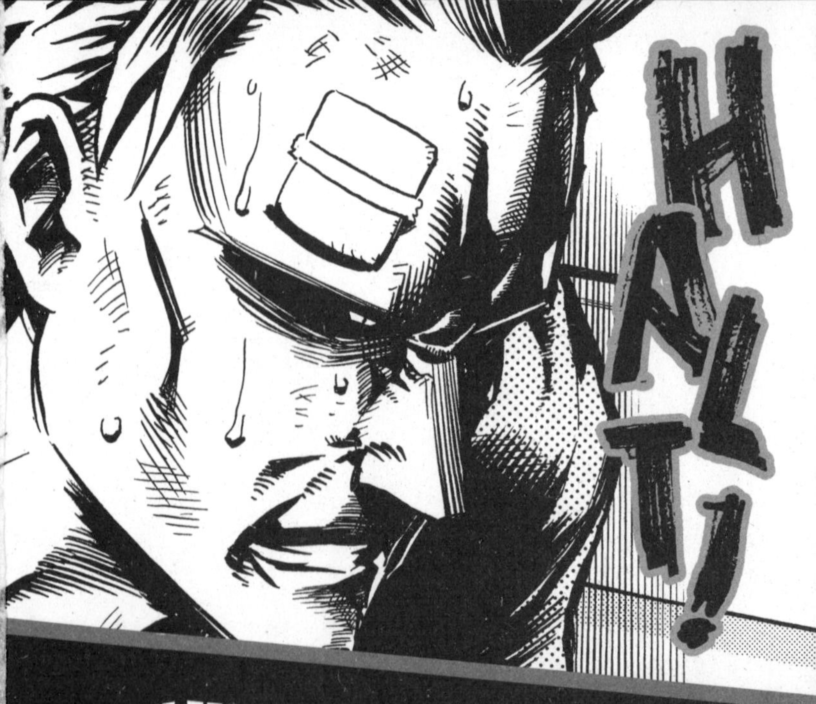

MY HERO ACADEMIA

ist eine japanische Serie, die originalgetreu von »hinten« nach »vorne« und von rechts nach links gelesen wird! Schlagt das Taschenbuch also »hinten« auf und blättert Seite für Seite nach »vorne« weiter!
Auch die Bilder und Sprechblasen auf jeder Seite werden von rechts oben nach links unten gelesen, wie es in der Grafik gezeigt wird!
Ihr seid alle Helden!

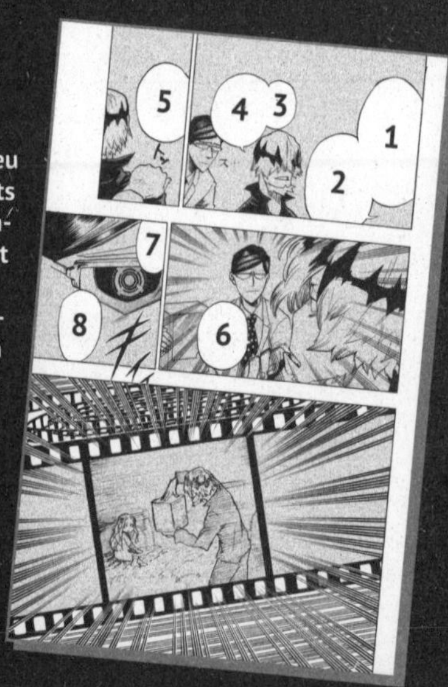

Carlsen Manga! News –
jeden Monat neu per E-Mail!

www.carlsenmanga.de
www.carlsen.de